리테일의 미래

The Future of Retail Business

리테일의 미래

미래

The Future of Retail Business

황지영 지음

INFLUENTIAL
인 플 루 엔 셜

추천사

그야말로 글로벌 마케팅의 혁신적인 미래를 담아낸 책이다. SF 영화에서나 상상했을 법한 인공지능 스마트 스피커로 쇼핑을 하고, 소비자가 주문도 하기 전에 '예측 배송'을 하며, 스마트한 물류와 배송을 둘러싸고 업계 간 치열한 수중전(水中戰)과 공중전(空中戰)까지 벌이는 시대라니! 이처럼 미국과 중국은 물론, 유럽과 아시아 각지에서 벌어지는 유통 전쟁을 한눈에 파악하고 싶은 독자들이 반드시 읽어야 할 책이다.

| **홍성태** | 한양대학교 경영대학 명예교수, 《나음보다 다름》 저자

현기증이 날 정도로 빠르게 변하는 리테일의 현재와 미래, 특히 변화를 선도하는 미국과 중국의 최신 사례가 잘 정리되어 있다. 리테일 비즈니스에 대한 시각을 재정립하고 그에 맞는 리더십, 마케팅 전략을 제안한다는 점에서, 미래를 준비하는 경영자와 마케터에게 추천하고 싶다.

| **진민규** | 아마존 코리아 글로벌셀링 마케팅 총괄

리테일의 현재와 미래에 대한 많은 정보가 넘쳐나는 이 시대에 객관적인 연구 자료와 자신의 경험을 집약하여 통찰을 주는 책은 많지 않다. 왜 리테일의 변화가 일어났고, 앞으로의 변화를 어떻게 준비하면 좋을지 고민하고 있다면 이 책을 추천한다.

| **권일연** | 美 Hmart CEO

바야흐로 리테일 테크의 시대다. 노스캐롤라이나주립대의 황지영 교수는 기술 혁명 시대의 '넥스트 커머스'를 주목하며, 10가지 키워드를 중심으로 유통 패러다임 전환기를 풀어냈다. 이 책은 디지털 변혁기, 혁신에 쫓기고 있는 리테일러에게 다음 스테이지를 보여줄 것이다.

허영재 | 한국체인스토어협회 부회장

로봇, 인공지능, 챗봇, 무인매장까지, 지금 전 세계 유통업계가 뜨겁게 논의 중인 테크 트렌드를 한 권으로 만날 수 있다. 다양한 시도들을 하고 있으나 아직 소비자의 공감을 충분히 이끌어내지 못해 고민에 빠진 기업에게 이 책은 실질적인 도움이 될 수 있는 전략을 제시한다.

최훈학 | 이마트 CMO · 상무

이 책은 현재 리테일 업계가 직면한 기술과 소비세대 교체의 흐름 속에서 어떻게 준비하고 변화해나가야 할지를 일목요연하게 보여준다. 우리 시대의 소비 트렌드를 고민하는 모든 마케터들에게 일독을 권한다.

이상진 | 롯데마트 마케팅 부문장 · 상무

프롤로그

아마존 이후,
기술과 만난 뉴리테일의 시대

아침이다. 알렉사Alexa가 세팅해둔 알람 소리에 일어난다. 알렉사는 아마존Amazon의 스마트 스피커 에코Echo에 탑재되어 있는 인공지능AI 기반의 인공비서다. "알렉사, 팝 음악을 틀어줘"라고 말하자 곧 음악이 흘러나온다. 주방용 세제 주문은 아마존의 대시Dash 버튼을 누르거나 "알렉사, 주방용 세제를 주문해줘"라고 말해 간단히 처리한다. 인테리어 쇼핑을 위해 이케아IKEA로 가기 전에는 이케아 플레이스IKEA Place 모바일 앱을 이용해 증강현실augmented reality(AR)로 가구를 들여놓은 집 안의 모습을 미리 가늠해본다. 이러한 모습은 이미 미국인들에게 익숙한 일상이다. 바야흐로 인공지능, 증강현실과 가상현실virtual reality(VR), 로봇 등이 결합된 영화 같은 장면들이 일상의 모든 상품과 서비스 거래, 즉

| 일상에 침투한 인공지능 기반 스마트 스피커의 대표격인 아마존 에코.

리테일retail 환경에 깊숙이 들어왔다.

흔히 소매小賣라 불리는 리테일은 편의점, 슈퍼마켓, 소점포, 대형마트, 백화점처럼 바로 당신이 매일 소비하는 환경을 의미한다. 이들은 소비의 장소로서, 또 일하는 직장으로서 우리 삶과 직결되어 있다. 그런데 리테일을 둘러싼 글로벌 시장의 변화가 두려울 정도로 빠르고 광범위하게 펼쳐지고 있다. 이미 온라인과 오프라인의 경계가 허물어졌고, 모바일과 물류까지 가세한 혁신적인 매장도 속속 등장하고 있다. 중국 최대의 전자상거래 업체인 알리바바阿里巴巴를 이끄는 마윈馬雲 회장은 이를 두고 '신유통-new retail(新零售)'의 시대라 선언한 바 있다.[1]

이제 소비자들은 각각의 리테일 환경의 장점을 골라, 보다 즐겁고 효

| 2016년 항저우 윈치대회에서 알리바바그룹의 마윈 회장이 '신유통 선언'을 하는 모습.

율적으로 쇼핑을 즐기게 된 반면, 기업들은 소비자를 유혹하고 만족시키기가 한층 더 어려워졌다. 첨단 기술을 장착한 옴니채널omni-channel을 통한 온·오프라인 상의 '일관된seamless 경험' 제공이 기업의 생사를 가르고 있다. 변화에 뒤처진 기업은 그야말로 '대붕괴'를 겪는 중이다.

대표적인 예로, 70년의 역사를 가진 미국의 전통적인 유아용품 리테일 강자 토이저러스Toys 'R' Us가 2017년 9월 파산을 신청[2]한 것도 온라인을 소홀히 한 탓이 크다고 평가받는다. 125년 전통의 미국의 대표적인 중저가 백화점 체인인 시어스Sears도 2017년 한 해 동안 381개 매장(K마트 포함)을 줄이다가 2018년 결국 파산했다.[3] 이외에도 2017년에만 미국에서 무려 8053개의 리테일 매장이 철수했고, 짐보리Gymboree, 트루릴 리전True Religion 등 50여 개 유명 브랜드가 파산 신고를 했다.[4,5] 1년 동안 일어난 사상 최대 규모의 파산이었다. 과연 그 끝은 어디일까.

이미 시작된 리테일 비즈니스의 대전환

많은 이들이 진단하고 있듯이, 리테일 시장의 판도가 대전환기에 접어들었다. 모든 변화가 현재 진행형이며 이미 시작된 미래다. 온라인, 오프라인, 그리고 모바일을 넘어 가상현실에까지 유례가 없을 만큼 광범위한 연결성connectivity의 확장이 일어나고 있으며, 소비와 유·무형 재화의 흐름이 달라졌다. 이런 변화 속에서 기업의 브랜드 경쟁력도, 소비자의 의사결정권도 상당 부분 힘을 잃어가고 있다. 기업과 소비자의 관계에 대한 접근 방식에도 변화가 불가피하다. 무엇보다 유통과 소비를 둘러싼 총체적인 비즈니스 인사이트가 필요한 시점이다.

필자는 현재 리테일 혁명의 최전선인 미국에서 마케팅 연구자이자 교수로 일하고 있다. 아마존을 비롯한 글로벌 브랜드의 주요 거점이 미국인 탓에 리테일 비즈니스의 전환을 비교적 빠르게 피부로 느끼며 산다. 그러다 보니 미국과 한국의 리테일 기업들이 변화하는 환경에서의 막막함을 토로하며 필자에게 자문을 구하는 빈도도 높아졌다. 특히 리테일 업계는 첨예한 경쟁 속에서 스마트 테크놀로지를 중심으로 격변하는 리테일 환경을 이해하고 미래를 준비하기 위한 인사이트에 목말

라하고 있다.

그런 인사이트의 한 단면을 2018년 조사 차 방문했던 중국의 어느 거리에서 마주했다. QR코드가 그려진 종이판을 목에 건 걸인의 모습. '중국에서는 거지도 스마트폰으로 구걸한다'는 말을 실감한 순간이었다. 이뿐만이 아니었다. 알리바바의 신선식품 전문매장인 허마셴성盒马鲜生에서 로브스타를 주문하고, 로봇 레스토랑Robot.He에서 로봇이 서빙하는 해산물 요리를 맛보면서, 그리고 항저우의 무인無人 매장 타오카페TaoCafe(淘咖啡)에서 안면 인식에 기반한 쇼핑을 직접 체험하면서, 필자는 미국에서 센세이셔널한 이슈였던 아마존 고Amazon Go를 넘어서는 '뉴리테일 시대'의 도래를 목격했다.

시대를 읽는 자가 미래를 이끌 수 있다. 우리는 리테일 비즈니스를 둘러싼 환경을 이해하고 그 미래를 최대한 정확하게 예측하고 대비해야 한다. 그래야만 '적어도' 생존할 수 있다. 당연한 이야기겠지만, 시장에 대한 이해와 예측은 한국, 미국 또는 중국에 대한 분절적인 이해가 아닌 종합적인 시각에 기반해야 한다. 그러한 이해 속에서 현명한 대비와 의미 있는 경쟁력을 이끌어낼 수 있을 것이다.

이러한 이유로 미약하나마 이 책을 집필하기로 마음먹었다. 이미 이러한 변화를 예측한 책들이 꽤 출간되었지만, 이왕이면 미국과 유럽 그리고 아시아를 포함한 전 세계 유통 현장의 변화들을 생생하고 균형감 있게 분석한 책이 필요하다고 생각했다. 물론 이 한 권으로 모든 변화를 담아내지는 못할 것이다. 그럼에도 이 책은 소비와 유통의 미래에 대한 두려움, 첨단 사회를 향한 기대감, 기술과 상품 그리고 현재와 미래를 최대한 구체적이고 실질적으로 그리는 책이 될 것이다.

이 책은 이러한 큰 틀 위에서 인공지능과 로봇, AR과 VR, 업그레이드된 옴니채널, 블록체인, 언택트untact 리테일을 포함한 리테일 비즈니스의 기술적 트렌드, 기업의 전략적 변화의 방향, 소비 트렌드 등을 열 가지 키워드로 정리해 설명할 것이다. 그리고 기업과 개인 차원에서 이미 시작된 미래에 대응할 방법을 모색할 것이다.

주문에서 배송까지, 기술이 소비 패러다임을 바꾼다

지금 글로벌 리테일 환경은 아마존과 알리바바 같은 혁신적 리테일 기업이 패러다임의 대전환을 견인하고 있다. 아마존은 온·오프라인을 넘나들며 식품, 의류, 물류, 헬스케어, 클라우드 서비스 등 전 산업의 '아마존화Amazonization'를 실현하고 있다. 그런데 미래형 오프라인 매장의 도입에 있어서는 중국이 미국보다 앞선 상황이다. 2017년 7월에 설립된 젠箇24, 빙고박스BingoBox, 무인 로봇 카트와 스마트 미러를 도입한 징둥닷컴Jingdong.com의 7FRESH 등 중국에는 이미 5000개가 넘는 무인 매장이 성업 중이다. 이곳에서 결제는 알리페이Alipay나 위챗페이WeChat Pay로만 가능하다.

허마셴성은 첨단 기술을 바탕으로 '3킬로미터 이내 30분 배송'을 지향하며 유통-소비-물류를 결합한 알리바바 신유통 실험의 결정체다. 창업주 마윈의 후계자인 현 알리바바 CEO 장융張勇은 '신선'의 의미를 재정의하며, "모든 가정에 매일 신선한 식품을 배달함으로써, 고객들의 냉장고를 없애겠다"고 선언한 바 있다.[6]

유럽도 다르지 않다. 이미 이탈리아의 대형마트 쿱이탈리아Coop Italia도 미래적인 IT 기반의 쇼핑 경험을 제공하고 있다. 스페인 기반 자라Zara는 영국 런던과 프랑스 파리, 네덜란드 암스테르담 등에 스마트미러, RFIDRadio Frequency IDentification(무선 인식), 자동 컬렉션 포인트 등을 도입한 미래형 매장을 선보였다.[7,8]

이뿐만이 아니다. 글로벌 IT 조사 기관 가트너Gartner에 따르면, 2020년까지 기업과 소비자 사이의 커뮤니케이션 중 약 25퍼센트가 챗봇Chatbot을 포함한 가상 고객 어시스턴트를 통해 일어날 것이라고 한다.[9] 음성 인식 스마트 스피커에 상품을 주문하는 비율도 늘어나고, AR과 VR이 접목된 쇼핑 경험도 강화되고 있다. 이러한 기술 변화와 우리의 미래는 어떤 관계가 있을까?

다음 질문들에 대해 생각해보면 소비와 일상의 변화들을 짐작할 수 있을 것이다.

- 영화 〈그녀〉는 남자 주인공과 인공지능 연인 '사만다'의 사랑을 그리고 있다. 이 영화처럼 앞으로 음성비서 알렉사가 우리 삶에서 차지하는 비중은 얼마나 커질까?
- 아마존의 에코나 구글의 구글홈 등으로 상품의 음성 주문이 일반

화되면 브랜드 인지도는 더욱 중요해질까? 이 같은 환경에서 기업들의 브랜딩 전략은 어떻게 바뀌어야 할까?

- 온라인과 오프라인을 넘나드는 쇼루밍 showrooming 과 역쇼루밍 reverse showrooming 이 일상화되는 쇼핑 환경 속에서 소비자의 의사 결정 과정은 더 단순해질까, 아니면 더 복잡해질까?
- 공유경제나 블록체인이 만들어내는 리테일 환경의 변화는 소비와 유·무형 재화의 흐름을 어떻게 바꿀까?
- 글로벌 리테일 비즈니스 환경에서 주도권을 가졌던 미국과 로켓처럼 치고 올라오는 중국, 앞으로 리테일 업계의 경쟁 구도는 어떻게 달라질까?
- 왜 아마존은 리테일과 관계없어 보이는 홈 로봇을 개발하고 우주 진출을 꿈꾸는 것일까?
- 알리바바의 허마셴성에 주목해야 할 이유는 무엇일까?
- 아마존 고나 중국의 타오카페, 오샹미닛Auchan Minute 같은 무인매장들은 왜 늘어나는 것일까? 그리고 그러한 무인매장의 종착점은 어디일까?
- 무인매장 등 첨단 기술을 탑재한 미래형 리테일 환경은 노동시장에 필연적인 변화를 초래할 것이다. 기업과 개인은 어떻게 대비해야 할까?

이 책은 이러한 질문들에 대한 대답, 또는 답의 실마리를 제공하기 위한 시도다. 이 책의 본문은 3부로 구성되어 있다.

1부는 '격변하는 리테일 비즈니스의 현재'를 주제로, '왜why' 지금, 이 시점에 리테일 전반을 살펴봐야 하는지를 짚어본다. 사라지는 오프라인 리테일 업체들, 온라인에서 오프라인으로, 또는 오프라인에서 모바일로 이동하는 리테일 업계의 변화와 기술 충격, 그리고 다가오는 새로운 세대들에 대해 설명한다.

2부에서는 파괴적 혁신을 가져올, 리테일 비즈니스의 미래를 대표하는 10가지 리테일 테크를 살펴본다. 인공지능, 빅데이터, 챗봇, VR과 AR, 블록체인, 언택트, 배송 로봇과 같은 스마트 물류 등 '무엇what'이 리테일을 바꾸고 있는가를 집중 해부한다. 가장 첨예하게 경쟁하고 있는 미국과 중국 기업뿐 아니라 유럽과 아시아의 다양한 실례를 들어 세계적으로 일어나고 있는 리테일 혁명을 균형감 있게 다루고자 했다.

마지막으로 3부에서는 '2020년 기업과 브랜드의 생존 전략'이라는 주제 아래 '어떻게how'의 측면을 다룬다. 요동치는 시장 환경 속에서 개인의 일상 소비와 고용은 어떻게 달라질지를 살펴보고, 기업의 브랜딩과 마케팅 전략들의 변화, 최첨단 기술의 도입에 따르는 리테일 리더십과 윤리적 쟁점들도 짚어본다.

이 책을 쓰면서 백화점부터 소점포까지 다양한 리테일 비즈니스 현장의 종사자뿐만 아니라 리테일, 마케팅, 플랫폼, 소비 업계의 판도에 관심이 높은 일반인들도 염두에 두었다. 우리 모두의 삶이 책에서 다루는 변화의 영향권 아래에 있는 만큼 미래에 대한 인사이트를 얻고 싶은 모든 사람들이 편히 읽을 수 있도록 쉽게 쓰려고 노력했다.

5년 뒤 리테일 업계의 왕좌는 누가 차지하게 될까? 스콧 갤러웨이

Scott Galloway의 저서 《플랫폼 제국의 미래 The Four: The Hidden DNA of Amazon, Apple, Facebook, and Google》에서 지적했듯이 이른바 '빅 4'의 미래도 지금으로선 누구도 예측할 수 없는 일이다. 빠르게 급변하는 시장은 수많은 기회를 품고 있지만 동시에 모든 면에서 불안정하다. 이 책의 출간 이후에도 기술은 계속 진화하며 우리 삶을 변화시킬 것이다. 이 책이 빠르게 변하는 소비와 유통의 패러다임에 기민하게 대처하는 데서 한 걸음 더 나아가 미래를 대비하는 토대가 되기를 바란다. 더불어 이 책을 읽는 독자 모두가 큰 흐름에 밀려나지 않고 오히려 흐름을 주도할 기회를 잡기를 진심으로 바란다.

미국 노스캐롤라이나에서
황지영

차 례

| Part 1 |

혁명의 징후들
| 격변하는 리테일 비즈니스의 현재 |
21

| Part 3 |
어떻게 준비할 것인가
| 2020년 기업과 브랜드의 생존 전략 |
207

The Future of Retail Business

The Future of Retail Business

The Future of Retail Business

The Future of Retail Business

혁명의 징후들

격변하는 리테일 비즈니스의 현재

The Future of Retail Business

The Future of Retail Business

　리테일은 우리 생활 속에 깊숙이 자리 잡고 있는 산업이다. 맥도널드에서 아침을 먹고, 대형마트에서 장을 보고, 백화점에서 옷을 사고, 친구와 일식집에서 스시를 먹고, 바에서 맥주 한잔을 마시기까지 모든 상품과 서비스가 리테일의 영역에 속한다. 극장에서 영화를 보고, 네일 케어를 받고, 피아노 레슨이나 대학 교육을 받는 것도 당연히 무형의 서비스업으로서 리테일의 범주에 들어간다. 게다가 수많은 직업이 상품의 제조, 이동, 물류, 판매 등과 관련되어 있다. 우리는 상품과 서비스를 구입하는 소비자로, 또한 그와 관련된 업종에 종사하는 직업인으로 살고 있다. 마치 공기처럼 그 중요성을 깨달을 기회가 많진 않지만 그만큼 우리 삶에 필수 불가결한 산업이 바로 리테일이다.

이런 리테일 비즈니스가 바야흐로 격변의 시기를 맞고 있다. 미국의 경우, 전통적인 오프라인 유통 강자들이 줄줄이 파산하고 있는 반면 '유통 공룡'이라 불리는 아마존은 식품과 약국, 로봇과 우주 비행에까지 손을 뻗치며 승승장구하고 있다. 중국 역시 알리바바와 징둥닷컴을 중심으로 한 온라인 리테일의 성장이 두드러진다. 그러나 아직까지는 전체 매출의 80퍼센트 이상이 오프라인 매장에서 발생한다. 아마존이 홀푸드마켓Whole Foods Market을 인수하고 아마존북스Amazon Books와 아마존 4-스타Amazon 4-star 등 오프라인 영역을 확장한 것도, 알리바바와 징둥닷컴이 각각 허마셴성과 X-마트 등의 오프라인 매장을 오픈한 것도 그 때문이다. 다만 그들의 오프라인 매장은 전통적인 리테일 매장과는 차이가 있다.

리테일 비즈니스 혁명의 거대한 동력은 리테일 분야에 이식된 '기술 혁신'이다. 정보 통신 기술ICT의 대표격인 인공지능, 사물인터넷IoT, 로봇, 블록체인 등의 혁신적인 기술이 기업의 생존 패러다임과 우리의 소비 형태를 바꾸고 있다. 알렉사를 비롯한 스마트 스피커가 우리 생활 속에 들어왔고, SNS를 통해 일상을 공유하는 것은 물론, 쇼핑까지 하게 되었다. 사실 새로운 리테일의 카테고리로 진입한 무인매장들은 문자와 스마트폰을 기반으로 한 소통의 한 단면을 반영하기도 한다. 이는 휴먼 터치가 없는 언택트의 한 모습이다.

더불어 리테일 비즈니스의 변화는 필연적으로 인구구조를 포함한 세대 변화와도 맞물려 있다. 지금까지는 베이비부머 세대가 소비 시장에서 절대적으로 중요했지만, 앞으로는 디지털 환경에서 자란 젊은 세대들이 이들의 영향력을 대체할 것이다. 이전 세대와는 확연히 다른 가치관과 취향을 가진 이들이 주 소비계층으로 부상하고 있는 전 지구적 변화는 전통 리테일러의 통제를 벗어난 외부 환경적 요인이다. 이른바 밀레니얼 세대millennials와 일명 Z세대까지, 이들에게 어필하지 않고는 극심한 경쟁에서 이길 수 없게 되었다. 그렇기 때문에 소비세대의 변화, 특히 현재와 미래의 소비 시장에서 주축이 될 밀레니얼과 Z세대에 대한 이해가 필수적이다. 1부에서는 오프라인 리테일의 몰락과 진화, 리테일 기술 혁신, 인구구조의 변화라는 세 가지 측면에서 리테일 비즈니스의 현재를 진단해볼 것이다.

1
오프라인 리테일의 몰락과
모바일로의 이동

1989년 인터넷으로 상업적 이메일을 보내는 것이 가능해지고, 이후 30여 년간 우리 삶에 필수적인 리테일은 크게 성장해왔다. 미국의 경우, 1999년 리테일 업계 전체 매출이 사상 처음으로 3조 달러를 넘어섰다. 난공불락의 기세였다.

그러나 2009년 가전 전문 리테일 부문에서 베스트바이Best Buy와 양대 산맥을 이루던 서킷시티Circuit City가 파산하면서 분위기가 달라졌다.[1] 글로벌 마켓 리서치 기관인 유로모니터 인터내셔널Euromonitor International은 2007~2008년의 서브프라임 모기지 사태의 여파로 2009년 리테일 업계의 매출이 급격히 줄어들어 마이너스 성장(-2.2퍼센트)을 기록했다고 밝혔다.[2] 그러나 리테일 전체 매출은 이후 큰 흔들림 없이 완만한 성장세를 이어가고 있다.

문제는 오프라인 리테일이었다. 리테일 부문에서 전 세계를 선도해온 미국은 2016~2018년까지 거의 재앙 수준의 큰 위기에 직면했다. 2017년의 경우 연 매출 5000만 달러 이상인 리테일러 중 26개 브랜드가 파산했다. 중소기업을 포함하면 2017년에만 총 662개 브랜드가 파산했는데 이는 2016년에 비해 30퍼센트나 늘어난 수치였다.[3] 2017년 9월에는 토이저러스가, 이어 2018년에는 시어스가 파산보호를 신청했다. 시어스는 2017년 자사 브랜드인 K마트를 포함해 381개 매장의 문을 닫았으나 결국 몇 년에 걸친 마이너스 성장세를 극복하지 못했다.[4] 2015년까지 1주당 40달러를 상회하던 시어스의 주가는 2018년 8월, 1달러 선까지 추락했다.[5]

| 미국을 대표하는 굴지의 리테일 체인 토이저러스와 시어스가 폐점한 모습.

이후 오프라인 리테일러의 위기는 세계 각지에서 전방위적으로 진행 중이다. 영국의 경우, 2017년에 5855개 매장이 문을 닫았다.[6] 그중 패션과 풋웨어 매장의 타격이 가장 컸다. 이는 2009년 글로벌 금융위기 이후 최대 수치였다. 2013년 이후 신규 매장 출점은 줄어들었고, 매장 철수도 2015년 잠시 주춤하다가 다시 증가하는 추세다. 2017년 통계에 따르면, 하루 평균 11개 매장이 문을 열었지만 16개 매장은 문을 닫았다. 2018년 한 해 동안 거의 1만 개에 이르는 점포가 문을 닫은 것으로 추정됐다.[7] 2016년에는 88년 역사를 가진 중저가 백화점 체인인 BHS가 파산했다가 온라인 리테일러로 재탄생했으나 결국 2년도 버티지 못하고 문을 닫았다.[8]

영국 오프라인 리테일의 위기는 온라인 쇼핑으로 이동하는 대대적인 소비 환경의 변화와 함께 인건비와 임대료 상승이라는 환경적 요인 탓도 있었다. 또한 브렉시트Brexit(영국의 EU 탈퇴) 선언 이후 파운드화의 가치 하락과 함께 실질 임금은 떨어지고 물가는 오른 것 역시 오프라인 리테일러의 위기를 가중시켰다. 파운드화의 가치 하락은 수입품과 수입 자재의 가격 상승으로 이어졌다.

영국뿐만이 아니다. 독일과 프랑스에서도 대규모 매장 철수가 일어나고 있다. 독일 카르슈타트Karastadt 백화점은 매장 축소를 결정했다. 또한 프랑스 완구 업계 2위인 라그랑레크레La Grande Récré 역시 2018년 파산 신고를 했다. 1977년에 창업한 이후 프랑스에만 250여 개 매장을 운영했던 완구 브랜드가 역사 속으로 사라진 것이다. 영국에 비하

■ 글로벌 온·오프라인 리테일 매출 비중의 변화 ■

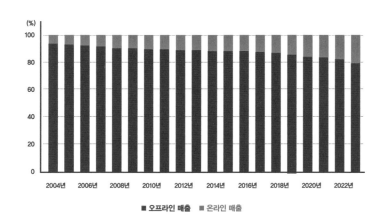

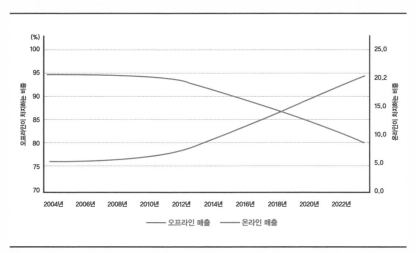

| 출처 : 유로모니터 인터내셔널, 2019 |

면 상대적으로 규모는 작지만, 유럽 오프라인 매장들의 철수 원인도 영국의 경우와 다르지 않다. 온라인 리테일러들로 인해 시장점유율은 낮아진 데다 매장을 찾는 소비자들도 급감한 것이다. 미국뿐 아니라 유럽 오프라인 업체들의 몰락 징후는 '오프라인 리테일 업계, 아포칼립스apocalypse(몰락)에 도달했는가'라는 서슬 퍼런 진단이 등장할 만큼 큰 충격을 던졌다.[9]

한국의 백화점과 대형마트의 분위기도 크게 다르지 않다. 2016년 이후 백화점을 기반으로 하는 오프라인 마켓의 성장세는 주춤하다. 2017년 백화점의 매출은 29조 3000억 원으로 전년 대비 2퍼센트 하락했다.[10] 업계 1위의 대형마트인 이마트는 2018년 3분기를 기준으로 매출은 4조 7272억 원, 영업이익은 1946억 원을 기록했다. 전년 동기에 비해 매출은 13.9퍼센트 증가했지만, 영업이익은 4.1퍼센트, 순이익은 49퍼센트 감소한 수치다.[11] 4분기의 경우, 매출은 3조 5895억 원, 영업이익은 615억 원으로, 각각 전년 동기 대비 9퍼센트, 59퍼센트 감소했다.[12]

롯데마트의 영업이익은 3년째 적자를 기록했는데 특히 2016년 이후 적자폭이 확대되고 있다. 2016년 872억 원이던 누적 영업손실은 2017년 1818억 원, 2018년 3분기에 3236억 원까지 늘어났다. 매출 또한 감소세를 보였다. 같은 해 3분기 누적 매출액은 4조 8438억 원으로, 전년 동기의 5조 182억 원에 비해 3.5퍼센트 줄었다. 2년 전인 2016년(6조 2916억 원)과 비교하면 23.0퍼센트 하락한 수치다.[13]

롯데쇼핑의 경우 4분기 매출액은 4조 3984억 원으로 전년에 비해

7.6퍼센트 감소하고, 영업이익은 902억 원으로 전년 동기에 비해 73퍼센트나 급감하며, 당기 순손실만 4485억 원에 이르렀다.[14] 매출이 전년 동기에 비해 눈에 띄게 하락하자 신용등급까지 하락할 위기에 놓였다. 또한 한국은 대·중소기업상생협력촉진법 같은 정부 규제에 따른 신규 출점 제한 등으로 오프라인 매장의 역량이 제한되는 경우도 있었다.[15]

반면 온라인 판매 중개 업체(11번가, 인터파크, 쿠팡 등)의 매출은 전년 대비 14.7퍼센트 늘었고, 온라인 판매사(AK몰, 티몬, 위메프)의 매출은 19.2퍼센트 성장했다.[16] 결국 전통적인 오프라인과 온라인·모바일 판매의 꾸준한 대립 양상이 본격화되고 있는 것이다.[17]

글로벌 리테일 환경에서는 스마트폰과 브로드밴드 인터넷의 확장으로 온라인 선호가 두드러지게 되었다. 유로모니터 인터내셔널의 2019년 보고서에 따르면, 온라인 리테일은 2021년까지 글로벌 전체 매출의 15.4퍼센트를 차지하며 가장 큰 리테일 채널이 될 것이다. 2023년이 되면 그 비율은 17.6퍼센트로 증가할 것이라고 한다.[18] 즉 편의성과 소비 트렌드 변화로 인해 소비자들은 온라인과 모바일로 이동해가고 있고, 백화점과 대형마트 같은 오프라인 매장들의 노력에도 불구하고 떠나가는 소비자들을 붙잡기 힘들어진 상황이 된 것이다.

쇼핑몰 추락이 대변하는 위기의 리테일 환경

이 추세는 개별 매장 단위에만 국한되지 않는다. 오프라인 리테일의 꽂인 대형 쇼핑몰[19]의 상황을 보자. 1956년 미국 미네소타주 이데나에 최초의 쇼핑몰 사우스데일센터Southdale Center가[20] 오픈한 이후, 몰mall은 미국식 쇼핑 문화의 상징과도 같았다. 몰의 등장과 함께 쇼핑의 개념은 상품 구입 외에도 친구나 가족과 즐겁게 식사를 하고 영화도 보는 '경험'적 공간으로까지 확장되었다. '몰링malling'이라는 개념도 탄생했다. 그러나 그토록 화려했던 몰도 최근 가파른 속도로 추락세를 보이고 있다.

사실 쇼핑몰은 2000년대 중반부터 서서히 위기 조짐을 보였다. 2010년 미국에서 3500만 명에 이르렀던 쇼핑몰 방문자 수는 2013년 1700만 명으로 무려 50퍼센트나 줄었다.[21] 몰의 고객 수가 50퍼센트나 줄었다는 것은 쇼핑몰에 대한 선호도 자체가 하락하고 있다는 사실을 반증한다. 특히 여러 유형의 몰 중에서 초지역 몰super regional mall을 제외하면, 지역 몰,[22] 오픈에어센터,[23] 파워센터[24] 모두 세입자가 줄고 있는 상태다.[25] 마

| 몰의 시대가 저물고 있다. 북미 최대 몰인 몰 오브 아메리카의 모습.

켓 리서치 회사 리테일 인텔리전스Retail Intelligence의 부회장인 개릭 브라운Garrick Brown은 2023~2025년까지 300여 개가 넘는 쇼핑몰이 문을 닫을 것이라는 전망을 내놓았다.[26]

또한 33쪽 표처럼 2018년 북미 지역 매장 출점과 폐점을 비교해보면, 매장 유형에 따라 폐점과 출점 경향에 뚜렷한 차이가 있었다.[27] 백화점 부문에서는 매장을 오픈하는 기업보다 매장을 닫는 기업이 더 많은 반면, 편의점과 창고형 클럽, 그리고 레스토랑 등은 매장을 오픈하는 기업이 훨씬 많았던 것이다. 이 데이터가 몰과 관련성을 갖는 까닭은, 미국의 백화점이 독립된 매장 형태를 띠기보다는 십자형(+) 쇼핑몰의 네 끝에 위치한 앵커 스토어anchor store(간판 상점) 역할을 하기 때문이다. 결국 백화점이 위축된다는 것은 쇼핑몰 역시 쇠락한다는 의미인 것이다.

그런데 미국 쇼핑몰의 몰락 원인 가운데 하나로 꼽히는 것이 '1인당 쇼핑 면적의 초과 현상'이다. 쇼핑 면적의 초과 현상이란 쇼핑 공간을 선택할 때 소비자에게 필요 이상으로 많은 선택지가 주어졌음을 의미한다. 실제로 1970~2013년 인구가 증가하는 속도보다 쇼핑몰이 증가하는 속도가 2배나 빨랐다.

글로벌 컨설팅 그룹인 A. T. 커니Kearney의 분석에 따르면, 미국 국민의 1인당 쇼핑 면적은 23.5평방피트(1평방피트는 약 0.092제곱미터)인 반면, 캐나다는 16.8평방피트, 영국은 4.6평방피트, 일본은 4.4평방피트, 독일은 2.3평방피트, 한국은 2.2평방피트다. 단적으로 미국 국민의 1인당 쇼핑 면적은 독일 국민의 1인당 쇼핑 면적보다 10배 이상 넓다.[28]

(단위: %)

	출점	폐점
편의점	85	3
슈퍼센터/창고형 클럽	83	17
바/레스토랑	68	21
패스트푸드	54	16
박리다매형 할인점	44	24
드럭스토어	34	30
식료품점	34	14
백화점	26	36

| 출처 : eMarketer 발표자료 |

결국 '1인당 쇼핑 면적의 초과 현상'은 오프라인 리테일러에게 악영향을 끼쳤다. 쇼핑 면적이 넓은 만큼 스태프가 부족해 소비자들은 도움이 필요할 때마다 매장 직원을 찾기 힘들어하고, 물품이 도난당하는 경우도 증가했다. 미국 리테일협회NRF에 따르면 물품 도난이 리테일러 전체 손실의 36.5퍼센트(2017년 기준)를 차지한다.[29]

하지만 충분한 자본을 유치할 수 있는 초대형 몰들은 지속적인 투자와 리모델링으로 한층 더 업그레이드된 소비 경험, 즉 소비자들이 SNS 등에 공유할 재미들을 제공함으로써 소비자들을 잡아두고, 더 나아가 일반 쇼핑몰과 백화점의 소비자까지 빼앗아올 수 있었다. 결국 만족스

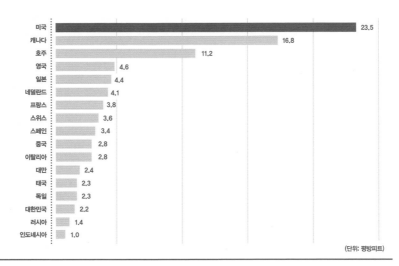

■ 주요 국가의 1인당 쇼핑 면적 ■

미국	23.5
캐나다	16.8
호주	11.2
영국	4.6
일본	4.4
네덜란드	4.1
프랑스	3.8
스위스	3.6
스페인	3.4
중국	2.8
이탈리아	2.8
대만	2.4
태국	2.3
독일	2.3
대한민국	2.2
러시아	1.4
인도네시아	1.0

(단위: 평방피트)

| 출처 : ICSC 국가 리포트, AT커니 분석 |

러운 쇼핑 경험을 제공하는 리테일러들에겐 소비자들이 몰리는 반면, 그렇지 못한 매장들은 소비자들에게 외면당할 수밖에 없었던 것이다.

같은 맥락에서 초지역 몰에 입점하려는 브랜드들은 늘었지만 지역 몰, 오픈센터, 파워센터들은 입점 브랜드가 줄어들었다. 초지역 몰은 쇼 핑몰, 워터파크 등의 다양한 레저 시설, 레스토랑 등의 다이닝을 자랑 하는데 이를 제외한 거의 모든 몰에서 매장 입점률이 줄어들었다는 것 은 엔터테인먼트나 레저 기능이 소비자의 쇼핑 공간 선택에서 매우 중 요해졌다는 의미다. 현재의 추세로 미루어보건대, 초지역 몰과 그 외 쇼핑몰의 매출 격차는 앞으로 더욱 심화될 것이다. 이런 상황은 아직 영미권을 중심으로 몇몇 국가에서만 나타나고 있지만 쇼핑몰이라는 공간이 갖는 상징성과 파급력에 비추어보면 오프라인 리테일 업계의 위기 시그널로 보아도 무리가 없을 것이다.

데스 바이 아마존

사실 오프라인 리테일의 위기는 거침없는 광폭 행보를 보이고 있는 세계 최대의 리테일 기업인 아마존을 빼놓고는 논의할 수 없다. 어떤 사람들은 리테일 업체 하나가 오프라인 업계 전체의 위기를 대변할 만큼 막강한 파급력이 있는지 의아해할 것이다. 그런 사람들에게는 2017년에 등장한 '아마존 공포 종목Death by Amazon' 지수index라는 것이 대답이 될 것이다.[30]

이 지수는 베스포크 인베스트먼트 그룹Bespoke Investment Group이 아마존의 공세로 큰 위협을 받는 54개 리테일러를 선정해 그들의 주가 지수를 예측한 것이다. 54개의 리테일러에는 미국 최대 백화점 중 하나인 메이시스Macy's백화점, 창고형 클럽인 코스트코Costco와 슈퍼마켓 크로거Kroger, 대형마트인 타깃Target, 드럭스토어인 라이트 에이드Rite Aid와 월그린Walgreens 등이 포함됐다. 지수 자체가 과장된 측면이 있고 주식 가치로만 평가하기에는 신뢰도가 떨어진다는 평가도 있지만, 이런 지수가 등장할 정도로 리테일 업계에서 아마존의 영향력은 절대적이다.

■ 아마존이 미국 대형 리테일에 미친 영향 ■

아마존의 등장으로 미국의 대형 리테일 기업 주가가 곤두박질쳤다. 각 기업의 2014년 초 주가를 기준 (100)으로, 2017년 아마존의 주가는 3배에 가까이 늘었으나 메이시스, 시어즈, JC페니 등의 주가는 반토막 수준에 근접했다.

| 출처: 톰슨 로이터 데이터스트림 자료를 《파이낸셜 타임스》에서 재구성 |

심지어 온라인 커머스 중심의 아마존이 앞서 언급한 토이저러스의 몰락 원인 가운데 하나로 지목되기도 했다. 토이저러스의 디지털 전환에 대한 늦장 대응과 아마존과의 갈등이 파산의 원인이라는 것이다. 미국 최대의 대형마트 체인인 월마트도 아마존의 엄청난 성장세를 지켜만 보다가 2016년에야 제트닷컴Jet.com 등 온라인 업체들을 인수하며 늦게나마 반격에 나선 상태다.

이미 아마존은 일명 '아마존 효과Amazon effect'를 내며 공격적인 확장으로 전 세계 리테일 업계에 큰 타격을 안기고 있다. 게다가 아마존은 2018년 1월 J. P. 모건 체이스J. P. Morgan Chase & Co., 버크셔 해서웨이

Berkshire Hathaway와 함께 헬스케어 스타트업 헤이븐Haven을 세울 것이라는 발표와, 같은 해 6월 온라인 약국 스타트업인 필팩PillPack을 인수한다는 소식으로 또다시 기존 업체들의 주가를 폭락시켰다. 8월에는 아마존이 미국 내에서 50여 개 극장을 운영하는 랜드마크 시어터Landmark Theater의 인수를 추진 중이라는 소식이 알려졌다.[31] 이러한 행보는 2017년 홀푸드마켓 인수로 식품 리테일 업계 진출에 박차를 가했던 것처럼, 오프라인 엔터테인먼트 영역으로 진출하려는 시도로 분석될 수 있다. 아마존으로 인해 오프라인 극장 브랜드들의 영업이 장기적으로 큰 타격을 받을까? 내 대답은 '그렇다'다.

글로벌 시장에서도 아마존의 위력은 대단하다. 아마존은 이미 북미를 넘어 유럽 대륙으로 진출해 독일, 영국, 프랑스, 이탈리아, 네덜란드, 스페인 등에서 선전 중이다. 2016년 아마존 독일amazon.de은 81억 유로의 매출을 올리며 2위인 오토otto.de(27억 유로)와 3위인 잘란도zalando.de(11억 유로)를 가볍게 제쳤다.[32] 아시아에선 중국, 인도, 일본, 싱가포르에 진출했고, 2018년 7월에는 한국 소비자를 대상으로 '90달러 이상 구매 시 무료 배송'이라는 파격적 이벤트를 벌이며 한국 진출 가능성을 타진했었다(영역을 넘나들며 파괴적 혁신을 선보이는 아마존의 전략과 첨단 기술을 탑재한 서비스에 대해서는 2부와 3부에서 자세히 다룬다).

이 같은 아마존의 압도적 성장세가 오프라인 리테일의 위축에 영향을 끼친 근본 원인은 무엇일까? 우선 아마존은 프라임 멤버십Amazon Prime Membership과 2일 무료 배송으로 소비자들을 아마존 영역으로 끌어

| 아마존은 '아마존 프라임'과 '2일 배송'을 내세워 가파르게 성장, 현재 전 세계 1억 명이 넘는 소비자를 고객으로 유치했다.

들였다. 한국에서는 당일 배송, 익일 배송이 당연하지만, 미국에서 살다 보면 2일 무료 배송이 엄청나게 편리하다는 것을 피부로 느끼게 된다. 또한 클릭 한 번One-Click으로 상품을 주문할 수 있는 편리한 시스템, 프라임 멤버들에게 제공되는 낮은 가격뿐 아니라 아마존 프라임비디오와 뮤직스트리밍 등의 다양한 혜택들 덕분에 전 세계적으로 1억 명(2018년 4월 기준)을 프라임 멤버로 유치했다.[33]

한 통계에 따르면 아마존의 웹사이트 방문자 수는 한 달 평균 무려 1억 9700만 명(2017년 12월 기준)인 반면, 월마트와 타깃의 웹사이트 방문자 수는 각각 1억 2700만 명과 8300만 명이었다.[34] 미국 리테일 업계 1, 2위의 방문자 수를 합쳐야 아마존의 방문자 수와 비슷해지는 것이다.

그렇다면 아마존의 성장이 리테일 업계에 시사하는 바는 무엇일까? 필자는 아마존의 프라임 멤버십이 소비자들의 쇼핑에 대한 개념을 변화시켰고 앞으로도 계속 바꿔나갈 것이라는 점을 강조하고 싶다. 아마존 프라임 멤버십이 제공하는 2일 배송과 당일 배송, 두 시간 식료품 배달 서비스, 음악과 비디오 콘텐츠의 무료 스트리밍, 원클릭과 음성 주문에 기반한 제로클릭Zero-Click 등 이전과는 차원이 다른 '편의성'을 경험한 소비자들은 이제 이를 '쇼핑의 기준'으로 기대하게 되었다. 더구나 프라임 멤버십은 소비자들을 심리적으로 아마존 생태계에 가두는 락인lock-in 효과가 있기 때문에 소비자들이 '쇼핑=아마존'이라는 공식을 떠올리게 한다.

이런 혜택은 오프라인 리테일러들이 제공하기 힘든 경험들이기에 이보다 불편하거나, 가격적으로 매력이 없거나, '특이한 경험'을 갖추지 못한 오프라인 리테일러들은 소비자들에게 외면받고 위축될 수밖에 없다.

오프라인에서 모바일로의 이동

오프라인 리테일러들이 위기에 처한 동안 모바일 쇼핑 비중은 온라인보다도 가파르게 성장하고 있다. 특히 아시아의 성장세가 가장 두드러진다. 2017년 3분기를 기준으로, 모바일 디바이스를 이용해 상품을 구입한 비율이 가장 높은 나라는 한국(58퍼센트)이었다.[35] 그 뒤를 이어 태국(52퍼센트), UAE(45퍼센트), 대만(45퍼센트), 말레이시아(40퍼센트), 홍콩(40퍼센트), 영국(40퍼센트), 중국(39퍼센트), 싱가포르(39퍼센트) 순이었다.

미국의 경우 2017년 온라인 커머스의 전체 매출 중 모바일 채널을 통한 매출은 34.5퍼센트였다. 2016년 4분기를 기준으로 스마트폰을 통한 매출은 주문 건당 평균 79달러, 태블릿을 통한 매출은 주문 건당 평균 98달러였다.[36] 그러나 모바일을 통한 매출은 2020년 49.2퍼센트, 2021년 53.9퍼센트에 달할 것으로 예측된다.[37] 모바일 기기로 상품을 구입하는 소비자 수도 2016년 1억 3630만 명에서 2020년 1억 6870만 명으로 늘어날 것으로 추정된다.[38] 4년 동안 무려 3000만 명이나 늘어나는 것이다. 그야말로 폭발적인 증가세다.

이러한 모바일 커머스의 성장은 어떻게 가능해진 것일까? 바로 스

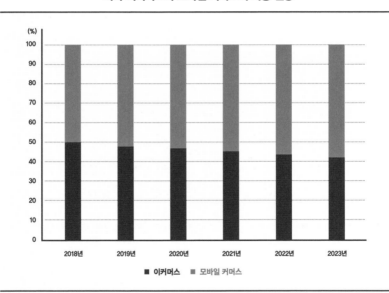

■ 미국 이커머스와 모바일 커머스의 비중 전망 ■

| 출처 : 유로모니터 인터내셔널, 2019 |

마트폰 보급으로 모바일 쇼핑의 장벽이 허물어지고, 이와 동시에 '모바일 페이'가 탄생했기 때문이다. 2018년을 기준으로 전 세계 가구 중 무려 68퍼센트가 적어도 한 대의 스마트폰을 소유한다. 2023년이 되면 85퍼센트 수준으로 증가할 예정이다.[39] 모바일의 성장은 소비자들이 언제 어디서든 인터넷으로 상품 정보를 검색하거나 디지털 콘텐츠와 서비스들을 경험할 수 있게 했고, 그로 인해 리테일러들이 모바일 쇼핑 플랫폼과 디지털 콘텐츠를 앞다투어 개발하며 모바일로 소비자들을 이끄는 선순환을 견인해왔다.

이제는 상품 검색에서 결제까지 쇼핑의 전 과정이 모바일을 통해 손쉽게 이뤄진다. 모바일 기기를 이용한 쇼핑이 점차 늘어나는 것은 당연한 흐름으로 보인다. 특히 주목할 점은 모바일 사용 시간이 급격히 증가함에 따라 모바일 웹사이트가 아닌 모바일 앱이 웹 트래픽을 주도한다는 것이다.

모바일 앱 전문 컨설팅 회사인 앱애니App Annie에 따르면 2018년을 기준으로 소비자들이 모바일 웹브라우저보다 모바일 앱을 사용하는 시간이 무려 7배나 많았다고 한다.[40]

모바일 앱에서 쇼핑하는 것이 모바일 웹사이트에서 쇼핑하는 것보다 훨씬 쉽다. 대부분의 경우 모바일 웹사이트에서 쇼핑을 마치려면 결제에 필요한 정보들을 입력해야 하는 '고통'을 겪어야 하는 반면 모바일 앱은 초기에 입력한 개인 정보 등이 저장되어 있기 때문에 검색에서 결제까지의 과정이 훨씬 편하다. 그런 이유로 모바일 앱을 통한 구입 고객으

로의 전환율conversion rate이 모바일 웹브라우저보다 무려 3배나 높다.[41]

또한 특별 세일 같은 프로모션 정보를 '푸시push' 메시지 형태로 보내어 모바일 앱을 다시 찾게 하는 것도 모바일 앱의 장점이다. 이처럼 편의성과 다양한 프로모션을 기반으로 모바일 커머스는 소비자들에게 자연스러운 일상이 되었다.

특히 중국에서 온라인을 넘어선 모바일의 보급과 활용 수준은 상상 이상이다. 알리바바의 알리페이와 텐센트Tencent의 위챗페이의 모바일 시스템은 상품 검색, 상품 경험, 모바일 결제, 영화 예매, 은행 업무, 버스 티켓 구매, 뉴스 구독 등 다양한 서비스가 통합된 플랫폼을 통해 커뮤니케이션에 대한 소비자의 기대치를 확장했다.[42] 알리페이와 위챗페이는 정부 정책과 기업 정책, 그리고 소비자 변화에 발맞춰 중국 경제가 현금 경제에서 모바일 경제로 뛰어넘도록 견인 역할을 했다. 오프라인 리테일이 선사하기 어려운 편의성과 커뮤니케이션 덕분에 모바일은 상당한 경쟁력을 갖추고 있는 셈이다(모바일 페이와 함께, 지금은 안면 인식 결제 방식으로까지 진화하고 있는 새로운 리테일 결제 시스템에 대해서는 2부에서 '캐시리스cashless 리테일'이라는 키워드로 자세히 살펴볼 것이다).

한국에서도 모바일이 눈에 띄게 성장하는 추세다. 모바일 검색과 결제 기능이 강화되면서 PC를 통한 온라인 매출은 감소하는 반면, 모바일 매출은 빠르게 증가하고 있다. 2014년 사상 처음으로 모바일 쇼핑의 연간 매출액이 10조 원을 넘어선 13조 1000억 원을 기록했다.[43] 이후 모바일은 폭발적인 성장을 이어가고 있다. 통계청의 자료를 보면 2018년 12월,

온라인 쇼핑 거래액에서 모바일 쇼핑이 차지하는 비율은 62.7퍼센트, 매출액은 6조 7307억 원으로 전년 동월 대비 28.7퍼센트나 증가했다.[44]

더구나 온라인 쇼핑 거래액의 순위와 증가량을 2017년 12월과 비교해보면 음식 서비스(81.9퍼센트 증가), 물/식료품(35.2퍼센트 증가), 가전/전자/통신기기(30.1퍼센트 증가), 의류(19.5퍼센트 증가), 화장품(30.4퍼센트 증가), 가구(33.5퍼센트 증가), 신발(30.7퍼센트 증가), 농·축·수산물(16.8퍼센트 증가) 등이 두드러진 성장세를 보였다. 2018년 12월을 기준으로 모바일 쇼핑 거래액은 여행·교통·레저·E쿠폰 등의 서비스(69.5퍼센트), 식품(65.7퍼센트), 패션(64.9퍼센트) 순으로 높았다. 또한 2017년 12월에 비해서는 컴퓨터와 주변기기, 2018년 11월에 비해서는 화장품과 자동차용품 등의 매

■ 한국의 온라인 쇼핑 거래액 중 모바일 쇼핑 비중 ■

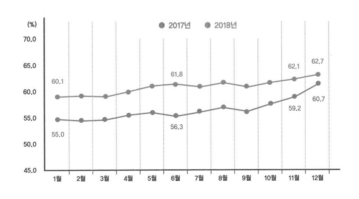

| 출처 : 통계청, 2018년 |

출이 확대되었다.

롯데하이마트의 경우 온라인 부문이 차지하는 비중이 2011~2017년 1퍼센트에서 20퍼센트까지 확대됐다.[45] 2018년에는 26퍼센트까지 확대된 것으로 추산되는데 이는 업계 최고 수준이다.

이 같은 모바일의 성장은 오프라인 리테일의 몰락을 부추기고 있다. 모바일 커머스의 성장은 손쉬운 모바일 쇼핑이 가능해진 덕분이다. 게다가 앞서 언급한 것처럼 온라인과 모바일 쇼핑에서 주 상품군으로 성장하고 있는 식료품, 의류, 화장품 등은 물론, 가구와 같은 상품군은 사실 전통적인 오프라인 리테일러들이 강점을 보였던 부문들이다.

그러나 이제 오프라인 매장을 찾아야 할 이유를 제시하지 못하는 오프라인 리테일러들은 매출과 고객 유입 비율 모두에서 고전 중이다. 두려운 사실은 앞으로 모바일 결제 시스템의 확산과 더불어 모바일 쇼핑으로의 이동이 더욱 가속화될 것이라는 점이다.

2
—
리테일에 이식된
기술혁신

2014년 첫선을 보인 아마존의 스마트 스피커 에코에 탑재된 음성비서 알렉사는 아이폰의 시리Siri처럼 이미 미국인들에게 친근한 존재다.

해마다 2월이면 전미 최고의 스포츠 이벤트로 꼽히는 전미프로풋볼리그NFL의 슈퍼볼 경기가 TV로 중계된다. 이때 경기 중계 중간중간에 나오는 각종 광고는 비싼 광고 단가 덕분에 세간의 화제가 되곤 한다. 그런데 2018년 2월과 2019년 2월 슈퍼볼 경기 광고에서 두드러진 변화는 아마존과 구글 어시스턴트 등 음성비서가 실생활에 녹아 있는 광고가 주를 이뤘다는 점이다.

아마존은 2018년 '알렉사, 목소리를 잃다Alexa Loses Her Voice'라는 제목

| 2018~2019년 아마존 알렉사의 슈퍼볼 광고 장면들.

의 영상 광고를 내보냈다. 이 광고는 위트 넘치는 내용도 돋보였지만 아마존 CEO 제프 베저스가 직접 출연한 것으로도 화제를 모았다. 2019년 '모든 게 잘되고 있지 않아Not Everything Makes the Cut' 광고에서는 전자레인지에 탑재된 알렉사, 강아지가 직접 사료를 주문하도록 개목걸이에 장착된 알렉사 등을 위트 있게 담아냈다. 두 차례의 광고 영상을 통해 아마존은 알렉사를 탑재할 수 있는 모든 기기를 소개했을 뿐만 아니라 알렉사의 다양한 기능, 심지어 지구의 전기 시스템을 통제하는 상상 이상의 기능들을 암시하며 음성비서에 대한 성공적인 바이럴을 만들어냈다. 30초당 525만 달러(약 56억 원)가 드는,[1] 미국 최고의 관심사인 슈퍼볼 광고를 통해 향후 리테일의 미래에서 혁신적인 주인공으로 자리 매김할 아마존의 인공지능 기술을 대대적으로 선보인 것이다.

현존하는 리테일 테크의 최전선, 스마트 스피커

음성비서와 스마트 스피커의 성장은 일상의 중요한 변화를 암시하고 있다. 그것은 바로 연결성이다. 장소에 상관없이 일상생활을 자연스럽게 연결해주는 스마트폰, 홈 디바이스, 음성 주문 등의 기술 덕분이다. 2018년 1월, 미국 소비자기술협회Consumer Technology Association는 앞으로 주목해야 할 기술로 스마트 스피커, 스마트홈, 드론, 웨어러블 등을 꼽았다. 이들은 '커넥티드 디바이스connected device'를 가능하게 하는 핵심 기술들이다. 이 중 스마트 스피커는 최근 업계에서 가장 각광받는 기술인 인공지능에 기초한 디바이스로, 아마존의 에코가 그 첫 주자에 해당한다.

2017~2018년 글로벌 스마트 스피커 시장은 무려 145퍼센트라는 놀라운 성장세를 보였다.[2] 더구나 2018~2023년 연간 31퍼센트씩 성장하며, 2023년에는 시장 규모가 무려 190억 달러(한화로 약 21조 원)에 달할 것으로 예측된다.[3] 2017년에는 미국이 전체 시장의 73퍼센트를 차지해 1위를 기록했고, 그 뒤를 영국(10퍼센트), 독일(8퍼센트), 중국(3퍼센트), 캐나다(2퍼센트)가 따랐다. 아마존의 에코, 구글의 구글홈Google Home, 마이크로소프트MS의 코타나Cortana가 주류를 이루는 가운데 2018년 애플이 홈팟Homepod을 선보이며 스마트 스피커 전쟁에 뛰어들었다.

그런데 흥미로운 사실이 있다. 2017년까지만 해도 전 세계 스마트 스피커 시장에서 아마존 에코가 독보적 위치를 유지해왔다. 한 조사에 따르면 2017년 1분기를 기준으로 미국 스마트 스피커 시장의 80퍼센트를 아마존 에코가 차지했고 구글홈은 단 19.3퍼센트만 점유했었다. 영

| 아마존 에코닷(왼쪽)과 구글홈 미니(오른쪽)의 모습.

국 시장에서도 전체 9500만 명의 스마트 스피커 사용자 중 68퍼센트가 아마존 에코를, 26.2퍼센트가 구글홈을 사용하는 것으로 나타났다.[4] 그 런데 구글홈이 무서운 속도로 추격하면서 2018년 1분기와 2분기에 처 음으로 아마존 에코 판매를 앞섰다.[5] 이는 구글이 2017년 10월, 아마존 의 에코닷(기존 에코보다 가격을 낮춘 보급형 버전)을 겨냥해 기존 구글홈보다 가격을 낮춘 구글홈 미니를 론칭하면서 가격 경쟁력을 높인 덕분이다. 천하의 아마존도 스마트 스피커 시장에서는 구글에게 역전당한 셈이 다. 다시 에코가 시장점유율에서 구글홈을 앞서긴 했지만, 구글과 알리 바바, 샤오미가 엄청난 속도로 성장하며 글로벌 시장에서 경쟁하고 있 다.[6, 7, 8]

한편 중국에서는 알리바바의 T몰 지니Tmall Genie, 샤오미의 미니Mini 에 이어 바이두Baidu가 스마트 스피커 시장에 뛰어들었고, 한국에서는

■ 글로벌 스마트 스피커 시장점유율 추이 (판매 대수 기준) ■

(단위:%)

순위	브랜드	2017년 3분기	2018년 1분기	2018년 3분기
1	아마존(에코)	74.7	27.7	31.9
2	구글(홈)	24.6	36.2	29.8
3	알리바바(T몰 지니)	0.1	11.8	11.1
4	샤오미(AI 스피커)	0.1	7.0	9.7
	기타(누구, 라인 등)	0.5	17.3	17.4

| 출처 : Canalys, 2018년 5월과 11월 |

누구Nugu와 라인LINE이 스마트 스피커 시장을 선도하고 있다. 글로벌 스마트 스피커 시장의 판매 추이(49쪽 표)를 보면 점차 미국의 점유율이 줄어들고, 중국이 빠른 속도로 부상하는 한편, 다양한 스마트 스피커 브랜드들이 치열하게 경쟁하는 양상이다.[9]

그런데 스마트 스피커의 급부상은 리테일 비즈니스에서 상당히 중요한 의미가 있다. 소비자들이 상품 정보를 습득하고 상품 주문을 하는 쇼핑 행동을 예전에는 상상하지 못한 방향으로 이끌기 때문이다. 사실 아이폰에 탑재된 시리 같은 경우는 소비자들의 소비 행태에 영향을 미치지 못했다. 그러나 스마트 스피커에 탑재된 인공지능 기반의 음성비서 알렉사와 구글어시스턴트는 다르다. 이들은 정보 검색이나 음악 재생 등의 단순 기능은 물론, 소비자가 말하는 문맥과 니즈를 파악하여 상품을 추천하는 능력을 갖췄다.

더구나 스마트 스피커를 가진 소비자들의 구매량이 그렇지 않은 소비자들보다 많다는 통계도 있다. 2017년 컨슈머인텔리전스리서치파트너스Consumer Intelligence Research Partners가 미국 소비자 2000명을 대상으로 조사한 결과, 아마존의 일반 소비자들은 연평균 1000달러어치를 구매했고, 프라임 멤버들은 연평균 1300달러를 소비했다. 반면 아마존 에코를 소유한 소비자들은 이들보다 훨씬 많은 1700달러어치를 구매한 것으로 나타났다.[10] 물론 한 통계가 전체를 대변한다고 말할 수는 없지만, 스마트 스피커의 중요성을 보여주는 수치로 볼 수 있다. 즉 소비자들이 첨단 리테일 테크와 음성으로 소통하는 것은 물론, 간단한 음성 명령으로 쇼핑을 완성하는 '보이스 쇼핑voice shopping' 시대로 진입한 셈이다(스마트 스피커를 중심으로 한 리테일 테크가 소비자 행동의 변화를 초래하는 배경, 그리고 이와 관련된 마케팅과 브랜딩 전략에 대해서는 3부에서 자세하게 다룬다).

음성비서와 스마트 스피커가 일상 가전에 탑재되는 수준을 넘어서서 이제는 호텔, 오피스, 피트니스 센터, 공항 등 다양한 비즈니스 영역으로 광범위하게 확대되는 중이다. 소비자들에게 기술과의 소통이 일상생활이 되는 한편, 전방위적인 소비 패러다임 전환으로 기능할 것이라는 의미다. 이런 변화는 우리가 상상하는 이상으로 빠르게 진행되고 있다.

스마트해진 쇼핑 환경: '제로클릭', 그리고 SNS 속에 들어온 쇼핑

첨단 기술 기반의 스마트한 쇼핑 환경은 소비자가 상품을 선택하고 주문하는 과정에 대대적인 변화를 가져왔다. 이것은 인공지능, 머신 러닝machine learning 등 기술적 차원의 발전이기도 했지만, 기업과 소비자 간의 커뮤니케이션이 완전히 다른 맥락에 놓이는 진화이기도 하다.

이제는 사람과의 상호작용 없이도 소비가 가능해지고(무인매장), 매장 직원에게 물어보는 대신 챗봇과 대화하며 쇼핑하는 시대로 접어들고 있다. 혹은 음성비서 알렉사에게 "세탁 세제를 주문해줘"라고 말하면 손쉽게 주문이 된다. 소비자가 직접 온라인이나 모바일 환경에서 마우스를 움직여가며 클릭하는 과정이 '생략'되는 것이다. 이러한 상품 주문 모드를 '제로클릭'이라고 부른다. 제로클릭이란 마우스로 클릭을 하는 등의 과정을 통하지 않고도 상품 구입이 완성되는 쇼핑 과정이다.

2014년 글로벌 피자 체인인 도미노피자가 선보인 서비스가 제로클릭의 시초였다. 도미노피자를 주문하기 전에 소비자가 할 일은 딱 한 가지, 모바일 앱을 다운받아 '피자 프로필pizza profile'을 설정해두는 것이다. 피자 종류, 전화번호, 배달 주소, 신용카드 정보 등을 사전에 입력해두고 언제든지 피자를 먹고 싶을 때면 도미노피자 앱을 실행시킨다. 그러면 저장된 주문 내역이 집 근처의 도미노피자 지점으로 자동 전송된다(이 과정에서 발생할 수 있는 에러를 수정할 수 있도록 10초간 타이머가 실행된다). 현재는 문자메시지, 트위터Twitter, 스마트TV, 스마트워치, 음성 주문 비서(돔)로도 클릭 없이 도미노피자를 주문할 수 있다. 심지어 2016년부터는 도미노피자의 음성 주문 비서 돔Dom이 아마존 알렉사와 결합해 "알렉사, 도미노피자 앱을 실행시키고 이지 오더easy order를 실행해줘"라는 음성 명령으로 주문이 완성되는 서비스를 선보였다.[11, 12] 도미노피자의 가상 주문 비서는 매장 직원들의 주문 관련 잡무를 처리해주는 한편, 소비자들이 피자 주문 상태를 파악할 수 있어 소비자 만족도도 높기 때문에 매장 도입이 확산될 예정이다.

이러한 초기 형태의 제로클릭이 한층 더 진화한 것이 바로 스마트 스피커를 통한 상품 주문이다. 아마존의 알렉사로 상품을 주문할 때는 "알렉사, 세탁 세제를 주문해줘"라는 음성 명령 하나로 모든 것이 해결되기 때문이다. 더구나 2018년 현재 전 세계에서 약 40억 명이 인터넷을, 약 32억 명이 소셜미디어를 사용하는 상황에서[13] 소셜네트워크서비스Social

Network Service(이하 SNS)가 쇼핑 기능까지 탑재하면서 온·오프라인 리테일러의 영역 침투가 본격화됐다. 2018년《포브스》에 따르면 전 세계 리테일러의 25퍼센트가 페이스북을 통해 상품을 팔고, 40퍼센트가 직·간접적으로 SNS를 이용해 매출을 올리고 있다고 답했다.[14] 어느 조사 결과 SNS의 추천이 구매 행위에 영향을 미쳤다는 응답이 23퍼센트, 핀터레스트Pinterest, 인스타그램Instagram, 트위터, 스냅챗SnapChat 등을 통해 상품을 구입하겠다는 응답이 30퍼센트에 이르렀다.[15]

《블룸버그Bloomberg》에 따르면, 소비자들이 SNS로 상품을 구입하는 데는 세대에 따른 차이가 크지 않을 정도로 SNS가 쇼핑의 한 방법으로 자리 잡았다(아래 표).[16] 소비자의 쇼핑 패러다임이 바뀌고 있는 것은 물론, 경쟁자가 아니었던 새로운 기업들이 리테일 영역에 진출하면서 리테일 비즈니스가 완전히 다른 경쟁 상황에 직면하게 된 것이다.

현재 SNS와 쇼핑이 결합된 플랫폼으로서 가장 '핫한' 곳은 단연 인스

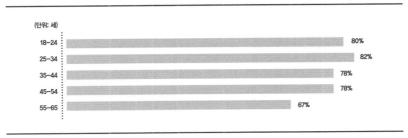

■ 소셜미디어를 통한 세대별 쇼핑 비율 ■

(단위: 세)

연령	비율
18-24	80%
25-34	82%
35-44	78%
45-54	78%
55-65	67%

| 출처: 2018년 블룸버그가 Curalate를 인용한 보도 |

타그램이다. '페이스북의 시대가 가고 인스타그램의 시대가 왔다'는 말이 있을 정도로, 인스타그램은 최근에 특히 인기가 높아졌다(그런데 인스타그램은 사실 페이스북이 소유하고 있다). 2016년 8월, 인스타그램은 리테일 브랜드의 웹사이트로 바로 연결해주는 기능을 도입했을 뿐만 아니라 '스토리즈Stories'라고 하는, 동영상에 더 잘 맞는 포스팅 피드feed(어떤 공통된 테마나 관심사를 중심으로 비슷한 맥락의 포스팅을 모아놓은 집합체) 기능도 도입했다. 몇 달 뒤엔 제이크루J.Crew, 메이시스, 와비파커Warby Parker를 포함한 20개 유명 브랜드의 인스타그램 포스팅에 특정 상품을 태깅하고 소비자들이 그 상품을 바로 구입할 수 있도록 '숍 나우shop now' 기능도 추가했다.[17] 이후 2018년 3월에는 '인스타그램 쇼핑' 기능이 론칭됐다. 이는 한 포스팅당 다섯 개의 브랜드 태그를 허용하고, 사용자들이 태그를 클릭하면 상품에 관한 정보(이미지, 상품 정보, 가격 정보)로 곧장 이동하는 기능이다. 더구나 사용자들에게 브랜드 웹사이트로 바로 연결되도록 페이지링크가 제공되어 상품 구입까지 한번에 가능하다.[18] 인스타그램 비즈니스 담당 헤드매니저인 에이미 콜Amy Cole은 이 기능이 론칭되자마자 매출이 8퍼센트 가까이 늘어난 브랜드도 있다고 밝혔다.[19]

SNS 플랫폼을 통한 쇼핑뿐만이 아니다. 상품 검색과 주문 과정에서도 혁신적인 변화가 생겼다. 예를 들어 중국 알리바바의 모바일앱 알리페이가 대표적이다. 알리페이는 단순한 지불 수단으로만 쓰이는 것이 아니라 멀리 있는 상품의 사진을 찍는 것만으로도 상품이 검색되어 소비자에게 상품 정보를 제시한다. 한편 미국의 아마존도 미국 10~20대

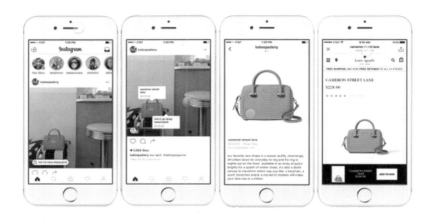

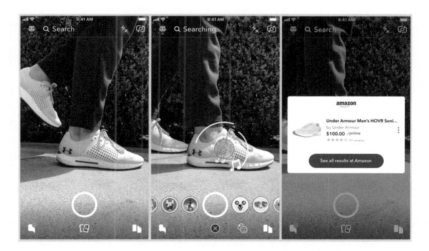

인스타그램이 선보인 '쇼핑 태그' 기능(위)과 스냅챗이 아마존과 함께 선보인 비주얼 서치 기능(아래).

에게 인기 있는 메신저 스냅챗과 함께 비주얼 서치visual search 기능을 론칭했다. 스냅챗 메신저에서 카메라로 신발 등을 스캔하면 아마존에서 판매되는 해당 상품 또는 비슷한 상품의 상세 페이지로 연결된다. 프라임 멤버들에게 주어지는 혜택인 2일 배송이 가능한지도 확인된다.[20] 이렇듯 모바일을 기반으로 하는 소셜 미디어가 쇼핑 플랫폼의 중개 역할을 하게 되었다.

그렇다면 왜 SNS가 중요한 쇼핑 플랫폼으로 떠오르게 되었을까? SNS는 친구 맺기를 통한 관계 중심의 소통 플랫폼이다. 나와 타인이 상업적 목적으로 소통하는 경우는 극히 드물다. 기업들이 비즈니스 계정으로 운영하는 페이스북, 인스타그램 등의 SNS 공간도 상품을 홍보한다기보다는 고객과 소통의 장으로 운영되는 경우가 많다. 즉 기업과 고객 간의 쌍방향 소통two-way communication이 다른 환경보다 훨씬 용이하게 이뤄지는 공간이 SNS다.

사실 상품은 소비자와 소비자 사이에서 간접적으로 노출되는 경우가 상당히 많다. 친한 사람들이 그들의 쇼핑 경험을 공유하며 상품을 추천하는 포스팅을 올리면 기업의 광고보다 훨씬 더 호감을 느끼게 된다.

또한 브랜드 인플루언서influencer들의 영향력도 점차 커지고 있다. SNS 공간에서 공유하는 포스팅이나 1인 방송들은 보는 사람들과 개인적인 커뮤니케이션이 훨씬 더 자유롭고, 일대일 소통도 쉽다. 더불어 친밀감도 높게 느껴지고 소통도 훨씬 실감난다. 더구나 모바일 앱을 통해 소비자가 원할 때만 소통하는 경우, 인플루언서를 포함한 타인과의 소통 과정에서 접하게 되는 브랜드 콘텐츠에 대해 강제성을 덜 느끼게 된다. 이런 이유로 SNS는 앞으로도 중요한 쇼핑 플랫폼의 중개 역할뿐만 아니라 중요한 정보원의 역할도 할 것이다.

첨단 기술과 크로스 오버된 혁신적 매장의 탄생

한편 리테일 비즈니스에 이식된 인공지능, 로봇 등의 첨단 기술은 추락하는 오프라인 리테일에도 새로운 숨결을 불어넣고 있다. 물론 기존의 오프라인 매장과는 완전히 다른 얼굴이다. 현재 미국과 중국을 중심으로 기술과 결합한 혁신 매장이 급부상하고 있다. 대표적인 오프라인 혁신 매장으로는 미국 시애틀의 아마존 본사 1층에 오픈한 아마존 고를 꼽을 수 있다. 한 차례 연기를 거쳐 2018년 1월에 선보인 아마존 고는 머신 러닝과 컴퓨터 비전, 인공지능의 결합체다. 매장에 입장하려면 우선 아마존 고 앱을 다운받아, QR코드로 본인 인증을 해야 한다. 앱을 스캔하고 매장에서 원하는 상품을 쇼핑백에 넣은 다음 '계산 과정 없이' 그냥 매장을 걸어나온다. 그러면 5분쯤 뒤에 스마트폰으로 쇼핑한 품목과 가격이 담긴 영수증이 전송된다.

놀라운 점은 아마존 고와 유사한 콘셉트의 무인매장들이 미국보다 중국에서 더 빠른 속도로 증가하고 있다는 사실이다. RFID 기반의 무인매장 브랜드인 빙고박스Bingo Box, QR코드 기반의 무인매장 오샹미닛까지 다양한 형태의 무인매장이 무려 5000여 개를 넘었다. 어떻게 보면 중국이 미국보다 리테일 테크를 더 적극적으로 도입, 실험하고 있는 추세다.

이러한 혁신적 매장의 기저에는 로봇과 첨단 기술을 활용한 물류 혁신이 든든하게 자리 잡고 있다. 중국 징둥닷컴의 완전 자동화된 물류센터나 아마존의 물류 로봇 키바Kiva, 그리고 영국의 온라인 슈퍼마켓 오카도Ocado 물류센터 등이 대표적이다. 2017년 9월 운영을 시작한 징둥닷컴의 첫 번째 자동화automation 물류센터 '아시아 1호'는 무려 13만 2000여 제곱킬로미터의 규모로 입고, 분류, 포장, 출고까지 모두 로봇이 담당하며, 하루에 처리하는 주문 건수만 20만 건에 이른다. 영국의 오카도 역시 물류 혁신의 대표적 사례로 꼽히는데, 로봇과 머신 러닝뿐 아니라 4G 기반의 커뮤니케이션 기술을 이용해 오카도 로봇 간의 소통 속도를 향상시키는 등 첨단 기술을 물류센터와 비즈니스 전반에 도입했다.

이렇게 로봇과 챗봇 등 인공지능 기반의 첨단 기술이 리테일의 프런트엔드front-end(소비자와 판매자가 대면하는 단계)와 백엔드back-end(소비자를 만나기 이전에 판매자가 준비하는 단계) 전반에 걸쳐 접목되는 이유는 무엇일까? 결국은 인터넷과 모바일을 중심으로 한 디지털 라이프스타일을 영위하는 소비자들에게 어필하기 위해서다. 앞서 언급한 것처럼 이미 디지털 기반의 새로운 소비 경험이 쇼핑의 필수적인 요소가 되었기 때문에 온·오프라인을 넘나드는 보다 섬세한 옴니채널의 구현과 '새로움'을 담은 혁신적 디지털 경험이 리테일 비즈니스에서 성공의 필수 요건이 된 것이다.

3
—
새로운 소비자
Z세대의 부상

유사한 시기에 태어나 동시대를 함께 살아간다는 것은 문화적, 역사적 사건과 경험을 공유한다는 의미다. 미국의 9·11 테러나 우리의 IMF 외환위기 같은 역사적 분절점과 그로 인한 사회적 변화는 우리 모두의 생각과 감정, 행동 등을 무의식적으로 재구성한다. 마케팅 분야에서 생애주기에 따라 소비자를 구분하는 일은 결국 삶의 유사성을 설명하고 그들의 소비 패턴을 이해하는 데 중요한 열쇠가 된다. 그런 까닭에 리테일 비즈니스가 직면한 위기와 다가올 미래 역시 인구구조의 변화 속에서 분석할 필요가 있다.

지금까지는 베이비부머와 X세대가 리테일 비즈니스를 대변해왔다.

그들이 전 세계 소비의 주축이었다. 그러나 앞으로는 밀레니얼 세대와 급부상하고 있는 Z세대에 주목해야 한다. 그들은 첨단 기술에 친숙하고, 이전 세대와 차별적인 취향과 소비 패턴을 가진다. 당연하게도 그들이 앞으로의 리테일 비즈니스를 좌우하게 될 것이다.

밀레니얼 세대 vs. 베이비부머 세대

먼저 밀레니얼 세대와 베이비부머 세대[1]를 살펴보자. 밀레니얼 세대는 1981~1996년 사이에 출생한 세대를 일컫는다.

2018년 현재 미국에는 밀레니얼 세대(22~37세)가 약 7300만 명, 베이비부머 세대(54~72세)가 약 7400만 명이었다.[2] 《파이낸셜 타임스》에 따르면 2018년 현재, 밀레니얼 세대는 전 세계 인구의 4분의 1 수준인 20억 명에 달한다. 미국의 경우, 이미 인구의 3분의 1가량을 차지하고 있는 밀레니얼 세대가 2019년에는 베이비부머 세대를 수적으로 추월할 것으로 예상된다.

'1가정 1자녀one-child policy' 정책에도 불구하고 중국의 밀레니얼 세대는 4억 명으로, 미국 전체 인구보다 많다. 인도의 밀레니얼 세대 역시 4억 1000만 명이 넘는다. 전반적으로 밀레니얼 소비자들은 미국뿐 아니라 중국과 인도 같은 개발도상국에 널리 분포한다.[3] 밀레니얼 세대는 2020년 이후 세계 노동인구의 35퍼센트를 차지하고, 소비력 차원에서도 베이비부머를 뛰어넘을 것으로 전망된다. 명실상부한 '세상의 중심'으로 떠

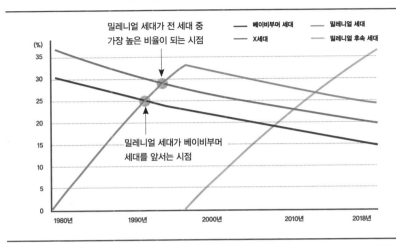

■ 전 세계 세대별 인구 구성 변화 추이 ■

출처: 2018년 《파이낸셜 타임스》가 UN 인구 분포 자료를 인용한 보도

오르는 것이다.

　이들의 부상이 리테일 비즈니스 전반에 중요한 까닭은 점차 막강해질 그들의 구매력과 독특한 소비 특성 때문이다. 밀레니얼 세대의 구매력은 2020년까지 1.4조 달러 규모, 즉 리테일 전체 매출의 약 30퍼센트를 차지할 것으로 예측된다.[4] 인도의 밀레니얼 세대는 2020년까지 연간 3300억 달러의 소비력을 가질 것으로 예상된다.[5] 무엇보다 밀레니얼 세대는 베이비부머를 포함한 이전 세대보다 훨씬 더 많은 교육을 받았다. 또한 여성의 교육 수준이 같은 연령대의 남성보다 높은 최초의 세대이기도 하다.[6] 이는 1970년 이후 서구 역사상 가장 큰 사회·문화적 변혁

을 겪은 시대적 상황을 반영한다.

일반적으로 밀레니얼 세대는 건강에 관심이 많고 힙hip한 문화를 선호한다. 그런데 그들은 건강과 유기농으로 유명한 홀푸드마켓보다 또다른 마트 체인인 알디Aldi를 좋아한다고 한다. 바로 가격 때문이다.[7] 홀푸드마켓은 유기농 식품들을 다채롭게 구비해두고 있고 쇼핑 공간도 쾌적하다. 그러나 '홀 페이체크Whole Paycheck(비싼 가격을 풍자하는 말)'라는 표현이 있을 정도로 가격대가 높은 편이다. 밀레니얼 세대는 그러한 홀푸드마켓보다 상품이 많지는 않더라도 가격이 저렴하고 다양한 유기농 옵션이 있는 알디를 선호한다는 것이다. 이는 2008년 글로벌 금융위기 이후, 고용 감소 등 사회적 불안을 경험했던 탓에 취향과 가치를 중시하면서도 경제적 측면, 즉 '가성비(가격 대비 성능)'를 중시하는 이 세대의 소비 경향성을 보여준다.

나이가 많은 축에 속하는 밀레니얼 세대는 2000년대 중반 취업전선에 뛰어들었으나 많은 이들이 금융위기로 인해 직장을 잃었다. 또한 물가 상승, 집값 상승의 시대적 영향으로 결혼을 했음에도 출산을 미뤄야 했다. 이로 인해 사회에 대한 부정적인 시각을 갖게 되었다. 글로벌 리서치 회사 퓨리서치Pew Research의 연구를 보면, 밀레니얼 중 19퍼센트만이 타인을 신뢰할 수 있다고 답했다. 이는 베이비부머의 40퍼센트, X세대의 31퍼센트가 타인을 신뢰할 수 있다고 답한 것과 비교된다. 또한 정부와 대기업에 대한 불신도 이전 세대들보다 높다. 그러다 보니 로컬 브랜드, 독창성을 가진 소규모 브랜드를 선호하는 특성을 보이기도 한다.[8]

반면 이 세대는 타인의 시선보다 자기 만족을 기준으로 판단하고, 어느 정도 나르시시즘 성향을 가지고 있기에 '미 제너레이션me generation'이라고 불리기도 한다.[9]

밀레니얼 세대는 이전 세대들에 비해 스마트폰, 태블릿, 소셜 미디어 같은 IT 기술과 플랫폼 등을 적극적으로 수용한다.[10] 이미 청소년기부터 인터넷과 스마트폰, 게임과 이메일 등이 일상화되어 있는 이 세대

| 2013년 5월 《타임》은 '미 제너레이션'을 커버 스토리로 다뤘다.

를 교육학자 마크 프렌스키Marc Prensky는 '디지털 네이티브digital native'라고 명명하고, 이전 세대들인 디지털 이민자digital immigrants와 구분 짓기도 했다.[11]

자연스럽게 밀레니얼 세대는 온라인 쇼핑을 선호하는데, 밀레니얼 세대 내에서도 연령대에 따라 온라인 쇼핑 채널 선호도에 차이가 나타난다. 통계조사 기관 스태티스타Statista에 따르면, 2017년 2월 현재 밀레니얼 세대 중 30세 미만의 '젊은 밀레니얼 세대'는 온라인(31퍼센트)보다 모바일(47퍼센트)을 선호하고, 30세 이상의 '나이 든 밀레니얼 세대'는 모바일(28퍼센트)과 오프라인 스토어(30퍼센트)보다 온라인(42퍼센트)을 선호했다.[12] 이는 같은 세대라고 해도 많게는 15년 가까이 차이가 나는 밀레니얼 세대의 연령 분포 때문에 공유하는 문화와 사고방식이 다르다는 측면에서 이해할 수 있다.

한편 밀레니얼 세대는 선호하는 소비 경험도 이전 세대들과 다르다. 글로벌 컨설팅 회사 맥킨지앤드컴퍼니McKinsey & Company의 분석[13]을 보면, 밀레니얼 세대는 멀티 감각적 경험, SNS로 공유될 수 있는 즉시성, 미디어, 게임, 경험을 선호한다. 이런 특성들은 쇼핑에서도 온라인, 재미, 다양한 경험에 대한 선호로 이어지고, 그들의 취향에 맞는 경험들은 즉시 SNS로 공유된다. 게다가 이들은 이전 세대들에 비해 동료 그룹, 인플루언서 등의 영향을 많이 받는 집단이기도 하고, 스스로가 페이스북이나 유튜브 등의 SNS를 통해 '마이크로 셀러브리티micro-celebrity'를 추구하기도 한다. 세대 내의 소비 경험과 관심사의 확산 속도가 더 가파르게 증가하는 이유다.

안타깝게도 시어스나 메이시스 같은 중저가 백화점들과 일반 쇼핑몰들은 이런 니즈를 만족시키는 흥미로운 경험을 제공하지 못했다. 기존 리테일 브랜드들이 고전하는 이유 중 하나가 바로 이런 밀레니얼 세대의 소비성향과 취향에 어필하지 못했기 때문이다.

'어린애들' 아닌 새로운 소비 그룹 Z세대의 탄생

앞으로 밀레니얼 세대보다 더 주목해야 할 소비자 그룹이 Z세대다. 밀레니얼의 후속 세대라고 하여 '제-니얼Z-lennials'로 불리기도 한다. 앞의 그래프와 같이, 글로벌 인구구조에서 Z세대가 차지하는 비율이 2010년 중반대부터 급속도로 증가하고 있다. Z세대는 흔히 말하는 '90년대생'

들로, 정확하게는 1997년 이후에 태어난 세대들을 의미한다. 이들의 사회·문화적 특징은 '90년대생'을 이해하기 위한 라이프스타일 분석이나 조직경영론에 대한 책들이 여러 권 출간될 정도로[14] 남다르게 부각된다. 2005년 서비스를 시작한 유튜브와 함께 자란 핵심 유저들로 '유튜브 제너레이션YouTube generation'이라는 별칭도 붙는다. 미국의 경우 Z세대는 2018년 현재 약 6100만 명에 이른다. X세대보다 많은 수이고 베이비부머의 3분의 2에 달한다.

2007년 탄생한 시대의 아이콘 아이폰iPhone 이후, 스마트폰은 Z세대에게 삶을 같이한 산소 같은 존재다. 그러다 보니 스마트폰이 없었던 시대를 잘 알지도, 이해하지도 못한다. 그들은 밀레니얼보다 기술에 대한 의존도가 훨씬 더 높고, 사회적 정의를 더 많이 고려한다.[15] 미국의 출판·교육 기업 피어슨에듀케이션Pearson Education은 최근 〈밀레니얼을 넘어: 미래 세대Beyond Millennials: The Next Generation of Learners〉라는 보고서에서 Z세대가 이전 세대에 비해 유튜브와 동영상 채널을 압도적으로 선호하는 것으로 밝혀졌다고 전했다.[16] Z세대는 밀레니얼 세대보다 위험을 쉽게 감수하며 이를 재미로 받아들인다. 또한 미래에 대비해 최고의 전문성을 갖추려고 하며 그런 이유로 교육의 가치를 높게 평가한다.

한편 와튼스쿨의 마케팅 교수인 바버라 칸Barbara A. Khan은 저서 《쇼핑 혁명The Shopping Revolution》에서 Z세대의 중요성을 강조한다. 칸 교수는 2020년까지 밀레니얼 세대가 전체 리테일 매출의 30퍼센트, Z세대가 40퍼센트를 차지할 것이라고 예측했다.[17] 게다가 앞으로 Z세대가 가

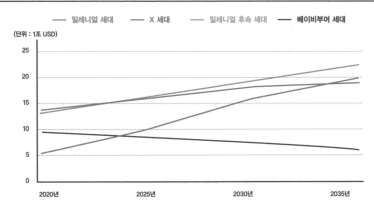

■ 2020년 이후 전 세계 세대별 구매력 변화 예측 ■

각 나라마다 구체적인 변화 속도의 차이는 있겠지만 2023년을 기점으로 Z세대를 중심으로 한 밀레니얼 후속 세대의 구매력이 베이비부머 세대의 구매력을 뛰어넘는다. 2035년 즈음에는 X세대의 구매력까지 뛰어넘는 수준으로 성장할 전망이다.

출처: 2018년 《파이낸셜 타임즈》가 월드 데이터 랩을 인용한 보도

정 내의 구매 결정에 미치는 영향이나 소비 잠재력에 있어서 밀레니얼 세대보다 훨씬 중요할 수 있다고 강조했다. 같은 맥락에서 미국의 경제 웹진 《비즈니스 인사이더》도 Z세대가 "세대 중 가장 어리지만 장난감부터 생활용품, 의류 등에 이르기까지 가계 지출에 막대한 영향을 미친다"고 설명했었다.

한편 칸 교수는 Z세대가 사회적 정의라는 이슈에도 일찍 눈을 떠서 친환경을 포함해 지속 가능성sustainability과 관련된 문제에도 이전 세대보다 민감하게 반응한다는 점을 지적했다. 이들에게는 기후변화나 총

기 사고 등이 피부에 와 닿는 문제로 여겨지면서 정의와 환경이 중요한 관심사로 부각되었다. 이는 소비 트렌드로도 직결된다. 친환경이 Z세대에게 중요한 가치가 되면서 이를 보여줄 수 있는 '상징성' 있는 브랜드를 선호하게 된 것이다. 친환경 상품 전문 컨설팅 회사인 그린매치GreenMatch의 조사에 따르면, Z세대의 72퍼센트가 지속 가능성에 부합하는 방식으로 생산된 상품에 돈을 더 지불할 의사가 있고, 지속 가능성이라는 가치와 부합하는 브랜드에 더 로열티를 느낀다고 밝혔다. 같은 맥락에서 지속 가능성에 부합하지 않는 브랜드는 보이콧할 의향도 높은 것으로 나타났다.[18]

소비 패러다임의 변화에서 인상적인 점은, 무엇보다도 특정 브랜드에 대한 Z세대의 충성도가 이전 세대들에 비해 낮다는 점이다.[19] 이는 이들의 사회·경제적 여건에 기인하는 것으로 보인다. 어느 조사에서는 조사에 참가한 10대의 10퍼센트가 가장 큰 고민으로 경제 상황과 빚을 꼽기도 했다. 이들은 학자금 대출에 대한 심리적 압박 등을 이유로 소비 선택에서도 절약을 굉장히 중요하게 생각한다.[20] Z세대는 2008~2009년의 글로벌 금융위기를 10대에 겪으면서 부모가 경제적인 어려움을 겪는 것을 보고 현실적인 경제 관념을 형성하게 되었다. 일찍부터 경제 관념을 갖게 된 덕분에 미래의 경제적 풍요를 위해 현재에 투자한다. 《하버드 비즈니스 리뷰Harvard Business Review》에 의하면 10대 중 70퍼센트가 유튜브 채널, 피아노 레슨 등 다양한 형태로 돈을 버는 연습에 나선다고 한다.

또한 문화 콘텐츠에 대한 취향과 관심이 동세대를 연결하는 굉장히 중요한 수단이 된다. 2018년 6월 뉴저지에서 열렸던 아이돌 그룹 방탄소년단BTS의 공연을 무려 5만 3000여 명의 관객이 찾았다. 미국, 캐나다, 멕시코 등 각지에서 방문한 관객 가운데 무려 70퍼센트가 Z세대였다.[21] 대부분의 가수 팬덤은 10대 후반부터 20대이지만 특히 미국 주류 음반 시장에서 아시아 문화에 대해 이토록 열광하는 모습은 굉장히 드물다. 이는 밀레니얼 이후 세대들이 음악 콘텐츠에 대해 굉장히 개방적인 태도를 가진 것과 깊은 관련이 있다.[22] 디지털 미디어와 함께 살아온 이들은 다른 문화에 대해서도 이전 세대보다 훨씬 더 열린 태도를 지니고 있는 것이다. 앞서 언급한 피어슨에듀케이션의 보고서에 의하면, 밀레니얼 세대보다(63퍼센트) Z세대가 다른 환경 속에서 다른 믿음을 갖고 살아가는 다른 인종의 사람들과 친구관계를 맺는 경우가 많았다(75퍼센

| 글로벌 스타로 발돋움한 BTS의 암스테르담, 뉴저지 공연장 앞 진풍경. 타국의 문화 콘텐츠를 개방적·적극적으로 받아들이는 Z세대의 면모가 엿보인다.

트). 더구나 다양한 친구관계가 그들을 더 나은 사람으로 만들어준다고 대답한 비율(61퍼센트)도 밀레니얼 세대(51퍼센트)보다 높았다.

이처럼 Z세대는 이전의 어떤 세대보다도 다양한 문화에 개방적일 뿐만 아니라 인종, 젠더 등에도 포용적이다. 이에 걸맞게 Z세대는 각자의 '다름'을 초월하고자 하는 소비 트렌드를 갖는다.[23] 즉 다양한 서브컬처subculture 시대의 주역으로 등장하게 된 것이다. 이런 Z세대를 공략하기 위해서는 이전 세대들과는 다른 마케팅 전략이 모색되어야 한다.

13억 인구의 대국인 중국도 사정은 다르지 않다. 중국에서도 Z세대의 소비자로서의 가치가 주목받기 시작한 것이다. 중국에서는 세대를 구분할 때 10년 단위로 나눈 다음 '링허우'라는 말을 붙인다. 바링허우八零后는 80년대생, 주링허우九零后는 90년대생을 의미하는 식이다.

80년대생, 즉 바링허우는 개혁개방 노선을 추진하는 중국 사회에서 이전 세대보다 물질적으로 풍요롭게 성장했지만, 이전 세대들의 어려운 경제 상황을 간접적으로 경험했다. 또한 바링허우가 대학에 들어갈 무렵부터 대학 등록금이 대폭 올랐고, 이들이 졸업을 하고 취업을 시작할 무렵부터 회사가 집을 마련해주는 제도가 사라졌다.[24] 또한 이들은 이전에는 없었던 자본주의사회의 경쟁 문화를 처음으로 겪은 세대이기도 하다. 그렇지만 1가구 1자녀 정책으로 인해 부모와 양측 조부모 등으로부터 '소황제'라는 별명이 붙을 만큼 특별한 대접을 받은 데다 이전 세대(류링허우)처럼 경제적 어려움을 겪지 않은 탓에 씀씀이도 클뿐더러 '상향소비'를 추구하여 과시적 소비, 특별함 추구, 명품 구매, 충동구매 성

향이 높은 편이다. 이들의 구매력이 한국 소비자 전체의 3배에 달한다고 알려져 있다.[25]

경제 관념이 전반적으로 뚜렷한 미국의 Z세대와 달리 중국의 Z세대 주링허우는 바링허우보다 훨씬 더 주목해야 할 신흥 부유층으로 떠오르고 있다. 현재 중국 인구의 16퍼센트를 차지하는 주링허우는 2020년까지 중국 전체 소비의 40퍼센트를 창출할 것으로 예측된다.[26, 27]

중국의 첫 디지털 세대로 자라난 이들은 특히 데이터에 대한 의존도가 굉장히 높다. 정보의 질과 양 모두를 중시한다. 브랜드, 인플루언서, 가족, 친구 등 다양한 채널을 통해 정보를 얻어 쇼핑에 적극 이용한다. 위챗, 바이두, T몰 등 SNS 플랫폼에서 주로 생활한다. 이들의 온라인상 구매 패턴은 이전 세대들에 비해 훨씬 더 정교하고 쇼핑에서의 편의성과 효율성을 아주 중요하게 생각한다.[28] 글로벌 컨설팅 회사인 액센츄어Accenture의 조사 결과 중국의 Z세대 중 거의 40퍼센트가 당일 배송을 원하고, 27퍼센트는 반나절 배송을 선호한다고 답했다.[29]

이러한 특징들을 간과한 럭셔리 브랜드들은 한동안 중국 시장에서 고전했다. 주링허우를 이전 세대와 '비슷한' 세대로 간주하고 비슷한 전략을 썼기 때문이다. 결국 지금은 이들을 독립된 소비자 그룹으로 분리해서 개별 브랜딩과 마케팅을 전개하고 있다. 특히 SNS와 인플루언서 마케팅에 집중하고 있다. 왕훙(網紅 또는 KOL: key opinion leader, 온라인상의 유명 인사)같이 트렌드를 이끄는 인플루언서들을 활용해 SNS상에서 적극적인 브랜드 커뮤니케이션을 하는 것이다. 예를 들어 클로에Chloé 같은 프랑스 명품 브랜드들은 왕훙을 통해 중국 자체 소셜 미디어 플랫폼인 웨이보Weibo(微博), QQ, 유쿠Youku(优酷) 등에서 Z세대 소비자들을 공략하고 있다.

그렇다면 한국의 Z세대는 어떨까. 한국의 90년대생 역시 주요 소비 계층으로 떠올랐다. 이들은 편의성을 특히 중요하게 생각해 가정간편식home meal replacement(HMR) 시장을 키우는 데 일조했고, 수제 맥주를 선호하는 등 기호도 분명한 소비자 그룹이다. 이들은 불공정거래, 이른바 '갑질' 사례가 알려진 기업과 브랜드들에 대해 공개적인 불매운동을 벌이기도 한다.

특히 '스마트 컨슈머'가 되어 일명 '호갱'이 되기를 거부한다. 인터넷을 통한 가격 비교에 능숙하여 해외 직구 시장을 급격하게 키운 주역이기도 하다. 이 특성은 국내에서 고가 정책을 유지하는 해외 명품 브랜드, 고급 백화점을 포함한 오프라인 리테일러들의 매출 부진을 가져왔고, 브랜드 마케팅의 한계를 노출시키기도 했다. 한국의 90년대생에게는 간결함, 재미, 정직한 브랜드가 특히 중요하기 때문이다.[30]

연결과 간극 사이, 새로운 접근이 필요하다

사실 인구구조가 변한다고 해서 소비 트렌드가 한두 해 사이에 급변하는 것은 아니다. 그러나 최근 AI, 모바일, VR, QR코드를 활용한 지불 방식 등 거의 빅뱅 수준으로 발전한 IT 기술들이 인구구조의 변화와 맞물리면서 특히 오프라인 업체들의 위기를 불러왔다.

밀레니얼 세대와 Z세대가 원하는 쇼핑 경험과, 상품 자체에 집중하는 베이비부머 세대가 원하는 소비 경험 사이에는 굉장한 간극이 있다. 특히 Z세대의 경우 밀레니얼 세대처럼 디지털 기술과 온라인 쇼핑을 선호하긴 하지만, 오프라인상의 경험을 기피하는 것은 아니다. Z세대의 67퍼센트가 온라인보다 오프라인에서 구매하는 것을 선호한다는 조사 결과도 있었다.[31] 이들은 오프라인에서 눈으로 품질을 확인하면서 직접 쇼핑하는 경험을 중시한다. 이렇게 함으로써 쇼핑에 실패할 확률도 줄인다. 또한 이들의 데이터 의존도는 이전 세대들과 비교할 수 없을 정도로 높다.

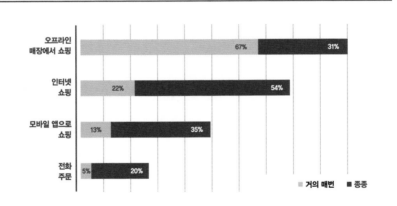

■ Z세대의 상품 구매 경로 ■

| 출처 : IBM 연구, 2017 |

단, 이들이 오프라인에 기대하는 쇼핑 경험이란 첨단 기술이 녹아든 새롭고 놀라운 매장, 즉각적인 쌍방향 커뮤니케이션이 가능한 디지털 스크린, 셀프 체크아웃, 증강현실 등 다채로운 흥미 요소가 가미된 환경이다. 여기에 극강의 편의성까지 갖추었다면 금상첨화다.[32] 인테리어 등의 비주얼을 중시하는 고객으로서 인스타그램에 사진을 올리기 위해, 다시 말해 자체 콘텐츠 생산을 위해 매장을 방문하고 소비하는 세대다. 인플루언서 마케팅이 득세하는 이유다. 앞으로 리테일 비즈니스의 메인 소비자가 될 이들을 매장으로 유인할 소비 경험을 제공하는 것은 선택이 아닌 필수다.

이제 완전히 다른 소비 집단이 우리 앞에 존재한다. 안전한 집단을 잡으면 앞으로 더욱 막강해질 새로운 집단을 놓칠 것이다. 과연 베이비 부머 세대와 Z세대를 동시에 아우르는 전략은 가능할 것인가. 어쩌면 Z세대가 주 소비층으로 등장하기까지 남은 몇 년이 그 해답을 찾을 유일한 기회일지 모른다.

Part 2

어떻게 달라질 것인가

패러다임을 뒤흔들 10가지 리테일 테크

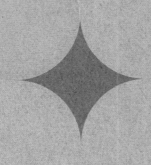

The Future of Retail Business

"표준이 없는 것이 새로운 표준이다No normal is the new normal."

글로벌 컨설팅 회사인 KPMG는 이제 변화는 변수가 아니라 상수임을 선언했다.[1] 21세기 비즈니스 환경에서 변하지 않는 유일한 것은 모든 것이 끊임없이 변한다는 사실뿐이다. 매일 전 세계에서 혁신이 일어나는 리테일 업계에서는 더욱 그렇다. 너무나도 변화무쌍하고 어느 것하나도 기존의 것과 비슷하지 않다 보니, 무엇이 표준이 될지 한 치 앞도 예측할 수 없는 상황이 펼쳐진다. 누가 나의 새로운 경쟁자가 될지, 소비자가 누구 편을 들어줄지 가늠하기 힘들다. 지금까지 이겨온 방식으로 싸워서는 백전백패百戰百敗할 것이 분명하다. 그 때문에 업계 강자들은 끊임없는 변화와 파괴적 혁신disruptive innovation으로 대응하는 중이다.

모두가 동시다발적으로 변화하기 때문에 미래가 어떤 모습일지 규정하기는 어렵다. 하지만 그 변화를 추동하는 것이 무엇인지는 알 수 있다. 지금 우리는 '변화를 만드는 핵심 기제가 무엇인지' 물어야 한다. 다들 알듯이 그 답은 '정보 통신 기술'이다. 지금 리테일 기업들은 기존의 경쟁 방식과는 전혀 다른, '기술 전쟁' 중이다. 리테일 산업에 어떤 첨단 기술을 어떻게 적용할 것인가, 그래서 어떤 변화를 만들어낼 것인가를 두고 치열하게 경쟁한다. 이것을 우리는 '리테일 테크retail tech'라고 부른다.

리테일 테크가 온다

리테일 테크라는 거대한 흐름을 이끄는 쌍두마차는 미국의 아마존과 중국의 알리바바다. 전 세계 리테일 기업들은 이들을 미래의 이정표 삼아 벤치마킹한다. 이들은 지금까지 리테일 기업들이 관행적으로 지켜왔던 비즈니스 프로세스business process에 의문을 제기하고, 전 과정을 세분화하여 혁신을 과감하게 실현해나간다. 첨단 기술이 접목된 리테일 테크는 매장과 재고 관리, 물류 혁신과 쇼핑 경험 등 리테일 비즈니스와 소비자의 쇼핑 경험 전반에 일대 혁명을 몰고 왔다.

첫째, 과거와는 차원이 다른 상세한 고객 데이터 수집을 가능하게 했다. 둘째, 리테일 비즈니스의 백엔드 영역에서 자동화된 시스템 덕분에 재고와 물류 관리의 효율성이 높아져 운영 비용을 절감할 수 있게 됐다.

셋째, 고객에 대한 섬세한 이해를 바탕으로 고객들에게 한층 더 맞춤화된 경험을 제공하게 됐다.

■ 리테일 테크의 가치 ■

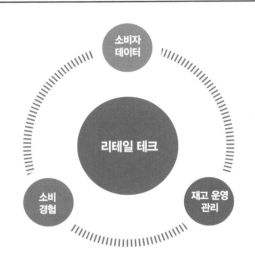

한번 생각해보자. 오프라인 매장에는 왜 점원이 있어야 할까? 매장에서 계산은 안면 인식으로 하면 어떨까? 배송은 드론 로봇이 담당하면 어떨까? 데이터로 소비자가 원하는 것을 파악해 미리 제안하면 어떨까? 블록체인으로 소비자에게 제품의 생산과 유통 과정을 투명하게 보여주면 어떨까? 증강현실과 가상현실로 온라인과 오프라인 쇼핑 경험을 결합하면 어떨까? 창고 관리는 로봇이 담당하면 어떨까? 어떻게 하면 재

고율을 제로 수준으로 관리할 수 있을까? 리테일 비즈니스를 이끄는 아마존과 알리바바가 바로 이 같은 낯선 질문을 던지며, 전에 없던 모습으로 진화 중이다.

그렇다면 리테일 테크는 어디를 향해 달려가는 것일까? 리테일 테크는 현재 5.0시대를 향해 진화 중이다. 리테일 1.0시대는 화폐의 발달과 함께 성장하여 먹고 잠자는 것과 같은 기본적인 인간의 욕구를 만족시켰다. 리테일 2.0시대로 접어들면서 리테일은 소비자들에게 기본적인 욕구 이상의 새로운 경험과 감각적 경험을 제공하기 시작했다. 리테일 3.0시대는 인터넷, 모바일을 기반으로 성장했다. 언제 어디서든 쇼핑할 수 있는 편의성을 바탕으로 본격적인 모바일 쇼핑 시대를 열었다.[2] 리테일 4.0시대는 인공지능을 바탕으로 성장한다. 지금 가장 치열하게 진행되는 것이 사물인터넷과 인공지능을 기반으로 한 온·오프라인 융합 리테일 혁명이다. 여기에서 더 진화해 리테일은 5.0시대를 열 것이다. 자아실현, 창조, 사랑 등 인간의 최상위 욕구를 충족시키는 상품과 서비스가 개발될 것이다.

리테일은 소비자의 구매 경험을 디자인하는 일이고, 리테일 기업의 본질은 소비자의 라이프스타일을 디자인하는 것이다. 때문에 리테일 기업은 ICT 기술과 함께 종국적으로 '소비자의 디지털 라이프스타일 완성'을 목표로 나아간다. 이를 위한 경쟁의 최전선에서 세계를 이끌어가는 미국과 중국 기업의 활약이 특히 두드러진다.

미국은 한국보다 땅덩이가 100배 더 크다. 때문에 온라인에서 물건을 사면 배송에 적어도 일주일은 걸리는 것이 보통이었다. 하지만 아마존이 월정액을 내면 이틀 안에 주문한 물건을 배송해주는 '아마존 프라임 멤버십'을 도입함으로써 미국인의 소비 패턴을 온라인으로 옮겨놓았다. 현금을 좋아하기로 유명한 중국인들도 이제는 현금을 가지고 다니는 것에 큰 관심이 없다. 물건을 살 때 현금 대신 스마트폰을 꺼내는 것이 새로운 일상이 되었다. 어느 매장에서든 알리페이 QR코드로 쉽게 결제할 수 있기 때문이다.

이 외에도 리테일 테크를 통한 비즈니스 패러다임의 혁신은 가히 혁명에 비견될 만큼 전방위적으로 진행 중이다. 지금부터 살펴볼 열 개의 키워드는 개인과 기업의 소비와 유통은 물론, 산업 전반에 놀라운 변화를 일으키고 있는 혁신적인 리테일 테크들이다. 인간의 삶을 구성하는 많은 것들이 리테일을 통해 공급되고 배양된다. 리테일 비즈니스의 미래를 이해하는 것은 우리의 미래와 산업의 청사진을 엿보는 것과 같다. 자, 이제 그 청사진을 펼쳐볼 시간이다.

■ 키워드별 리테일 테크 적용 영역 ■

키워드	적용 서비스	사례
인공지능 쇼핑 비서	스마트 스피커 로봇	• 아마존 알렉사, 알렉사 키즈 • 구글 어시스턴트 • MS 코타나 • 소프트뱅크의 휴머노이드 로봇 페퍼 • 이마트의 AI 로봇 나오
신뢰와 예측을 더하는 소비 빅데이터	큐레이션 예측 배송 판매 예측	• 아마존 4-스타 • 아마존 온디맨드 쇼핑 • 아마존 예측 배송 • 알리바바 허마셴성의 신선식품 판매 예측
미래형 오프라인 매장과 언택트 리테일	무인매장 이동식 무인매장 인공지능 결제 로봇	• 아마존 고 • 중국 모비 마트 • 오샹미닛 • F5 미래상점 • JD.com의 X-마트(중국)와 JD.ID X-마트(인도네시아) • 한국 세븐일레븐 스마트 편의점과 인공지능 결제 로봇 브니
더 섬세하게 연결되는 옴니채널	미래/로봇 레스토랑 차별화된 고객 서비스 고객 맞춤 서비스 오프라인 매장의 의도적인 쇼룸화	• 허마셴성의 로봇 레스토랑 ROBOT.HE • 징둥 X 미래레스토랑 • 알리바바의 럭셔리 파빌리온 • 로레알의 비디오 챗 서비스, 화장품의 가상 시연 • 록시땅의 큐빗 프로 솔루션 • 온라인 남성복 보노보스의 쇼룸이 된 오프라인 매장

키워드	적용 서비스	사례
AR과 VR로 구현한 가상 리테일	상품의 가상 경험 럭셔리 브랜드 경험	• 중국 위에싱 리빙의 가구 경험 서비스 • 이케아의 모바일 앱 이케아 플레이스 • 웨이페어의 VR을 통한 인테리어 서비스 • 나이키의 SNKRS 앱을 통한 상품 경험 • 크리스찬 디올 패션 쇼의 VR비디오 • 경매하우스 소더비의 VR 기반 상품 재현 • 아마존 앱의 AR 뷰 • 상하이 스타벅스의 로스터리 AR 기반 매장 경험 • 월마트의 3D 버추얼 쇼핑 투어
사람이 결제 수단인 캐시리스 리테일	모바일 결제 안면 인식 결제 VR페이	• 알리바바의 알리페이 • 텐센트의 위챗페이 • 애플페이, 아마존페이, 페이팔(미국) • 삼성페이, 카카오페이, 토스 등(한국) • 아마존 전용 QR코드, 스마일 코드 • 알리바바의 VR페이 • 중국 얌 차이나의 스마일 투 페이
솔루션을 제공하는 챗봇	고객 맞춤 서비스 퍼스널 쇼퍼	• 패션 브랜드 에리의 챗봇 킥 메신저 • 이베이의 숍봇 • 월마트의 챗봇 쇼핑 서비스 제트블랙 • 인터파크 톡집사
경쟁력을 높이는 초저가 자체 브랜드(PB)	PB 브랜드	• 유럽뿐 아니라 미국까지 점령하고 있는 알디와 리들의 PB • 멀티티어(Multi-tier) PB 전략의 성장(미국 크로거, 한국 이마트) • 이마트의 PB 브랜드 전문점 • 월마트와 아마존의 PB 확장

키워드	적용 서비스	사례
더 저렴하게 더 빠르게, 스마트 물류	스마트 물류센터 드론/로봇 배송	• 10만 대의 키바 로봇을 투입한 아마존의 스마트 물류센터 • 아마존의 스마트 드론 배송 특허 • 중국 차오지우중의 신선식품 드론 배송 • 영국 테스코의 무인 로봇 배송 • 징둥닷컴의 자동화 물류센터 '아시아 1호' 등을 통한 당일 배송 • 알리바바의 차이냐오 스마트 물류센터 • 한국 새벽 배송, 두 시간 배송(롯데슈퍼, 이마트의 쓱배송 굿모닝, 쿠팡, 마켓컬리)
블록체인을 통한 결제와 공급망 관리	공급망 관리 결제 시스템 스마트 로열티 프로그램	• 월마트와 샘스클럽의 블록체인을 이용한 상품 이력 추적 시스템 • 오버스탁닷컴, 익스피디아, 쇼피파이 등의 지불 결제 수단 • 스타벅스 가상화폐 플랫폼 백트 • 아마존 매니지드 블록체인 • 기프트 지니, 로옐라, 키비 등 블록체인 기반 로열티 프로그램

1
—
인공지능
쇼핑 비서

헤어숍　여보세요. 어떻게 도와드릴까요?

고객 비서　안녕하세요. 제 고객이 여성 헤어컷을 원해서 예약 전화했습니다. 5월 3일로 예약하고 싶습니다.

헤어숍　좋습니다. 잠시만 기다려주세요.

고객 비서　으흠(Mm-hmm: 네).

헤어숍　몇 시가 좋으세요?

고객 비서　오후 12시가 좋습니다.

헤어숍　12시에는 어려워요. 가장 가까운 예약 가능 시간은 1시 15분입니다.

고객 비서　오전 10시와 오후 12시 사이에 가능한 시간이 있을까요?

헤어숍	어떤 서비스를 받으실 건지에 따라서 달라요. 여성 고객분이 어떤 서비스를 원하시죠?
고객 비서	헤어컷만 하려고 해요.
헤어숍	그럼, 오전 10시로 하죠.
고객 비서	오전 10시 좋아요.
헤어숍	좋아요. 그녀 이름이 어떻게 되죠?
고객 비서	리사예요.
헤어숍	좋아요. 5월 3일 10시로 예약되었습니다.
고객 비서	좋아요. 고마워요.
헤어숍	좋습니다. 좋은 하루 보내세요.

이 전화 통화는 사람과 사람 사이의 대화가 아니다. 구글이 전화 응대용으로 개발한 인공지능 시스템 듀플렉스Duplex와 헤어숍 직원의 실제 대화다. 이 시연에서 인공지능은 사람과 구분되지 않을 정도로 탁월한 상황 판단 능력과 소통 능력을 뽐낸다. 특히 사람처럼 자연스럽게 "으흠"이라는 감탄사를 섞어가며 소통하는 장면은 청중의 감탄을 자아냈다.

구글 CEO인 선다 피차이Sundar Pichai는 2018년 5월에 이 대화를 시연하며, "일을 할 때 전화 통화가 중요하다. 인공지능은 전화를 대신 해줄 수 있다. 구글 인공지능 비서는 대화의 뉘앙스까지 이해하며 통화한다. 우리는 듀플렉스에 자연어 처리, 딥 러닝deep learning, 문자·음성 변환 등

| 2018년 5월, 구글이 전화 응대용으로 개발한 인공지능 시스템 듀플렉스의 시연 모습. 헤어숍 예약을 마치자 구글 어시스턴트가 알람 예약을 해둔다.

그간 우리가 개발한 기술을 집약했다"고 했다.[1,2]

사람처럼 생각하는 인공지능

다른 업종과 마찬가지로, 리테일 산업에서도 변화를 이끄는 핵심 기술은 단연 인공지능이다. 미국 스탠퍼드대학교가 '생활 속의 인공지능AI in Real Life'이라는 수업을 개설할 만큼 인공지능은 우리 삶에 깊숙이 스며들었다.[3]

당신이 아침에 눈을 떴다가 밤에 다시 잠들 때까지 끊임없이 사용하는 스마트폰도 사실 인공지능에 기반한 기기이고, 넷플릭스에서 당신만을 위한 추천 프로그램 목록을 생성하는 것도, SNS상의 뉴스 피드에 노출된 기사 목록을 만드는 것도 인공지능에 기반한 알고리즘이다. 차량에서 사용하는 실시간 내비게이션 서비스, 은행에서 위험한 거래를 포착하면 주의 이메일을 보내주는 서비스 등도 모두 인공지능에 기반한다. 물론 자율주행 자동차와 자율주행 비행기 등도 인공지능 없이는 불가능하다. 이렇게 우리가 알아채건 알아채지 못하건 간에 인공지능은 이미 인류를 위해 많은 임무를 묵묵히 수행하고 있다.

그렇다면 인공지능은 무엇일까? 학계에서도 정확하게 정의를 내리기 어려울 정도로 인공지능은 빠른 속도로 발전하고 있다. 하지만 리테일 산업 내에서 인공지능이 어떤 역할을 해야 하고, 또 할 수 있을지에 대한 논의는 아직까지 미흡했다. 이제 그 논의를 본격적으로 시작할 때가 됐다.

저명한 《메리엄 웹스터Merriam-Webster 사전》은 인공지능을 다음과 같이 정의한다.[4]

1. 지능적인 행동 시뮬레이션을 처리하는 컴퓨터 과학의 일종
2. 지능적인 인간 행동을 모방하는 기계의 능력

리테일 산업에서 중요한 것은 두 번째 정의다. 우리는 '어떻게 컴퓨터가 인간의 지능적 행동을 모방하도록 할까?'에 대한 답을 찾고 있다. 먼저 인간만이 가진, 인간의 지능적인 행동이란 어떤 것일까? 사고 능력,

언어 소통 능력, 추론 능력이 대표적이다. 따라서 인공지능은 인간처럼 생각하고, 인간의 언어로 대화하고, 상황에 맞게 추론하는 방향으로 개발된다.

기계가 인간처럼 사고하게 하는 배경 기술은 머신 러닝이다. 인간이 컴퓨터에 명령하여 컴퓨터가 명령을 수행하는 것이 아니라 이제는 컴퓨터가 사람처럼 경험(데이터)을 통해 배우면서 이해, 예측, 판단, 행동을 한다.

인공지능 트렌드는 조금씩 변해왔다. 몇 년 전까지만 해도 인공지능을 대표하는 단어는 '연결성'이었다. 집에서 스마트폰으로 조명을 켜고, 온도를 조절하고, 스피커 볼륨을 높이고, 고양이 밥을 주는 것처럼 사물 간에 정보를 공유하는 사물인터넷이 인공지능의 대표적인 활용 사례였다.

여기에서 진화한 개념이 '스마트smart'다. 인간의 명령을 이해하고 인간처럼 똑똑하게 일처리를 해서 인간의 삶을 보다 편리하게 만들어주는 인공지능 기반의 제품과 서비스들이 출시됐다. 사람이 "시리야, 빗

■ 인공지능 키워드의 흐름 ■

소리를 찾아 틀어줘"라고 말하면, 스피커가 스마트하게 인기 있는 빗소리를 찾아서 재생해주는 것처럼 말이다. 여기서 더 진화한 개념이 '지능화intelligence'다. 이제 인공지능은 복잡한 상황에서 인간처럼 생각하고 스스로 판단하고 역할을 수행한다. 그 대표적인 것이 주변 상황을 인지하고 최선의 판단을 내려서 스스로 운전하는 자율주행 자동차다.

머신 러닝은 인공신경망을 훈련·학습시키는 딥 러닝을 통해 비약적으로 발전했다. 머신 러닝과 딥 러닝 모두 데이터를 분류하는 기술이다. 예를 들어 사과와 배의 이미지를 구분하는 것은 우리 뇌에서 이미지를 분석하여 인지한 특징을 지식과 경험에 따라 판단하는 행위다.

머신 러닝과 딥 러닝은 사용되는 목적은 같으나, 인간의 작업이 필요한지 여부에 따라 구분된다. 머신 러닝은 인간이 기본 정보들을 일차적으로 분류해서 컴퓨터에 제공해야 컴퓨터가 분류 작업을 수행할 수 있다. 그래서 일명 지도 학습supervised learning이라고 불린다. 반면 딥 러닝은 기본 정보를 인간이 미리 구분하지 않고 그대로 주면 딥 러닝 알고리즘이 인공신경망의 일종인 CNNconvolutional neural network(회선 신경망)[5]을 이용해 스스로 학습하고 결과를 도출해내는 방식이다. 그래서 딥 러닝은 비지도 학습unsupervised learning이라고도 불린다. 즉 인간의 개입 없이 인공지능망이 데이터를 분류해서 결론까지 도출한다.

데이터가 엄청나게 많아 인간이 데이터를 분류하기 힘든 리테일 업계의 경우, 머신 러닝으로는 한계가 있었다. 그런데 딥 러닝이 등장하면서 리테일 업계는 빅데이터 등을 분석해 패턴과 특징을 찾아내는, 비약적인 발전을 이루게 되었다. 예를 들어 소비자의 구매 이력만으로 비슷한 상품을 묶어 적합한 상품을 추천하는 추천 알고리즘을 개발하고 싶을 때는 딥 러닝 방식을 이용하면 된다. 물론 한계도 있다. 딥 러닝에는 고성능 시스템이 필요하고, 해당 알고리즘을 인간이 알 수가 없어 오류 수정도 불가능하다. 이러한 한계를 극복하기 위해 이제 인공지능은 더 정교한 알고리즘을 개발 중이다.

지혜로운 쇼핑 비서의 탄생

이처럼 지능적으로 진화된 인공지능이 리테일과 접목되면서 인공지능발 리테일 혁신이 일어난다. 리테일 산업에서 인공지능은 인간에게 최선의 선택을 제안하며, 인간과 교감하는 역할을 한다.

첫째, 인공지능은 인간의 더 나은 선택을 돕는다. 글로벌 컨설팅 회사인 딜로이트 디지털Deloitte Digital과 글로벌 CRMcustomer relationship management(고객 관계 관리) 솔루션 제공 기업인 세일즈포스Salesforce의 공동조사에 따르면, 리테일 기업은 인공지능을 91쪽 표와 같이 다양하게 활용한다.[6]

인공지능은 소비자 취향에 맞는 제품을 추천하는 데 쓰인다. 이를 위해 꼭 필요한 것이 바로 고객의 취향이 반영된 소비 데이터다. 그런데 오프라인 매장에서 고객 관련 데이터를 모으는 데는 많은 자본과 인력이 필요하다. 게다가 구매 정보와 프로모션 참여 정보 이상을 수집하기는 힘들다. 하지만 카메라로 고객의 행동을 인식·분석하는 인공지능 기반의 무인매장에서는 소비자의 동작 하나하나가 데이터로 축적된다. 고객이 어떤 경로로 이동하는지, 어떤 물건을 집었다가 놓았는지 등이 모두 데이터로 쌓인다. 이런 데이터들은 소비자의 관심사와 구매 행동에 대한 이해를 한층 높여준다.

소프트뱅크SoftBank의 휴머노이드 로봇 페퍼Pepper는 인간의 감정에 대응하는 소프트웨어로 소비자의 반응을 감지한다. 이마트는 페퍼를 성수동점에서 시범 운영하는가 하면, 국내 쇼핑에 더 적합한 모델로 변환한 AI 로봇 나오Nao를 선보였다. 나오는 매장에서 사람의 목소리, 얼

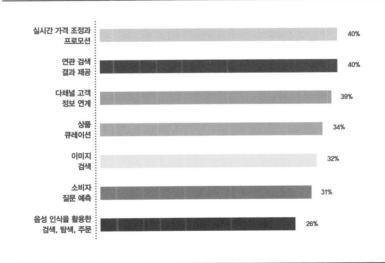

■ 리테일 기업의 인공지능 활용도 ■

실시간 가격 조정과
프로모션 — 40%

연관 검색
결과 제공 — 40%

다채널 고객
정보 연계 — 39%

상품
큐레이션 — 34%

이미지
검색 — 32%

소비자
질문 예측 — 31%

음성 인식을 활용한
검색, 탐색, 주문 — 26%

| 출처 : 딜로이트 디지털 & 세일즈포스 공동 조사 자료, 2018 |

| 소프트뱅크의 휴머노이드 로봇 페퍼(왼쪽)와 아마존의 가정용 로봇 베스타(오른쪽).

굴 등을 토대로 한 적절한 상품 추천 등 맞춤화된 서비스를 제공한다.

　아마존의 인공지능 비서인 알렉사는 사람들의 일상에 침투해 개별적인 취향을 읽어낸다. 아마존은 알렉사가 사람들의 대화를 듣고 소비와 관련된 내용을 파악해내는 기술에 특허까지 신청했다. 아마존은 여기서 더 나아가 가정용 로봇인 베스타Vesta를 개발 중이다. 베스타는 카메라, 센서, 자율주행 기능이 있어서 집 안에서 자유자재로 움직일 수 있다. 베스타의 움직임을 관장하는 것은 탑재된 알렉사다. 알렉사가 머리라면 베스타는 몸으로 기능한다. 베스타는 집 주인의 선호를 파악하고, 거실을 청소하고, 집을 모니터링한다. 아마존이 가장 최근에 론칭한 AI 쇼핑 도우미 스카우트Scout는 소비자들이 좋아하는 이미지를 몇 차례 선택하면 그 선호도에 맞는 다양한 아이템들을 보여주고 게임하듯이 쇼핑을 하게 함으로써 쇼핑 만족도를 높인다.[7]

　우리나라에서는 롯데백화점이 로봇 쇼핑 도우미 '엘봇L-Bot'이나, 챗봇 '로사LO.S.A', 그리고 '3D 가상 피팅 서비스' 등으로 소비자들의 쇼핑 경험을 향상시킨다. 그런가 하면 롯데홈쇼핑은 2018년 한국 IBM의 인지 컴퓨터 기술인 왓슨Watson을 활용한 AI 기반의 쇼핑 도우미 샬롯Charlotte을 론칭했다. 홈쇼핑 방송에서 상품 결제나 취소 등은 물론, 고객 맞춤형 추천 서비스 같은 고도화된 서비스를 구축하기 위해서다. 2018년 12월 롯데는 계열사별로 다른 이름이 붙었던 AI서비스의 명칭을 샬롯으로 통합하기로 했다. 롯데 측은 이런 단일화를 통해 더 많은 데이터를 축적할 수 있을 것으로 기대한다.[8] 샬롯은 쌍방향 소통으로 소비자들의 필요를 보다 정확히 파악하고 이를 토대로 소비자들의 쇼핑 행동을 더욱 자세한 데이터로 축적할 수 있다.

이처럼 리테일 기업은 소비자의 삶을 전방위적으로 관찰하고, 그 데이터에서 추출한 인사이트로 더 나은 라이프스타일을 제안하는 단계로까지 나아가고 있다.

둘째, 인공지능은 인간의 감성과 고차원적인 욕구까지 충족시키는 상품과 서비스 개발에 활용된다. 인간의 잡무를 대신해주는 것은 인공지능의 걸음마 단계에 불과하다. 앞으로 리테일 테크는 인간과 기술의 관계를 새롭게 정립할 것이다. 예를 들어 요즘 주요 리테일러들이 인공지능을 이용한 서비스를 어린이들에게 제공하려는 시도들을 펼치고 있다. 가장 대표적인 사례가 아마존이 론칭한 인공지능 스피커 알렉사 키즈Alexa Kids다.

2018년 5월 아마존이 론칭한 알렉사 키즈는 5~12세 아이에게 유모처럼 인식되도록 개발되었다. 아이들이 좋아할 만한 모양으로 디자인 됐으며, 아이들의 질문에 눈높이에 맞게 대답해준다. 아이들은 좋아하는 음악을 들을 수 있고, 알렉사 키즈의 설명을 들으며 레고 블록을 조립할 수도 있다. 같은 해 9월에는 키즈 액티비티 스킬Kid Activity Skills, 키즈 팟캐스트Kid Podcasts, 키즈 루틴즈Kid Routines[9] 등 아이들만을 위한 콘텐츠를 알렉사 키즈로 제공하기 시작했다.

이렇게 알렉사 키즈와 어울리며 자란 아이들에게 로봇은 무생물의 기계가 아니라 유모이자 친구이자 부모로 여겨질 수 있다. 아이들과 관계를 형성하면, 그 아이들이 충성 고객으로 성장할 수 있기 때문에 아마존은 키즈 시장을 키우기 위해 노력 중이다. 즉 알렉사 키즈는 단순한 '키즈 마케팅'을 넘어서는 장기적인 비전을 담고 있다. 어린 시절부터 인공지능에 익숙해진 어린 세대들이 기술을 바라보는 시각은 현재 성인

| 알렉사 키즈를 구현해주는 아마존의 스마트 스피커 에코 닷 키즈 에디션.

들의 시각과 다를 수밖에 없다. 더구나 어른이 되어서도 기술을 바라보는 시각은 그대로 유지될 것이다. 따라서 서비스나 상품 안에 담긴 혁신적인 리테일 테크가 결과적으로는 인간과 기술의 관계를 새롭게 정립시키는 과정일 수도 있다.

한국에서도 키즈 시장에 대한 투자가 늘고 있다. 네이버는 어린이용 포털 '쥬니버'에 음성 대화와 맞춤형 콘텐츠를 추가했고, 카카오는 인기 애니메이션과 다양한 놀이 학습을 제공하는 '카카오키즈'를 운영 중이다. 또한 LG유플러스도 어린이용 착용형 기기 등을 선보이고 있다.[10]

한편 소니의 로봇인 아이보Aibo에는 인공지능 엔진이 탑재되어 있어, 이미지와 소비행동을 감지하는 한편, 실제 반려동물처럼 머리를 쓰다듬는 행위 등을 감지하고 적절히 반응한다. 그리고 주인이 아이보를 대하는 방식에 따라 아이보의 성격과 행동이 발달한다. 아이보는 이러한 인간과의 상호작용을 통해 인간의 감성적 필요를 충족시켜준다.[11]

지금까지 살펴봤듯이 인공지능 기반의 쇼핑 비서가 소비자의 삶에 들어온다는 것은 리테일러들에게 무엇을 시사할까? 여기에는 단순히 소비자의 쇼핑 경험을 향상시킨다는 것 이상의 의미가 있을 것이다.

우선 소비자의 의사결정 과정에 변화가 생길 것이다. 소비자가 브랜드를 비교·분석해서 구매 결정을 하는 것이 전통적인 소비자 결정 과정이라고 한다면, 앞으로는 쇼핑 비서가 그 역할을 대신할 것이다. 그러면 소비자들이 브랜드나 제품명을 기억할 필요가 줄어든다. 즉 브랜드에 대한 인식이 단순화된다는 뜻이다.

또한 앞으로 더욱 다양한 쇼핑 비서들이 등장하면서 쇼핑 비서 자체를 두고 리테일러들 간의 경쟁이 심화될 것이다. 이 같은 변화들 때문에 리테일러들은 소비자의 의사결정에 대한 이해를 새롭게 해야 하고, 브랜딩 전략 역시 수정해야 할 것이다(이에 대해서는 3부에서 자세히 설명한다).

2
—
신뢰와 예측을 더하는
소비 빅데이터

기업의 중앙 컴퓨터에는 엄청나게 방대한 데이터가 쌓이고, 그 데이터의 활용도는 무궁무진하다. 모든 움직임은 데이터가 된다. 리테일러들은 고객의 움직임을 수집하여 축적한다. 소비자가 오프라인 매장에 들어서는 순간부터 나서는 순간까지, 소비자가 웹사이트에 접속하는 순간부터 떠나는 순간까지의 모든 움직임을 수집하여 축적한다. 또한 프로모션에 대한 모든 반응과 참여도 수집하여 축적한다. 리테일러들은 그렇게 수집한 데이터를 활용하여 물건을 더 많이 더 잘 판매하고 싶어 한다.

지금은 모두가 '빅데이터'를 외치지만, 빅데이터를 제대로 이해하는 사람은 생각보다 적다. 빅데이터는 그저 데이터 양이 많기 때문에 '빅big'이라는 단어를 붙인 것이 아니다. 가트너는 빅데이터를 '엄청난 분량high-volume의 비정형적 정보를 담은 데이터가 엄청난 속도high-velocity로 축적된 결과물'이라고 정의했다.[1]

즉 어떤 데이터를 빅데이터라고 부르려면 우선 데이터의 단위가 TB(테라바이트), PB(페타바이트), EB(엑사바이트)처럼 방대해야 한다. 그런데 그보다 중요한 특징은 '비정형성'이다. 고객의 신상 데이터나 매출 데이터, 재고 데이터 같은 정형적 데이터가 아니라 소비자들의 소셜 미디어, 음악, 사진, 메시지, 구매 후기처럼 특정 형식에 맞추어 분류하고 분석하기 힘든 비정형非定型 데이터들을 포함한다. 또한 빅데이터의 또 다른 조건은 엄청나게 빠른 데이터 수집 속도다. 이는 4G시대를 넘어 5G시대가 되면서 빅데이터 수집이 훨씬 더 용이해질 것이라는 의미이기도 하다.

리테일에서 빅데이터를 수집·활용하는 방법에는 두 가지가 있다. 첫째는 고객이 직접 남긴 개인 정보나 구매 후기 데이터를 상품 큐레이션에 적용하는 것이다. 둘째는 고객의 쇼핑 패턴을 분석한 데이터로 고객의 다음 구매를 예측하는 것이다.

두 종류의 데이터를 기반으로 미래의 쇼핑에는 두 가지 혁신이 진행될 것이다. 하나는 리테일러들의 빅데이터 분석을 통한 큐레이션으로 머천다이징merchandising(상품화계획)이 훨씬 정교해지는 것, 다른 하나는 소비자가 쇼핑을 실행하기 전에 데이터에 기반한 알고리즘이 그들의 미래 소비를 '미리 예상'하는 것이다.

생산과 유통 과정에 신뢰를 더하는 데이터

소비자는 기업의 말을 믿을까? 또는 다른 소비자의 말을 믿을까? 소비심리학의 정설에 따르면 소비자는 기업의 상품 소개보다는 나와 비슷한 타인의 상품 평가를 더 많이 믿는다고 한다. 나와 비슷한 사람이 남긴 후기에서 동질감과 신뢰감을 느끼기 때문이다.

2018년 9월, 아마존은 뉴욕 소호에 아마존 4-스타 매장을 열었다. 아마존 웹사이트에서 고객 평점 4점 이상을 받은 상품들만 판매하는 매장이다. 즉 고객이 직접 평가한 점수를 바탕으로 상품을 큐레이션한 매장인 것이다.

필자도 소식을 듣고 기대감에 부풀어 매장을 방문했다. 뉴욕에 사는 소비자가 주요 고객이기 때문에 '뉴욕에서 뜨고 있는 상품Trending Around NYC', '뉴욕에서 가장 많이 팔린 아이템Top Selling Around NYC'처럼 뉴욕 소비자의 평점을 바탕으로 뉴욕 소비자의 취향을 공략하는 코너가 준비돼 있었다. 고객 평점이 높은 스타트업 제품을 소개하는 아마존 론치패드Amazon Launchpad 코너도 흥미로웠다. 또한 알렉사가 탑재된 디지털 기기들도 활발하게 선보였고, 아마존 자체 제품을 파는 아마존 베이직스Amazon Basics 매대도 마련돼 있었다.

아마존 4-스타 매장을 꼼꼼하게 둘러보니, 평점 4점을 줄 만했다. 판

매자의 자의적인 판단이 아니라 고객 데이터로 상품을 선별한다는 실험적인 아이디어는 별 다섯 개를 받을 만했다. 하지만 쇼핑 경험 측면에서는 별 세 개를 줄 수밖에 없었다. 큰 카테고리로 섹션 구분은 되어 있지만 연관성 없는 상품들을 중구난방으로 나열해놓았기 때문이다. 또한 월마트나 타깃 같은 미국의 기존 리테일러들과 차이점을 찾기 어려웠다. 일본 돈키호테의 '돈.키호테ㅏ゙ン.キホーテ'나 신세계가 선보인 '삐에로 쑈핑'처럼 콘셉트를 잡아 재미있게 배치한 것도 아니고, 소비자가 제

| 아마존 평점 4점 이상의 상품들로만 큐레이션한 아마존 4-스타 매장.

품들을 경험하도록 돕는 역할도 미미했다. 즉 별점 4점 이상의 좋은 상품들을 모아놓고도 콘셉트력이 부족해 상품에 집중하기 어려웠다. 아마존 4-스타는 뉴욕에서의 첫 경험을 바탕으로 더욱 정교한 디스플레이와 쇼핑 환경을 제공해야 할 것이다.

그런데 여기서 한번 생각해보자. 과연 아마존은 아마존 4-스타뿐만 아니라 아마존의 오프라인 서점인 아마존 북스, 아마존의 오프라인 슈퍼마켓인 홀푸드로 수익을 내려고 하는 것일까? 아마존 4-스타와 아마존 북스, 홀푸드는 사실상 아마존이 오프라인에서 소비자 데이터를 수집하는 '데이터 센터'로 활용된다. 이것이 오프라인의 수익이 크지 않음에도 아마존이 점진적으로 매장 수를 늘려나가는 이유다.

그리고 그 데이터들을 이용해서 아마존은 대량생산되는 제품을 파는 것에서 소비자가 원하는 맞춤 제품을 판매하는 것으로 나아가는 중이다. 이른바 '온디맨드on demand 쇼핑'이다. 온디맨드는 수요가 발생하면, 그때부터 상품 제작 프로세스가 진행되는 것을 의미한다. 특히 아마존은 현재 30여 개의 자체 패션 브랜드를 보유하고, 프라임 워드로브Prime Wardrobe 서비스를 론칭하는 등 패션 부문을 강화해왔다. 그리고 그 연장선상에서 '온디맨드 패션'을 추진하고 있다. 온디맨드 패션은 고객이 옷을 주문하면 하루 만에 디자인, 제작, 배송을 완성하는 것이다.

아마존은 이를 실현하기 위해 디자인, 생산, 유통까지 인공지능으로 구현하는 시스템을 개발하고 있다. 디자인 과정에는 'GAN 딥 러닝 알고리즘GAN deep learning algorithm'이 적용된다. 아마존의 기술 개발 허브인 아마존랩126은 GAN 알고리즘으로 페이스북, 인스타그램 등 소셜 미디어에 올라온 최신 패션을 분석한 다음 유행을 따르되, 차별적으로 디자인한다. GAN은 '생성자generator'와 '구분자discriminator'로 구성된다. 생성자가 새로운 디자인을 창조하는 인공지능 패션 디자이너라면, 구분자는 생성자가 디자인한 것이 기존의 것을 단순히 모방한 것은 아닌지 판별하는 역할을 담당한다.[2] 덕분에 마치 아마존이 만드는 패스트패션처럼 신속한 디자인이 가능하다.

이렇게 인공지능이 디자인한 옷의 생산은 로봇이 담당한다. 기존 의류 제작 방식보다 훨씬 '스마트'한 의류 생산 공정이다. 제작 공정마다 '컴퓨팅 환경computing environment'이 텍스타일 프린터, 텍스타일 커터 등 생산 라인 각각의 공정을 통합 관리한다. 아마존은 온디맨드 패션 상품의 생산 특허인 '온디맨드 어패럴 패널 커팅' 특허도 가지고 있다.[3] 이런 기술을 토대로 고객이 주문을 하면 고객의 치수에 맞게 상품 제작서인 테크 팩Tech Pack이 생성되고, 이 테크 팩대로 로봇이 천을 재단한다. 아마존은 이 같은 방식으로 소비자가 원하는 디자인을 주문 당일에 생산하여 배송까지 마친다는 계획이다.

온라인상의 피팅 역시 데이터를 기반으로 혁신될 예정이다. 아무리 온라인에서 판매하는 옷이 저렴하고 예뻐도 소비자가 구매를 주저하는 이유는 옷을 직접 입어볼 수 없는 답답함 때문이다. 패션 브랜드마다 사이즈가 다르다 보니, 이 옷이 내 몸에 잘 맞을지 우려가 앞선다. 또 어떤 색상이나 패턴이 나와 잘 맞을지도 고민이다. 아마존은 가상 피팅 서비

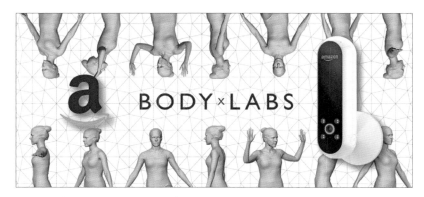

| 아마존이 인수한 가상 피팅 서비스 바디랩스.

스로 이 같은 장애 요인을 제거하겠다고 나섰다. 3D 체형 스캔 소프트웨어를 개발한 스타트업 바디랩스BodyLabs를 인수해, 소비자들이 스캔해놓은 자신의 3D 체형 정보를 바탕으로 온라인에서 가상으로 옷을 입어볼 수 있게 한 것이다. 이런 3D 체형 데이터는 소비자들의 구매 경험을 높이고 상품 반품률을 획기적으로 낮춰준다.

나보다 나의 쇼핑 패턴을 더 잘 아는 알고리즘

한 사람을 잘 알게 되면, 그의 다음 행동이 예측된다. 수요일에는 어느 식당에 가서 어떤 메뉴를 주문할지, 명절에는 어디에서 어떻게 보낼지. 사람의 취향 반경은 그리 넓지 않으며, 자신의 정체성 언저리를 맴돌기 마련이다.

그 때문에 한 사람의 쇼핑 데이터를 확보하여 패턴을 분석하고 나면, 그가 언제 무엇을 살지를 미리 알 수 있다. 아마존은 이런 전제를 바탕으로 '예측 배송Anticipatory Shipping' 특허를 냈다. 고객이 상품을 주문하기도 전에 상품의 필요를 예상해서 배달 준비를 마친다는 계획이다. 즉 고객 A가 상품 X를 다시 주문할 가능성과 주문 시기를 예측해, 해당 제품을 최적의 타이밍에 고객 주변의 물류센터에 미리 옮겨다놓는 것이다. 예상 배송의 효과 중 하나는 배송 시간의 단축이다. 적어도 2~3일은 걸리던 배송이 하루 만에, 심지어 몇 시간 안에도 가능해진다. 아마존은 고객 주문, 제품 보관, 재고 관리, 상품 배송을 통합 관리하는 물류센터인 풀필먼트 센터Fulfillment Center를 운영하는데, 이곳을 예측 배송을 위한 기지로도 활용할 계획이다.

이것이 어떻게 가능할까? 아마존은 '예측 분석 툴predictive analytics tools'을 활용한다.[4] 예측 분석 툴은 과거의 데이터를 학습하여 미래 상황을 예측함으로써 선제적으로 관리하는 방법이다.[5] 데이터 기반의 알고리즘이므로 과거의 데이터가 많아질수록 미래에 대한 예상 적중률도 높아진다. 이것이 현실화되면, 소비자들은 더 이상 화장지처럼 주기적으로 구매해야 하는 쇼핑 물품에 대해 걱정할 필요가 없어진다. 아마존이 당신에게 '필요할' 물건을 미리 알아서 주문해 문 앞에 두고 간다면 어떨까? 상상 이상으로 편의성이 높아질 것이다.

그런데 아마존이 추구하는 것은 편의성뿐만이 아니다. 어떤 면에서는 너무나 당신의 소비 패턴을 잘 아는 아마존이 약간은 두려워질 수도

| 출처: 스마트 데이터 컬렉티브 |

있지만, 또한 그만큼 아마존에 대한 신뢰와 애정이 높아지는 것도 사실이다. 더구나 당신이 프라임 멤버라면, 배송비도 무료다. 일반적으로 아마존의 상품 가격은 다른 리테일러보다 낮은 것으로 알려져 있으니 경제적으로도 이득이다. 이렇게 편의성과 경제성은 물론, 리테일러와의 감성적 결속력까지 높이려는 것이 예측 배송의 최종 목적이다.

중국 알리바바의 허마셴성도 판매 예측에 데이터를 활용한다. 허마셴성이 신선식품을 당일 배송할 수 있는 것은 사전에 판매량을 '예측'할 수 있기 때문이다. 만약 신선식품을 거래처로부터 많이 받았는데 판매량이 적으면 팔지 못하는 재고가 되어 수익성이 악화되고, 반대로 거래처로부터 상품을 적게 받았는데 판매량이 재고보다 많으면 매출이 떨어지고 고객 만족도가 낮아진다. 당일 판매하는 신선식품의 경우 예측 실패는 판매자의 손해로 직결된다.

허마셴성은 어떻게 판매 예측도를 높일까? 디지털 시스템과 데이터에 그 답이 있다. 알리바바는 허마셴성뿐만 아니라 알리바바가 운영하는 각종 온·오프라인 서비스에서 고객 데이터를 수집한다. 허마셴성에서는 알리페이로만 결제가 가능하고, 알리바바에서 진행하는 다양한 프로모션에 참여하려면 QR코드로 스캔해야 한다. 모바일 결제와 QR코드 스캔은 그 자체로 의미 있는 고객 행동 데이터다. 이렇게 알리바바는 '고객의 데이터화'라는 목표를 위해 고객의 모든 행동을 데이터로 수집하고, 이렇게 축적된 데이터로 소비자의 소비 패턴을 분석해 판매량을 미리 예측하고 준비하는 것이다.

중국 내의 전자상거래 1위 플랫폼과 금융 서비스를 모두 운영하는 알리바바는 단독으로 데이터를 수집·활용한다. 한편 전자상거래 2위 플랫폼인 징둥닷컴은 금융 서비스를 운영하는 텐센트와 협업한다. 게임과 위챗페이 등을 통해 중국인의 라이프스타일 데이터를 수집해온 텐센트는 징둥닷컴의 막대한 구매 데이터까지 취합하여 소비자의 다음 행동을 예측하고 구매를 촉진한다.[6]

이제 관건은 데이터 품질

아주 오랫동안 아마존은 데이터를 수집해왔다. 고객의 주문 기록, 쇼핑카트에 담겼지만 주문되지 않은 상품, 위시리스트에 담긴 상품 등 고객의 취향 데이터, 지역별 인기 제품·계절별 인기 제품 등 시공간에 따른 구매 데이터를 모았다. 최근에는 스마트 스피커를 통해 제품을 주문하게 되면서 맥락에 따른 구매 데이터도 체계적으로 수집할 수 있게 되었다. 아직은 예상 배송에 적용할 만큼 예측 정확성이 높지 않기 때문에 시행착오를 통해 정확도를 높이는 동안은 재고 관리 비용이 높을 것이다. 하지만 이런 과도기를 거치면 리테일러들이 우리를 우리보다 더 잘 알고, 우리의 선택을 '미리' 해주는 시대가 열릴 것이다.

한 사람을 제대로 이해하려면, 그에 대한 제대로 된 정보가 필요하다. 특별한 상황에서 발생한 돌발 행동 데이터, 편견을 가지고 쌓은 데이터는 돌팔이 의사처럼 제대로 된 처방을 내려주지 못한다. 데이터 예측력을 높이기 위해 가장 중요한 것은 데이터 품질이다. 얼마나 정확하게 구체적인 맥락의 데이터를 쌓느냐가 관건이다. "쓰레기 데이터가 투입되면 쓰레기 같은 결과가 나온다Garbage in, Garbage out." 아무리 정교하게 분석해도 재료가 되는 데이터의 품질이 나쁘면 결과는 헛다리로 이어질 수밖에 없다.

따라서 고객의 행동을 더 잘 예측하려면, 고객에 관한 더 정확한 데이터를 수집해야 한다. 또한 데이터를 어떻게 활용할 것인지 목적을 먼저 정한 다음 목적에 맞는 데이터를 목적에 맞는 방식으로 수집해야 한다. 목적 없이 데이터를 잔뜩 수집해 쌓으면 처리 곤란한 쓰레기가 잔뜩 쌓인 것과 다름없다.

3

미래형 오프라인 매장과
언택트 리테일

　필자는 2018년 8월 미국 보스턴에 있는 로봇 레스토랑 스파이스Spyce
에서 로봇이 만들어준 샐러드를 먹은 적이 있다. 스파이스는 MIT 기계
공학과 졸업생 네 명이 의기투합해 만든 음식점이다. 2015년 창업경진
대회에 참가한 뒤, 기술을 발전시켜 2018년 5월에 미국 최초의 로봇 레
스토랑을 시작했다.

　매장에 들어서자 사람 대신 여러 대의 키오스크가 필자를 반겼다. 키
오스크 스크린에서 먹고 싶은 샐러드를 고른 다음 결제를 했다. 주문과
동시에 컨베이어 벨트가 움직이며 필자가 고른 샐러드 재료를 원통형
인덕션에 담고 요리를 시작했다. 요리는 3분 만에 끝났고 필자는 정갈

| 보스턴의 로봇 레스토랑 스파이스. 대형 컨베이어 벨트와 인덕션에서 자동으로 샐러드가 만들어진다.

한 샐러드 그릇을 받았다. 미국에서 샐러드의 평균 가격은 10달러가 넘지만 로봇 레스토랑에서는 7.5달러에 불과하다. 필자가 방문했을 때도 많은 사람이 비디오로 로봇의 요리 과정을 촬영하고 로봇이 만드는 샐러드를 구경하고 있었다.

로봇 카페는 로봇 레스토랑보다 조금 더 일찍 시작되었다. 2017년 샌프란시스코 시내의 쇼핑 단지에 세계 최초의 로봇 카페인 카페 X Cafe X가 문을 열었다. 매장 앞 키오스크에서 커피를 주문하면, 6.6제곱미터 남짓한 공간에서 로봇 팔이 바쁘게 커피를 만든다. 아메리카노, 카페라테, 카페모카, 카푸치노, 콜드브루 등 커피 음료를 주문할 수 있으며, 우유와 시럽 등도 추가할 수 있다. 고급형 에스프레소 머신은 1만 9000달러이고, 매장을 운영하는 커피 로봇 팔은 2만 5000달러다. 이 로봇 팔로는 하루에 300~400잔의 커피 음료를 만들 수 있다. 사람은 하루에 한 번 카페에 와서 재료를 채우고, 기계를 관리하고, 매장을 청소한다.

빠르게 앞서가는 중국의 언택트 리테일

로봇 카페, 로봇 레스토랑처럼 사람과 직접 대면하지 않고 서비스하는 방식을 언택트라고 한다. 미래의 오프라인 매장은 대부분 언택트 형태가 될 것이고, 그런 미래는 예상보다 빠르게 다가오고 있다. 2018년 1월 시애틀의 아마존 본사에 오픈한 아마존 고는 현재 명실상부한 언택트 리테일의 선두주자다. 오픈 당시 인공지능, 컴퓨터 비전, 머신 러닝, RFID 등 첨단 기술이 조합된 미래형 오프라인 매장이라는 타이틀로 엄청난 주목을 받았다. 매장에서 물건을 장바구니에 넣고 '그냥 걸어 나오면Just Walk Out Technology' 자동으로 계산된다. 이렇게 매장에 설치된 각종 센서와 컴퓨터 비전 기술이 개인의 움직임을 하나하나 감지하는 방식을 처음 적용한 매장이 바로 아마존 고다.

그런데 많은 사람이 간과하는 점이 있다. 언택트 리테일은 미국보다 중국이 훨씬 더 앞서 있다는 사실 말이다. 중국의 무인 편의점 시장 규모는 2022년까지 1조 8105억 위안에 달할 전망이다.[1] 중국에서 무인매장이 급증하는 이유는 비용 절감, 결제 환경, 정책 지원 때문이다.

첫째, 중국 기업은 운영비를 낮추기 위해 무인매장을 선택한다. 중국에서 무인매장이 급증하는 지역은 상하이, 베이징 등 도심 지역이다. 임

| 아마존 고는 전 세계 언택트 리테일을 대표하며, 2018년 1월 미국 시애틀 본사에서 화려하게 문을 열었다. 오픈 당시 아마존 고를 찾는 고객들의 행렬이 연일 끊이지 않았다.

대료와 인건비가 날로 높아져 운영비를 감당할 수 없게 되자 초기 투자비가 많이 들더라도 작은 면적에서 적은 비용으로 운영할 수 있는 무인 매장을 선택하는 것이다.

둘째, 중국에는 무인매장의 필수 요소인 무인결제가 가능한 기반이 완비되어 있다. 2017년 중국에서 발생한 결제 가운데 모바일 결제 비중은 78.5퍼센트에 달한다. 특히 도심 지역의 모바일 집중 현상이 두드러진다.[2]

셋째, 중국 정부의 정책적인 지원이 무인매장의 확산을 뒷받침한다. 중국 정부는 오프라인 매장에 사물인터넷, 빅데이터, 인텔리전스, 스마트 물류 등 최첨단 기술을 접목하는 것을 적극적으로 지원한다.

이러한 배경을 발판 삼아 중국에는 이미 5000여 개의 무인매장이 영업 중이다. 언택트 매장의 기술 기반은 다양하다. 알리바바의 무인 편의점 타오카페는 머신 비전machine vision, 생체 인식, 딥 러닝 기술 등을 활용해 운영된다.[3] 머신 비전은 컴퓨터와 카메라를 이용해 안면과 행동을 인식하는 기술이다. 타오카페에는 카메라가 곳곳에 설치되어 있어서 매장에 입장하는 고객의 얼굴을 인식하고, QR코드 스캔으로 알리바바 계정과 연동한다. 이후 머신 비전으로 고객이 매장에서 상품을 고르는 모든 동작을 감지한다. 고객이 물건을 선택하고 매장을 나서면 안면 인식과 RFID 기술이 구매 제품을 감지한 다음 연동된 고객 계좌로 청구서를 보내 자동 결제를 마친다. 아직까지는 고객이 매장에 들어설 때 해당 고객을 인식하기까지 10~15초 정도 걸리지만 이런 한계는 머지않아 극

복될 것이다.[4]

이뿐만 아니라 알리바바는 2018년 티몰 퓨처 스토어Tmall Future Store를 열었다. 이 매장에는 100여 대의 스크린이 마련되어 있다. 이 스크린은 다양한 프로모션 정보를 제공할 뿐만 아니라 고객들에게 맞춤형 상품을 추천해준다. 소비자가 스마트폰으로 본인 인증을 하고 매장 내를 돌아다니면, 동선에 따라 근처에 있는 스크린이 방문한 섹션을 고려해 맞춤형 상품을 추천하는 방식이다. 즉 판매 사원이 고객에게 상품을 추천해주듯이 스크린을 통해 일대일 맞춤 추천을 제공하는 것이다.

또한 고객이 상품의 위치를 찾기 위해 매장 내에 마련된 키오스크를 이용하는 경우, 상품이 있는 곳까지 매장 바닥에 전자선으로 방향을 표시해준다. 만약 고객이 잘못된 방향으로 가면 그 지점에서 상품이 있는 곳까지 방향을 수정해 안내한다. 고객이 쇼핑을 마치고 매장을 떠나면 연동된 알리페이 또는 타오바오 계좌로 자동 결제된다. 그리고 모바일로 전송되는 영수증에 구입한 상품의 URL 정보를 표기하여 상품의 재구매를 장려한다. 이렇게 알리바바는 언택트 리테일로의 혁신에서 앞서 나가고 있다.[5]

2017년에 프랑스 2대 리테일인 오샹Auchan과 중국 하이신海信이 합작·오픈한 무인 편의점 오샹미닛은 QR코드를 기반으로 운영된다. 필자가 상하이에 있는 오샹미닛 매장을 방문해보니 기계와의 소통 외에 사람과의 소통은 1퍼센트도 필요하지 않았다. 먼저 오샹미닛 앱을 다운받아 회원 가입을 한다. 오샹미닛 매장 앞에서 계정 인증을 하면, 매장

| 중국의 대표적인 무인 편의점 오상미닛(위)과 징둥닷컴의 JD.ID. X-마트(아래)의 모습.

문이 자동으로 열린다. 상품을 골라 바코드를 스캔하고, 알리페이나 위챗페이로 계산하면 닫혀 있던 문이 다시 열린다. 상품을 사지 않을 경우에는 문 옆의 바코드에 QR코드를 스캔하면 문이 열린다.

중국의 징둥닷컴은 RFID, 인공지능, 안면 인식, 이미지 인식 등 첨단 기술을 접목해 소비자가 상품을 골라 매장을 나서면 RFID로 자동 식별해 계산되는 무인매장을 오픈했다. 2017년 10월에 자체 개발한 알고리즘으로 무장한 매장을 선보였으며, 1년 만에 20여 개의 무인매장을 추가로 오픈했다. 자국에서의 성공을 바탕으로 2018년에는 인도네시아

자카르타에도 진출했다. JD.ID X-마트라는 이름의 인도네시아 매장은 넓이 270제곱미터로, 일반 식품 외에도 패션과 뷰티 상품을 판매한다. 역시 인공지능, RFID, 안면 인식, 이미지 인식 등의 첨단 기술이 적용되었다.[6]

이처럼 가장 앞서가는 중국뿐만 아니라 아시아 각국의 리테일러들이 앞다투어 언택트 매장을 여는 추세다. 언택트 방식이 미래형 오프라인 매장으로 인식됨에 따라 이 영역에서 경쟁력을 먼저 갖춰 선두주자로 포지셔닝하기 위해서다.

싱가포르에서는 편의점 브랜드 치어스Cheers가 무인매장을 실험한다. QR코드를 스캔하고 매장에 들어가 자판기에서 빵과 피자 같은 음식을 선택하면 모든 결제는 모바일로 진행된다. 이런 자동화를 통해 주당 180시간의 노동시간을 절감할 수 있다.[7]

한국에서는 세븐일레븐7-Eleven이 최첨단 기술이 집약된 스마트 편의점을 잠실 롯데타워에 개점했다. 손님을 맞고 응대하고 결제까지 진행하는 것은 사람이 아닌 인공지능 결제 로봇 브니VENY다. 매장을 방문하면 HD카메라가 고객의 얼굴과 움직임을 감지하고, 브니가 고객을 알아보고 반갑게 인사한다. 물건을 포스기로 찍은 뒤, 브니의 손에 손바닥을 올리면 브니 손에 장착된 핸드페이 기능이 고객의 정맥을 인식하고 연동된 카드로 결제한다. 브니는 AI커뮤니케이션, 안면 인식, 이미지·모션 센싱, 감정 표현, 스마트 결제 솔루션, 포스POS 시스템, 자가진단 체크 등 일곱 가지 핵심 기술을 갖췄다.[8]

일본에서는 파나소닉Panasonic과 트라이얼 컴퍼니Trial Company가 합작해 워크-스루 체크아웃walk-through checkout 매장을 선보였다. 고객이 장바구니에 RFID 태그가 부착된 제품을 담고, 선불카드 정보를 스캔하고, 결제 라인을 걸어 나가면 자동으로 결제된다.[9]

사용자 경험 디자인이 중요하다

언택트는 이제 거스를 수 없는 흐름이다. 문제는 '어떤' 언택트 매장을 만들 것이냐다. 필자는 언택트 매장을 기획할 때 가장 중점을 둬야 하는 것은 고객 경험 디자인이라고 늘 강조한다.

아마존 고에 대응하기 위해 월마트가 2018년 11월에 야심차게 론칭한 샘스 클럽 나우Sam's Club Now는 첨단 기술과 대인 서비스를 조화롭게 제공하며 고객 경험을 디자인한다. 고객은 매장에 들어서며 샘스 클럽 나우 앱을 켠다. 우유를 사고 싶은데 어느 방향으로 가야 할지 고민일 때는 "우유 어디 있어?"라고 물으면 앱이 음성을 인식하고 디지털 지도로 우유가 있는 곳을 알려준다. 고객에게 AR로 상품 소싱 정보도 제공한다. 구매할 물건은 스마트폰 앱으로 직접 바코드를 인식해 결제할 수 있다. 매장에 설치된 700여 대의 카메라로 실시간 재고를 확인할 수 있어 물류와 매장 운영의 효율성이 높다. 하지만 기술이 전부는 아니다. 매장 곳곳에 배치된 직원들은 멤버 호스트member host라는 직함을 달고 사람들의 불편함을 살뜰하게 챙긴다.[10]

| 월마트의 샘스 클럽 나우. 앱을 켜고 원하는 제품을 검색하면 제품 위치까지 소비자를 안내한다.

효율성만이 아니라 재미도 고객 경험의 큰 부분이다. 상하이의 모비마트Moby Mart는 무인 자율주행 기반으로 시범 운영된다. 고객이 스마트폰으로 원하는 상품을 주문하면, 움직이는 마트가 고객 위치로 온다. 매장이 나에게 찾아온다는 점에서 고객은 매우 신선한 재미를 느낀다. 무인매장에서 제품을 고르면 요금은 자동 청구된다. 현재 테스트 중인데

조만간 드론 배송까지 도입될 전망이다.[11]

중국의 또 다른 매장인 F5 미래상점F5 未来商店은 식음료와 생필품을 판매한다. 특이한 점은 매장이 거대한 지능형 자판기처럼 운영된다는 것이다. 고객은 물건을 직접 만지거나 보지 못한다. 대신 벽면에 부착된 터치스크린이나 키오스크에서 상품을 선택하고 결제하면 내부 자판기 시스템에서 물건을 골라 내보내준다. 매장에 뜨거운 물이 비치되어 있어 컵라면 등을 먹을 수도 있다.

그렇다면 리테일러가 언택트 리테일을 도입해야 할 가장 중요한 이유는 무엇일까? 컴퓨터 비전과 머신 러닝 등 최신 기술을 통해 세세한 쇼핑 동선 데이터를 확보하고, 이를 바탕으로 고객의 상품 선호도와 선택 패턴 등에 대한 이해를 높일 수 있기 때문이다.

또한 소비자들은 언택트 매장에서 '앞서 나간다'는 느낌을 받는다. 중국에서 실시한 한 조사에 따르면 응답자의 25퍼센트가 무인매장에 적용된 인텔리전스 기술에 매료된다고 답했다.[12] 소비자들은 호기심을 품고 언택트 매장을 방문하고, '나도 이곳에 와봤다'고 자랑하기 위해 이용 경험을 웨이보 등 SNS에 공유한다. 이러한 선순환은 브랜드에 앞서 나간다는 이미지를 덧입힌다. 리테일러들이 앞다투어 체험형 언택트 매장을 여는 이유도 소비자 인지도에서 우위를 점하기 위해서다.

한편, 언택트 매장은 아직 보편화될 만큼 시스템이 완비되지 않았다. 중국의 경우 모든 언택트 매장은 작은 편의점 크기라서 다양한 상품을 구비하기 어렵고 한 번에 다수 고객을 수용하기도 힘들다. 필자가 직접

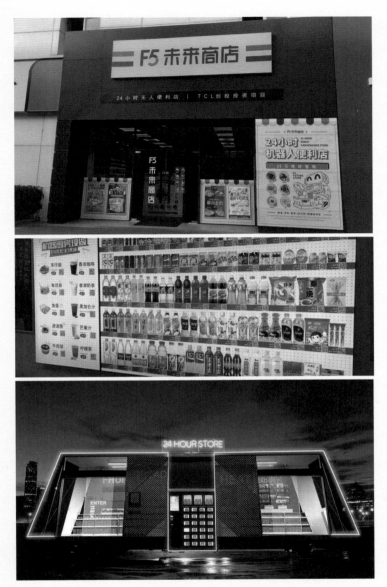

| 신선한 고객 경험을 제공하는 언택트 매장 F5 미래상점(위, 가운데)과 모비 마트(아래)의 모습.

방문한 중국 언택트 매장들 역시 너무 좁아서 고객이 두세 명만 있어도 답답하게 느껴질 정도였다. 또 매장에 직원이 없어서 고객이 추가 서비스를 요청하려는 경우 불편함을 느낄 수밖에 없었다. 아직은 테스트 단계이고 일일 방문객이 적은 것을 고려하면 큰 문제는 아니지만, 앞으로 언택트 매장이 보편화되기 전에 고객 서비스에 대한 더 치밀한 고민이 필요하다. 유제품 같은 상품의 유통기한과 상품 안전성도 꼼꼼하게 관리해야 한다.

더 나아가 언택트 매장의 확장성에 대한 큰 그림도 그려보아야 한다. 징둥닷컴의 경우 콜리COLI(China Overseas Land & Investment)와 함께 스마트 시티를 추진하고 있다. 알리바바도 무인 기술 기반의 쇼핑몰을 구상 중이다. 리테일러들은 첨단 기술을 리테일에 접목하고, 그 외연을 넓히기 위해 고군분투하고 있다.

수익성의 벽을 넘을 수 있을까

전 세계인의 뜨거운 관심 속에서 문을 열었던 아마존 고는 1호점의 성공적인 운영에 자신감을 얻고 2019년에 약 50개 매장을, 2021년까지는 3000여 개 매장을 오픈할 계획이다.[13] 하지만 비용이 발목을 잡는다. 아마존 고 1호점은 최첨단 장비가 완비된 약 165제곱미터 넓이의 슈퍼마켓으로, 하드웨어 비용만 무려 100만 달러가 들었다. 계획처럼 3000여 개 매장을 열려면 30억 달러가 필요하다는 얘기다.

이 때문에 아마존 고는 기존 계획을 변경해 매장 크기와 상품 구성을 줄이고 간편식 위주의 편의점 방식으로 확산 중이다.[14] 또한 시간에 쫓기고 편의성이 중요한 공항 고객들을 대상으로 공항 내에 매장을 열겠다는 계획이다. 덕분에 최근 들어 수익성이 개선되었다.

RBC 캐피털 마켓 애널리스트의 가장 최근 분석을 보면, 아마존 고 시애틀 본점의 경우 하루 평균 550여 명이 매장을 방문한다. 이들의 지출 규모를 평균 10달러로 계산하면 약 150만 달러의 연 매출을 기대할 수 있다.[15] 그러나 이는 본점의 경우이고, 앞으로 오픈할 매장들의 수익률에 대한 고민이 필요한 상황이다.

중국의 무인 편의점 브랜드인 빙고 박스의 경우 2016년에 론칭하고 2017년까지 매장 수를 200여 개로 늘렸다. 2018년 말까지 매장 수를 5000개로 늘릴 것이라고 밝혔으나, 해지 점주가 늘어났다. 수지타산이 맞지 않았기 때문이다. 기술을 활용해 인건비 등 운영비를 대폭 낮출 수는 있었지만, 손님이 많지 않아 하루 매출이 한화로 17만 원 선에 불과했다.[16] 가맹점주들의 라이선스 구입 비용을 고려했을 때 적어도 3~4년은 운영해야 손익분기점을 넘을 수 있다. 그러나 기본 계약 기간이 3년에 불과해, 수지타산이 맞지 않다고 계산한 점주들은 손해를 무릅쓰고 가맹을 해지했다. 빙고 박스는 새로운 투자를 적극적으로 유치해 업데이트된 빙고 박스 2.0을 개발하고 있다.

이처럼 언택트 매장이 얼핏 보기에는 비용 절감에 효율적인 것 같지만 투자비를 고려했을 때는 오히려 적자일 수 있기 때문에 수익 계산을

| 보다 효율적인 언택트 리테일을 지원하는 스마트 쇼핑카트가 뜨고 있다. 사진은 이마트 트레이더스의 로봇 카트 일라이.

꼼꼼하게 해야 한다. 이에 대한 대안으로 등장한 것이 하드웨어를 플랫폼으로 제공하는 스타트업이다. 무인화 체크아웃 솔루션 스타트업인 지핀Zippin은 2018년 8월 샌프란시스코에 아마존 고와 매우 유사한, 계산대 없는 매장을 오픈했다. 아마존이 직접 매장을 여는 주체라면, 지핀은 리테일러들이 쉽게 언택트 기술을 매장에 적용할 수 있도록 솔루션을 제공한다. 지핀 같은 언택트 리테일 참여 업체가 많아질수록 매장당 투자비가 감소한다.

이처럼 앞으로의 무인매장, 언택트 리테일에는 기술뿐만 아니라 가격도 중요한 요소가 될 것이다. 이를 충족하는 새로운 혁신 중 하나로 최근에는 스마트 카트가 주목받고 있다. 2019년 1월, 미국의 인공지능 기반 신생 기업 케이퍼Caper는 계산대 없이 소비자가 스스로 물건을 결제할 수 있는 스마트 쇼핑카트를 개발했다. 쇼핑카트 케이퍼는 컴퓨터 비전을 탑재한 AI 기반의 스마트 쇼핑카트다. 이와 유사하게 이마트도 스타필드 하남에 있는 트레이더스 하남점에서 스마트 로봇 카트 '일라이'를 선보였다. 일라이는 음성 인식 기능이 있기 때문에 고객이 문의를 하면 매장 내의 상품 위치를 검색하여 고객을 해당 위치로 안내할 뿐만 아니라 결제까지 해준다. 반면 케이퍼는 결제 기능 외에도 고객이 지나치는 코너의 세일 정보를 알려주거나 고객에게 다른 상품들을 제안하기도 한다.

시험 매장의 평가 결과 스마트 카트 덕분에 소비자의 쇼핑 규모는 18퍼센트나 늘었다고 한다. 케이퍼는 현재 두 개 매장에서 테스트 중이지만 2019년 안에 150개 매장에 배치될 예정이다. 또한 카메라와 무게를 감지하는 센서로 한층 정교화된 기술을 선보일 예정이다. 케이퍼는 아마존 고처럼 설치 비용과 유지 비용이 많이 들지 않기 때문에 언택트 리테일을 실현하기 위한 가격 저항을 대폭 낮추는 데 큰 의의를 갖는다.

4
—

더 섬세하게 연결되는
옴니채널

종종 옴니채널과 멀티채널multi-channel을 혼동해서 쓰는 경우를 본다. 옴니omni는 영어로 '모든 것의, 모든 방식으로, 모든 곳의'라는 의미다. 한편, 멀티multi는 영어로 '복수의, 다수의'라는 의미다. 즉 옴니채널은 동원할 수 있는 모든 것을 활용하는 채널이라는 말이고, 멀티채널은 여러 개를 활용하는 채널이라는 말이다.

리테일의 관점에서 설명하면, 멀티채널은 오프라인 매장, 브랜드 쇼핑몰, 제3자 쇼핑몰, 전화, 카탈로그, 방문 판매 등 소비자가 상품을 구입하는 채널이 한 곳 이상인 쇼핑 환경을 말한다. 반면 옴니채널은 모바일, 온라인, 오프라인 등 어느 경로에서건 상품 구매부터 배송까지 신속하고 유기적으로 연결되는 쇼핑 환경을 말한다. 판매 채널에 상관없이 언제 어디서건 모든 소비 경험이 일정하게 이뤄지고 각 채널의 강점이 효과적으로 융합되어 채널을 초월한 양질의 고객 경험이 가능해진다.[1] 언뜻 생각하면 쉽게 느껴질 수도 있지만, 채널 간의 유기적 연결은 말처럼 쉽게 구현되지 않는다. 더구나 업태마다 구현해야 하는 유기적 연결의 구체적인 양상이 다르기 때문에 많은 리테일러들이 옴니채널 전략을 실행하기 어려워한다.

그럼에도 옴니채널 전략이 나날이 중요해지는 이유는 결국 '매출 극

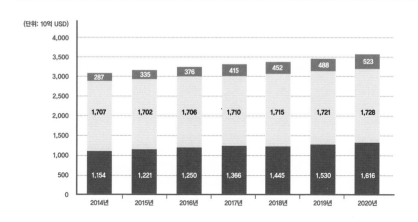

■ 미국 내 온라인, 오프라인, 그리고 온라인에서 유입된 오프라인 매출 비중 변화 ■

(단위: 10억 USD)

■ 온라인 매출　■ 오프라인 매출　■ 온라인에서 유입된 오프라인 매출
2017~2020년은 예상치임.

| 출처: 스태티스타, Forbes, 2016 |

대화' 때문이다. 126쪽 그래프[2]에서 알 수 있듯이 오프라인의 매출 규모
는 시간이 지나도 큰 변화가 없다. 반면 온라인 매출은 빠르게 증가하
고, 특히 온라인에서 유입된 오프라인 매출이 단순 오프라인 매출에 근
접할 만큼 성장했다. 즉 미래의 매출을 높이기 위해서는 온·오프라인
이 유기적으로 연결되어 매출에 선순환을 일으키는 옴니채널 전략이
매우 중요한 것이다.

그 때문에 리테일러는 적극적으로 옴니채널을 실행하고 있지만, 소비
자들의 사용자 경험user experience(UX)은 아직 만족스럽지 못하다. 2017년
세일즈포스가 조사한 바에 따르면, 밀레니얼 소비자의 61퍼센트, X세
대의 53퍼센트, 베이비부머의 52퍼센트가 채널 간에 단절성을 느낀다
고 답했다.[3] 이는 많은 리테일러가 판매 채널의 다각화, 즉 멀티채널 구
현에는 성공했지만 훨씬 더 정교하게 설계해야 하는 옴니채널에는 아
직 다다르지 못했음을 보여준다.

옴니채널의 최강자 허마셴셩

옴니채널 전략을 가장 성공적으로 실행하는 곳은 중국 알리바바의
허마셴셩이다. 그 시작은 알리바바그룹의 회장인 마윈이 2016년 10월
에 '신유통'을 주창하면서부터다. 신유통은 온라인 플랫폼, 오프라인 경
험, 물류의 융합을 강조하는 것으로 제품의 생산, 유통, 판매 경험을 재
구성한다.[4]

이 구상이 집약된 것이 바로 허마셴성이다. 2016년 1월 베이징에 1호점을 낸 허마셴성은 현재 16개 지역에서 87개 매장을 운영 중이고, 2018년 9월 현재 하루 평균 매출이 80만 위안(약 1.3억 원)을 넘어섰다. 이 중 온라인 매출이 60퍼센트를 차지한다.[5]

필자는 2018년 10월 상하이에 있는 허마셴성의 최신 매장 한 곳을 방문했는데, 로봇 레스토랑인 ROBOT.HE(로봇 허)가 굉장히 인상적이었다. 매장의 절반은 슈퍼마켓, 나머지 절반은 로봇 레스토랑으로, 매장 입구에 들어서는 순간부터 모든 경험에서 온·오프라인의 경계가 전혀 느껴지지 않는 살아 있는 디지털 체험 공간이었다.

우선 마트 구역에서 살아 있는 로브스터, 새우, 게를 고르고 계산대에서 계산하며 조리 방식을 선택했다. 참고로 허마셴성에서는 알리페이가 유일한 지불 수단인데, 알리페이는 중국 은행계좌가 없으면 사용할 수 없기 때문에 알리페이를 사용할 수 있는 동행자가 필요했다. 알리페이로 결제가 끝나자 구입한 해산물은 레일을 타고 마트 옆의 레스토랑 주방으로 이동했다.

그사이에 마트에서 이것저것 물건을 고르고 쇼핑을 마친 다음 무인 안내기에서 자리를 배정받아 테이블에 앉았다. 테이블에 놓인 태블릿에서는 해산물의 조리 상황이 사물인터넷을 통해 실시간 업데이트됐다. 완성된 요리는 로봇에 실리고, 로봇은 테이블 사이의 레일을 타고 필자의 테이블까지 도착했다. 이 모든 과정은 스마트폰에 표시되고, 앱으로 요리를 추가 주문할 수도 있다.

| 알리바바의 신유통 선언 이후, 그들의 옴니채널 전략을 가장 성공적으로 실행하고 있는 허마셴성. 온라인 플랫폼에서 오프라인 경험, 이제는 로봇 레스토랑까지 결합된 새로운 유통의 전진 기지로 활약 중이다.

고객 입장에서 필자는 사물인터넷과 인공지능을 기반으로 설계된 오프라인 매장에서의 디지털 경험이 신선하고 만족스러웠다. 온라인과 오프라인 간의 유기적 연결은 빈틈없이 매끄러웠다.

필자가 방문했을 때는 생각보다 매장에서 일하는 직원이 많았다. 음식은 로봇이 나르지만, 테이블에 접시와 수저를 놓고 청소를 하는 것은 사람의 몫이었다. 그런데 2018년 9월 말 문을 연 2세대 허마셴셩 매장에서는 접시 정리를 담당하는 로봇이 등장했다. 식사가 끝나고 로봇이 고객 테이블로 이동해오면 로봇에 접시를 담는다. 그러면 로봇은 설거지하는 곳으로 이동한다.

이뿐만 아니라 알리바바는 다양한 방식으로 옴니채널 전략을 실험한다. 알리바바가 운영하는 스마트 스토어Smart Store는 오프라인 매장에서

| 알리바바 스마트 스토어.

온·오프라인을 넘나드는 구매 경험을 제공한다. 매장에서 옷을 고르다가 원하는 디자인의 상품이 없으면 매장 내에 구비된 모니터로 온라인 컬렉션을 살펴볼 수 있다.

또한 매장에서 원하는 상품을 선택해 모니터 앞에 가져가면, 모니터에 상품 정보가 뜨는 클라우드 선반cloud shelves 서비스를 제공한다. 마음에 드는 상품은 스마트폰으로 QR코드를 스캔해 알리바바 티몰에서 구매하고 집으로 배송되게 할 수 있다. 디지털 엔터테인먼트 경험도 제공한다. 스크린으로 사진을 찍을 수 있고, 스마트폰을 컨트롤러 삼아 비디오게임도 할 수 있다. 앞으로 알리바바는 334개 도시에서 운영하고 있는 약 10만 개의 매장을 스마트 스토어로 변환할 계획이다.[6]

온라인 리테일러 징둥닷컴 역시 알리바바처럼 2018년 11월 톈진에 스마트 레스토랑(징둥닷컴 X미래레스토랑, 이하 X미래레스토랑)을 오픈하며, 옴니채널 전략을 한층 더 본격화했다. 지능화 무인 레스토랑을 표방하는 이 레스토랑에서는 고객이 스마트폰으로 테이블의 QR코드를 스캔해서 음식을 주문하면, 음식의 조리는 물론, 접객과 서빙까지 로봇이 담당한다. 이 레스토랑은 중국 요리사의 레시피를 기반으로 약 40여 가지의 음식을 판매한다. 요리 로봇이 정량화, 표준화된 레시피에 따라 음식을 완성하면 서빙 로봇이 고객의 테이블로 요리를 운반한다. 선전에 자리한 로봇 기업 푸두PUDU가 제작한 서빙 로봇에는 AI음성 기술이 탑재되어 있어서, 고객과의 간단한 소통이 가능하다. 징둥닷컴은 2020년까지 1000개의 X미래레스토랑을 열 계획이다.[7]

한편 2019년 3월, 아마존은 오프라인 슈퍼마켓을 오픈하겠다고 발표했다. 2019년 중순까지 LA에 아마존 슈퍼마켓 1호점을 오픈한 후 샌프란시스코와 시애틀 등으로 매장을 확대한다는 계획이다.[8] 월마트와 코스트코 같은 기존 오프라인 리테일러들과의 전면전을 선언한 것이다. 이미 아마존은 홀푸드마켓을 인수하고 무인매장 아마존 고를 적극적으로 오픈하고 있지만, 오프라인 전략의 성과가 예상에 미치지 못했기 때문에 아예 전면전에 나선 것으로 해석된다. 아마존 고나 아마존 북스의 모델로는 오프라인 시장을 테스트하기에 역부족인 것으로 판단했을 가능성이 높다. 이에 아마존 슈퍼마켓이라는 고유의 브랜드로 보다 친근하게 대중에게 접근하겠다는 전략을 세운 듯하다.

아마존의 온라인 기반 고객 데이터는 오프라인 매장에서 보다 적극적인 옴니채널 서비스로 활용될 여지가 높다. 그리고 이 매장은 당연히 밀레니얼과 Z세대를 겨냥한 디지털 기반의 매장일 것이다. 슈퍼마켓이라는 영역을 선택한 것은 평균 90퍼센트의 식료품이 아직도 오프라인 채널에서 팔리고, 쇼핑 횟수가 다른 영역보다 훨씬 많다는 점을 고려한 것으로, 옴니채널 확대에 적절한 전략이다. 아마존 슈퍼마켓에서 구현할 옴니채널 전략이 허마센성의 전략을 참고할 것이라는 시각도 있지만, 그럼에도 앞으로 아마존 슈퍼마켓이 식품 리테일 영역의 '게임 체인저game changer'가 되어 업계의 변화를 불러일으킬 것이 분명해 보인다.

이처럼 온라인 기반 리테일러들은 오프라인에 적극적으로 진출해 온라인 데이터는 물론, 고객과의 실제 접촉에서 얻는 데이터까지 축적해

가고 있다. 모두 소비자에 대한 이해를 높여 고객 경험을 향상하기 위한 노력이다.

진화하는 럭셔리와 뷰티 브랜드

럭셔리 브랜드는 트렌드를 이끌어 주요 고객에게 트렌드 리더로 포지셔닝하는 것이 매우 중요하다. 고가 제품이기 때문에 오프라인 매장 위주로 판매되었고, 브랜드 이미지와 매장에서의 사용자 경험이 매우 중요했다. 그 때문에 지금까지는 옴니채널 전략이 등한시되어왔다.

그런데 이런 시장 상황에 도전장을 내민 것 역시 알리바바다. 알리바바는 2017년 8월에 온라인 리테일 플랫폼인 럭셔리 파빌리온Luxury Pavilion을 시작했다.[9] 파빌리온은 초대로만 가입 가능하다. 티몰의 상위 구매자만 초대장을 받게 되며, 버버리Burberry, 마세라티Maserati, 휴고 보스Hugo Boss 등 명품 브랜드만 입점 가능하다. 론칭 이후 '짝퉁'에 대한 두려움이 많은 중국인들이 열광하며 회원 수가 10만여 명으로 늘었다. 각각의 회원은 연평균 15만 9000달러(한화로 약 1억 7800만 원)어치를 구매한다. 회원의 49퍼센트를 차지하는 밀레니얼 소비자가 전체 매출의 45퍼센트를 차지한다.

럭셔리 파빌리온은 특별 제안, 유명인 이벤트, 유연한 결제 옵션, 상품 선구매 기회, 방문 반품 서비스 등 온·오프라인 환경에서 일관되게 최고급 맞춤 경험을 제공한다. 프리미엄 회원들에게는 더욱 특별한 제

| 럭셔리 파빌리온의 3D 가상 스토어에서 론칭한 명품 브랜드 메종 발렌티노의 새 컬렉션 캔디스터드.

안, 스파 서비스, 개인 쇼핑 컨시어지 서비스concierge service 등을 제공한다. 뿐만 아니라 가상 팝업 스토어를 운영하여 온라인 쇼핑의 즐거움을 더한다. 럭셔리 브랜드인 메종 발렌티노Maison Valentino는 오프라인 매장에서뿐만 아니라 럭셔리 파빌리온의 3D 가상 스토어에서도 새 컬렉션인 캔디스터드Candystud를 론칭했다.[10]

뷰티 브랜드도 옴니채널 활용에 적극적으로 뛰어들었다. 화장품을 살 때는 사람마다 얼굴형, 얼굴색 등이 달라 색조 선택에 매우 예민할 수밖에 없다. 화장품 브랜드 로레알L'Oreal은 비디오 챗으로 뷰티 전문가에게 상품 추천과 메이크업 조언을 받을 수 있도록 라이브 메이크업 컨설팅을 제공한다. 또한 로레알은 기술 스타트업 모디 페이스ModiFace와, 화장품 리테일러 세포라Sephora는 기술 스타트업 비주얼 아티스트Visual Artist와 협력해 자신의 얼굴에 가상으로 화장한 모습을 구현해준다. 피부색에 맞는 색조 화장품을 찾기 위해 파운데이션과 립스틱을 바르고 지워본 사람이라면 그 과정이 얼마나 귀찮은지 잘 알 것이다. 인공지능을 기반으로 하는 AR을 활용하면, 이런 수고 없이 간편하게 다양한 색조 화장품을 가상으로 얼굴에 발라보고 자신에게 가장 잘 어울리는 색을 고를 수 있다.

프랑스 뷰티 브랜드인 록시땅L'Occitane은 런던에 있는 개인 맞춤 플랫폼 회사인 큐빗Qubit과 함께 2018년 6월, 큐빗 프로Qubit Pro 솔루션을 론칭했다. 큐빗은 오프라인에서 점원이 고객의 피부 상태나 고민에 따라 적합한 상품을 추천하는 것처럼 온라인에서 몇 가지 질문을 통해 개인의 선호도를 분석하고 해결책을 제공하는 개인 맞춤형 솔루션이다. 이런 솔루션을 한층 더 정교하게 자동화시킨 것이 큐빗 프로 솔루션이고, 이를 모바일에서 구현한 것이 2017년 말에 선보인 큐빗 오라Qubit Aura다. 특히 영국 시장에 큐빗 오라를 도입한 이후 모바일 환경에서 소비자의 구입 전환율이 159퍼센트로 대폭 증가했다.[11]

오프라인 매장의 새로운 역할

온라인 상품 가격은 대체로 오프라인보다 저렴하다. 그래서 소비자들이 오프라인을 쇼룸으로만 이용하는 쇼루밍 현상이 나타났고, 이는 오프라인 매출 하락의 주요 원인으로 지적되어왔다. 닐슨Nielsen의 조사에 따르면 소비자의 75퍼센트가 온라인으로 상품을 사기 전에 미리 확인하는 쇼룸으로 오프라인 매장을 이용한다고 응답했다.[12] 매장을 운영하는 입장에서는 매장의 쇼룸화가 부정적으로 여겨지기 마련이다. 하지만 쇼룸 경험을 극대화하는 방향으로 오프라인 매장을 운영하면, 매장 운영비를 줄이면서 시장을 확대하는 일석이조의 효과를 얻을 수 있다. 이러한 옴니채널로 풍부하게 소비자 데이터를 확보하면 소비자 이해도가 높아지고 온·오프라인 매출의 선순환이 일어난다.

예를 들어, 월마트가 인수한 온라인 남성복 브랜드 보노보스Bonobos는 뉴욕, 시카고, 보스턴 등에 오프라인 매장을 열었다. 필자는 보스턴의 보노보스 매장을 방문해보았는데, 외관은 여느 남성복 브랜드 매장과 다르지 않았다. 하지만 이 매장은 특이하게 재고가 없었다. 매장을 쇼룸으로만 이용하기 때문이다. 소비자가 매장에서 옷을 입어보고 마음에 들어 구입하면 온라인 시스템을 통해 옷이 집으로 배송된다. 고객

| 쇼룸으로만 운영하는 온라인 남성복 브랜드 보노보스의 오프라인 매장 모습.

은 기본적으로 온라인의 편의성과 저렴한 가격을 누릴 수 있을 뿐만 아니라 오프라인에서 옷을 입는 사용자 경험과 직원과의 대면 관계도 얻을 수 있다.

전통적으로 오프라인 매장은 세 가지 공간으로 기능해왔다. 첫째, 직접 상품을 보고 만질 수 있는 공간, 둘째, 상품을 즉시 받게 하여 즉각적 필요를 충족해주는 공간, 셋째, 리테일러와 직접 소통이 가능한 실재하는 공간이다. 옴니채널의 등장으로 오프라인 매장은 쇼룸 공간뿐만 아니라 온라인으로 주문한 상품을 픽업하거나 반품하는 장소로도 기능이 확대되었다.

옴니채널의 확장이 결국 리테일러에게 시사하는 바는 무엇일까? 바로 소비자가 리테일러에게 기대하는 '눈높이'가 높아졌고, 앞으로 더욱 높아질 것이라는 점이다. 소비자들의 인내심은 줄어들었고, 온·오프라인과 모바일을 넘나들며 최적의 가격뿐 아니라 최고의 경험을 요구하게 되었다. 따라서 리테일러들은 높아지는 소비자의 기대를 만족시킬 기본적인 옴니채널 전략에서 한 발 더 나아가 차별화를 꾀해야 한다. 앞서 언급한 몇몇의 사례처럼, 온·오프라인과 모바일의 장점을 적절히 융합해 차별화된 사용자 경험을 제공하는 방향으로 나아가야만 한다. 온·오프라인을 넘나들며, 소비자에게 방대한 제품, 최저 가격, 최고 경험, 빠른 배송을 제공해야 하는 것이다. 또한 게임이나 가상 스토어와 병합되어 쇼핑에 더 큰 재미를 더해야 할 것이다. 옴니채널의 진정한 진화는 이제부터 시작인 셈이다.

5
—
AR과 VR로 구현한
가상 리테일

2016년에 큰 붐을 일으킨 포켓몬 고Pokémon GO 앱을 기억하는가. 스마트폰을 들고 돌아다니며 증강현실AR로 구현한 포켓몬 캐릭터를 잡는 게임 말이다. 포켓몬 고는 세계인의 엄청난 호응에 힘입어, 게임 앱 가운데 최단 시간에 5억 달러 매출을 기록했고, 6개월 만에 10억 달러의 매출을 올렸다. 2018년까지도 하루 150만~250만 달러의 매출을 올렸다.[1]

AR은 게임 외에도 다양한 분야에 접목되고 있다. 2018년 말 한국에서 선풍적인 인기를 끌었던 tvN 드라마 〈알함브라 궁전의 추억〉도 AR 게임을 드라마 모티브로 활용한 사례다. 이런 시도는 다른 선진국보다

| tvN 드라마 〈알함브라 궁전의 추억〉에 등장한 AR 게임 장면.

한국이 기술 분야에서 더 앞서 나가고 있음을 반증한다. 영화도 아닌 대중 드라마 소재로 AR이 등장한다는 것 자체가 AR에 대한 대중의 수용도가 매우 높다는 것을 보여주기 때문이다.

한편 미국의 10~20대가 애용하는 메신저인 스냅챗은 셀카를 찍을 때 실제 얼굴에 가상 이미지를 덧입히는 등의 방식으로 AR 사용자 경험을 제공한다. 이처럼 AR은 현실 세계에 가상의 이미지가 덧입혀지는 것을 의미한다.

이에 비해 가상현실VR은 사용자가 100퍼센트 컴퓨터 그래픽으로 만들어진 가상의 현실과 상호작용하는 것을 말한다. VR 경험을 위해서는 오큘러스 리프트Oculus Rift, HTC 바이브HTC Vive, 삼성 기어 VR 등 VR 전용 헤드셋이 필요하다. VR헤드셋 시장의 강자는 전체 시장의 25.9퍼센트(2018년 3분기 기준)를 차지하는 오큘러스다.[2] 오큘러스 리프트를 소유한

페이스북은 연결성과 AI, 그리고 AR 및 VR을 페이스북 생태계의 3대 최우선 과제로 삼고 기술 개발에 박차를 가하고 있다.[3]

최근에는 AR, VR과 함께 혼합현실Mixed Reality, 즉 MR도 많이 사용된다. MR은 가상현실에 현실 사물을 접목하여 실제 경험을 가능하게 하는 환경을 말한다. 이 경우 홀로그램이 가능한 마이크로소프트의 홀로렌즈 헤드셋HoloLens headsets이 필요하다.[4]

리테일, AR과 VR을 만나다

기업들이 AR과 VR에 엄청난 투자를 하는 이유는 게임이나 SNS에서 사용될 카메라 필터 개발 이상의 훨씬 방대한 목적 때문이다. 다시 말해 현실과 가상을 넘나드는 AR과 VR은 미래 리테일의 중요한 축으로 성장하고 있다. AR과 VR이 가장 먼저, 그리고 가장 많이 적용된 분야는 가구와 패션이다. 다른 일상용품과 달리 가구는 집의 인테리어와 잘 어울리는지가 중요하고, 패션 역시 실제 나와 잘 어울리는지가 매우 중요하지만 온라인상으로는 어울림을 파악하기 힘들다. 이에 AR과 VR이 직접 상품을 배치하거나 입어보지 않고도 쉽게 상품을 파악하도록 도와준다.

필자는 2018년 10월 중국 홈퍼니싱 매장인 위에싱月星 리빙을 방문했다. 위에싱은 AR, VR, MR을 잘 융합해 소비자의 이용 경험을 극대화한다. 이곳에서는 VR 기기를 활용해 소비자들이 카페, 오피스, 가정집 등 다양한 테마 공간에 가구를 배치해볼 수 있다. 가구를 바꾸고 싶은 공

온라인 퍼니싱 기업인 웨이페어의 가상 가구 배치 서비스. 매직 리프 원이라는 VR 헤드셋을 쓰고 인테리어를 경험해볼 수 있다(위). 이케아 역시 모바일 앱 이케아 플레이스를 통해 AR 홈퍼니싱을 경험하게 하고 있다(아래).

간의 도면을 매장에 가져가면, 그 도면을 가상 화면으로 전환한 다음 매장에서 판매되는 가구들이 그 가상 화면에 배치된 모습을 MR로 확인할 수 있다.

스웨덴의 대표적인 홈퍼니싱 브랜드 이케아도 모바일 앱 이케아 플레이스를 통해 AR 쇼핑 경험을 제공한다. 예컨대 거실에 놓을 소파를 쇼핑한다고 해보자. 스마트폰 앱으로 거실을 비추고 배치하고 싶은 가상의 소파를 선택하면, 실제 거실의 모습과 가상의 소파가 겹쳐진다. 한국의 롯데홈쇼핑은 2018년 8월 모바일 앱을 통해 가상 환경에 AR로 가구를 배치하는 'AR 뷰AR View' 기능을 선보였다.

이케아가 스마트폰을 기반으로 구현한다면, 미국 온라인 가구 판매 업체 웨이페어Wayfair는 가상 망막 디스플레이를 개발하는 매직 리프Magic Leap와 제휴해 VR 헤드셋을 쓰고 가상으로 집을 꾸밀 수 있는 서비스를 론칭했다. 매직 리프 원Magic Leap One 기기를 통해 가상으로 실제 크기의 3D 제품을 집 안 이곳저곳에 놓으며 인테리어를 할 수 있는 MR 서비스다. 또한 웨이페어는 2018년 초에 페이스북과 파트너십을 맺고 페이스북 뉴스피드에서 웨이페어 제품을 3D 이미지로 구현하는 서비스를 선보이기도 했다.[5]

가구뿐만이 아니다. AR과 VR은 직접 테스트하지 않고는 선뜻 사기 어려운 상품인 신발에도 적용된다. 대표적으로 나이키Nike는 AR 기반의 나이키 스니커즈SNKRS 앱을 선보였다. 'Tap to view in AR(증강현실로 살펴보기)' 기능을 통해 신발 디자인을 360도 각도로 살펴보고 신발 사이즈도 바꿔 신어볼 수 있다.

AR과 VR은 럭셔리 브랜드에도 새로운 바람을 일으키고 있다. 우선 크리스찬 디올Christian Dior은 디올 패션쇼에 가지 않더라도 마치 패션쇼장에 있는 것처럼 쇼를 감상할 수 있도록 자체 VR 헤드셋인 디올 아이즈Dior Eyes를 개발했다. 고객들에게 디올의 패션쇼를 감상하게 함으로써 상품 판매로 이끌려는 목적이다. 디올은 360도로 촬영한 VR비디오를 유튜브 채널에도 적극 공유한다.

또 다른 명품 브랜드인 구찌Gucci는 2018년 봄여름 시즌 캠페인을 AR로 구현했다. 스페인 출신의 디지털 페인팅 아티스트 이그나시 몬레알Ignasi Monreal은 르네상스 스타일의 일러스트레이션으로 구찌의 런웨이를 구성했다. 잡지나 신문의 구찌 일러스트레이션 광고를 구찌 앱으로 스캔하면 AR 효과를 통해 3D로 감상할 수 있다.

| 디올의 VR 헤드셋.

한편 경매 하우스인 소더비Sotheby's는 경매 상품을 VR로 재현했다. 경매 참가자들에게 오큘러스 리프트 헤드셋을 주고 살바도르 달리의 1930년대 작을 생생하게 경험하게 하는 식이다. 이런 방식으로 경매 참여자들의 작품에 대한 이해를 향상시키고 경매 성공률을 높인다.[6]

아마존도 모바일 앱에 AR 쇼핑 기능인 AR 뷰를 추가하며 AR 기반의 쇼핑 환경 구축에 적극적으로 나서고 있다. 아마존 앱에서 주방 가전, 인형, 가구, 전자 기기 등 수천 개의 제품을 3D로 확인할 수 있고, 또한 앱에서 AR 뷰를 통해 화면상의 특정 제품을 골라 손가락으로 위치를 조절하며 특정 장소에 배치해볼 수 있다. 가상으로 배치한 제품을 여러 방향으로 돌리며 입체적으로 확인할 수도 있다. 또한 아마존은 메신저 스냅챗과 파트너십을 맺고 AR 기반의 쇼핑 기능을 제공한다. 메신저 스냅챗을 AR 모드로 설정하여 조깅화, 화장품 등의 실제 상품을 비추면, 그

세계에서 가장 큰 스타벅스 매장인 상하이 스타벅스 리저브 로스터리. 타오바오 앱을 통해 원두에 대한 정보를 AR로 확인할 수 있다.

이미지와 유사한 아마존 판매 제품을 팝업으로 확인할 수 있고, 아마존으로 링크가 연결되어 상품 구매도 가능하다.[7]

가상의 리테일은 세계에서 가장 큰 스타벅스인 상하이 스타벅스 리저브 로스터리Starbucks Reserve Roastery 매장에서도 경험할 수 있다.[8] 매장에서는 원두를 투명한 통에 담아 전시·판매한다. 고객은 알리바바 타오바오 앱에 접속하여 AR로 커피 원두를 비추면 해당 커피 원두에 대한 정보를 확인할 수 있다.

생생하게 존재하는 실재감의 효과

왜 가상 리테일이 리테일의 미래에서 중요한 키워드일까? 가장 큰 이점은 매출을 높이고 반품을 줄일 수 있다는 것이다. 눈앞에 제품이 생생하게 존재하면 더 사고 싶어진다. 또한 생생하게 제품의 형태를 확인하고 구매하면 변심으로 반품하는 비율도 줄어든다.

아무리 대형 매장이라도 가구 제품은 그 특성상 부피가 커서 모든 제품을 전시해둘 수 없다. 대표 상품 몇 개를 전시하는 게 고작이다. 판매하는 모든 제품을 온라인에 등록해둘 수는 있지만, 대신 온라인상으로는 실재감을 느끼기 힘들다. 이때 대안이 되는 것이 AR과 VR을 활용한 사용자 경험이다. 부피가 크고 무거운 가구를 집에 가져다두지 않아도 집에 가구를 배치했을 때의 모습을 가늠할 수 있다. 덕분에 소비자는 확신을 가지고 상품을 구매할 수 있다. 만족도는 높아지고 실패율은 낮아진다. 의류, 화장품 등 패션 영역에서도 같은 이유로 AR과 VR이 적극적으로 활용된다.

인터넷만 있으면 현실감 높은 포켓몬 고를 어디에서든 즐길 수 있듯이, 인터넷만 있으면 AR과 VR로 상품을 입체적으로 경험하고 구매할 수 있게 된다. 이는 즉각적인 쇼핑의 즐거움을 높인다. 그 대표적인 예가 2018년 6월 월마트가 론칭한 '3D 버추얼 쇼핑 투어3D Virtual Shopping Tour'다. 가상 환경 속의 아파트를 돌아다니다가 마음에 드는 상품을 클릭하면 월마트의 온라인 스토어 상품 페이지로 연결된다. 이 아파트에는 월마트 PB를 포함한 30여 개 브랜드의 상품이 큐레이션되어 있다. 다시 말해 매장을 방문하지 않아도 다양한 브랜드의 상품을 아파트라는 가상의 공간에서 경험하고 살 수 있는 것이다.[9] 월마트는 이러한 VR 쇼핑과 관련한 특허를 신청했다. 이 기술을 획득하기 위해 월마트의 스토어 넘버 8Store No. 8(월마트가 쇼핑 트렌드에서 앞서 나가기 위해 가능성 있는 기술 스타트업을 육성하는 테크놀로지 인큐베이터다)은 VR 테크놀로지 스타트업인 스페이셜랜드Spatialand를 인수하기도 했다.[10]

학계에서도 AR과 VR을 활용한 경험 가치에 대한 연구가 점차 활발하게 진행되는 추세다. 핵심적인 연구 주제들은 AR 기술이 소비자들의 상품 정보 습득, 상품 구입 의향 등의 쇼핑 경험에 어떤 영향을 끼치는지에 초점을 맞춘 것이다. 예를 들어 푸쉬네Atieh Poushneh와 바스케즈-파르가Arturo Z. Vasquez-Parraga의 연구를 보면, AR이 사용자 경험에 긍정적인 영향을 끼치고, 이는 다시 소비자 만족도와 구입 의사를 향상시킨다

는 점을 확인할 수 있다.[11]

또한 야르보닉Ana Jarvornik이 스위스 소비자를 대상으로 실시한 연구에서는 AR이 탑재된 모바일 앱이 일반 모바일 앱보다 통계적으로 유의미하게 높은 몰입flow을 도출했다. 그 결과 주어진 자극에 대한 감성적 반응(앱에 대한 태도, 브랜드에 대한 태도)과 행동 반응(구입 의사, 재방문 의사, 추천 의사)이 향상된다. 반면 인지적 반응(생각의 개수, 웹사이트와 관련된 생각) 등에는 영향을 미치지 않는 것으로 나타났다.[12] 이처럼 리테일에서 AR과 VR은 소비자의 감성적 반응과 몰입 경험immersive experiences을 높이고, 브랜드 경험과 고객 관여customer engagement를 늘림으로써 결과적으로 리테일러의 매출을 향상시킨다.[13]

이에 따라 유럽에서도 가상 리테일을 도입하는 리테일러들이 늘어나는 추세다. 이탈리아 패션 스타트업인 엘세ELSE는 인공지능과 VR을 결합해 매장에서 즉석으로 고객이 원하는 디자인을 보여주고, 고객이 선택하면 그대로 의상을 제작해 판매한다. 영국 기업인 미테일Metail은 고객들이 3D 가상체험으로 옷을 입어볼 수 있도록 이커머스e-commerce 솔루션을 제공한다. 테스코Tesco, 잘란도Zalando, 하우스 오브 홀랜드House of Holland가 주요 고객으로, 미테일 솔루션을 이용해본 고객들은 구매가 22퍼센트 늘었다.[14] 한편, 나이키와 뉴발란스New Balance는 3D 프린터로 생산한 운동화 밑창을 판매한다.[15] 이러한 흐름은 앞으로도 AR과 VR이 고객의 입맛에 맞는 상품과 서비스를 실시간으로 제공하는 방향으로 진화할 것이라는 점을 보여준다.

AR은 VR보다 현실적인 가치가 더 큰 반면, 기술 개발 비용과 부대 비용은 더 저렴하다. 때문에 리테일러들은 모바일 환경에서 AR 경험을 제공하기 위해 더 적극적으로 투자하는 추세다. VR 역시 성장 잠재력이 높기 때문에 꾸준히 성장해나갈 것으로 전망된다. 한편, 입체 물체를 출력하는 3D 프린터, 출력된 형태가 일정 조건이 되면 모양이 변형되는 4D 프린터 등 즉각적인 생산 방식뿐 아니라 후각, 미각 등 감각적인 경험까지도 가상 리테일의 범주에 포함될 것이다. 즉 가상 리테일은 실제와 가상현실 사이의 경계를 자연스럽게 넘나들며 더 재미있는 쇼핑 경험을 제공하는 방향으로 파괴적 혁신을 이어나갈 것이다.

6

사람이 결제 수단인
캐시리스 리테일

현금 없는 사회, 즉 '캐시리스' 사회가 빠르게 확산되고 있다. 전 세계에서 통용되는 결제 방법은 300여 가지가 넘는데, 무엇보다 이용의 편의성이 큰 스마트폰을 이용한 모바일 결제가 급성장하고 있다.[1] 전 세계모바일 결제 시장은 2016년 기준 6000억 달러에서 매년 33.8퍼센트씩성장하여 2023년에는 4조 5700억 달러 규모에 이를 전망이다.[2]

모바일 결제에서 가장 주목받는 나라는 단연 중국이다. 중국에 인터넷과 스마트폰이 보급된 것은 2010년경에 불과하지만, 모바일 결제는 급속도로 확산되어 2017년 현재 그 규모가 무려 16.7조 달러에 이른다. 2016~2017년에는 1년간 무려 37.8퍼센트나 증가했다.[3] 중국 인터넷 네트워크 인포메이션 센터China Internet Network Information Center에 따르면 2017년 6월 기준 모바일 사용자는 7억 2400만 명이다.[4] 2014~2016년 현금 결제는 10퍼센트나 감소했다.[5] 시장조사 기업인 입소스Ipsos의 조사 결과, 중국의 모바일 결제 침투율은 77퍼센트로 세계 1위다. 중국인 100명 중 77명이 모바일로 결제하는 것이다. 미국과 일본의 모바일 결제 침투율은 각각 48퍼센트, 27퍼센트로 나타났다.[6]

중국의 대표적인 모바일 결제 수단인 알리페이는 2004년 사스가 유행했을 때 외출을 꺼리는 소비자들이 알리바바의 타오바오 웹사이트에서 편하게 온라인 쇼핑을 즐기도록 고안되었다. 이후 2017년을 기준으로 한 달 사용자가 약 8억 5000만 명, 1초당 결제 건수가 25만 6000건에 이를 정도로 성장했다.[7]

| 중국의 대표적인 모바일 결제 수단인 알리페이. 중국은 물론 아시아, 미국, 유럽의 주요 도시에서 결제 가능 매장이 빠르게 증가하고 있다.

미국은 페이팔PayPal, 애플페이Apple Pay, 아마존페이Amazon Pay가 모바일 결제 시장을 이끈다. 2016년을 기준으로 미국의 모바일 결제 서비스 시장 규모는 1120억 달러(약 126조 원)이고 1위 업체는 페이팔이다. 아마존, 비자카드, 구글, 애플의 결제 서비스가 그 뒤를 잇는다.[8]

유럽은 아직까지 카드 문화가 지배적이지만, 모바일 결제 시장이 급속도로 커지는 추세다. 한 조사에 따르면, 모바일 결제 시장이 2017~2021년 사이에 163억 달러에서 1000억 달러로 연평균 60퍼센트씩 성장할 전망이다.[9] 영국의 경우 애플페이 같은 서비스가 론칭되었을 때 보안에 대한 우려 때문에 상한액을 설정하기도 했지만, 점차 신뢰도가 높아지면서 2017년에는 결제 상한 금액을 폐지했다. 프랑스나 이탈리아 등 다른 유럽 국가도 모바일 결제 시장이 연간 50~60퍼센트씩 성장할 것으로 예측된다.[10] 반면 인구 1000만 명의 스위스 같은 나라는 전체 인구의 65퍼센트인 650만 명이 지역 은행에 기반한 지역 모바일 결제 시스템을 이용한다.[11]

한국 역시 모바일 페이 전국시대다. 2018년 산업연구원KIET의 조사에 따르면, 국내 모바일 간편결제 서비스 이용액은 2016년 11조 8000억 원에서 2017년 39조 9000억 원으로 성장했다. 하루 평균 결제 건수도 2016년 85만 9000건에서 2017년 212만 4000건으로 2.5배 뛰었다. 이런 성장세에 힘입어 39종의 간편결제 서비스가 출시되었는데, 삼성페이, 네이버페이, 카카오페이, 페이코 등 상위권 업체 중심으로 시장이 재편되고 있다. (152쪽 표)[12] 한편 토스Toss 같은 모바일 금융 서비스는 은행 서

■ 국내 주요 간편결제 서비스 제공 업체 ■

	서비스명	제공사	서비스 범위		출시일	부가 서비스	가입자 (명)	누적 거래액(원)
			온라인	오프라인				
제조사	삼성페이 (Samsung pay)	삼성 전자	○	○	2015.8.	교통카드 포인트적입 은행서비스	1000만 (2018.3.)	18조 (2018.3.)
플랫폼사	네이버 페이 (NPay)	네이버	○	×	2015.6.	네이버쇼핑 연동	2600만 (2018.6.)	12조 (2018.6.)
	카카오 페이 (Kakaopay)	다음 카카오	○	○	2014.9.	송금 멤버십 알리페이 제휴	2300만 (2018.8.)	12조 3,000억 (2018.11)
PG사	페이코 (PAYCO)	NHN 페이코	○	△	2015.4.	송금	800만 (2018.8.)	6조 (2018.8.)
	11페이 (11PAY)	SK 플래닛	○	×	2015.4.		820만 (2018.1.)	4조 (2018.6.)
유통사	SSG페이 (SSG pay)	신세계 아이 앤씨	○	△	2015.7.	신세계 계열 오프라인 유통사 연계	600만 (2018.3.)	–
	엘페이 (L.pay)	롯데 멤버스	○	△	2015.9.	롯데 계열 유통사 연계	150만 (2018.3.)	1조 (2018.6.)
	배민페이	우아한 형제들	○	×	2017.2.	자사 배달앱 연계	–	–
이통사	T페이 (T pay)	SK 텔레콤	○	△	2016.3.	T 멤버십 연계	–	–

주: △는 특정 가맹점에서만 사용 가능한 경우를 뜻함.

| 출처 : 정보통신기술진흥센터 자료 및 각사 보도자료를 참고하여 재구성 |

비스와 해외 주식 등 다양한 투자 서비스를 제공한다. 2015년 2월 창립한 토스는 2018년 11월 기준 1000만 명의 가입자를 유치했고, 미국 벤처캐피털로부터 기업 가치 1조 3000억 원을 인정받으며 약 900억 원의 투자를 유치했다.[13]

모바일 페이의 폭발적인 증가

'리테일의 미래는 손바닥 안에 있다'고 할 정도로 모바일의 중요성이 커지고 있다.[14] 이미 우리는 카페에서 커피를 마시고, 마트에서 식료품을 사고, 레스토랑에서 식사를 하고, 택시를 이용하는 등 일상의 거의 모든 활동을 모바일 결제로 해결할 수 있게 되었다.

앞서 언급한 것처럼 중국은 모바일 결제 천국이다. 중국이 알리바바 중심의 혁명적인 신유통 시대로 접어든 것은 중국의 모바일 결제 생태계에 힘입은 바가 크다. 거의 모든 국가의 결제 방식이 오프라인에서 온라인을 거쳐 모바일로 진행됐다면, 중국은 오프라인에서 단번에 모바일로 건너뛰었다. 온라인 확산이 느렸던 중국은 온라인 생태계가 무르익기도 전에 모바일이 등장하여 빠르게 확산된 것이다.

필자가 중국 상하이를 방문했을 때의 일이다. 머물던 호텔 근처 골목길을 지나다가 목에 QR코드가 인쇄된 종이판을 걸고 있는 걸인과 마주쳤다. 그것도 위챗페이용과 알리페이용이 따로 있어서 행인이 돈을 주고 싶으면 QR코드만 스캔하면 되었다. 결제뿐만이 아니다. 항저우에선

| 중국 항저우의 대형 백화점 건물의 벽면을 채운 QR코드. 중국 내 모바일과 QR코드의 확산을 엿볼 수 있
는 장면이다.

대형 백화점 건물의 한쪽 벽면을 거대한 QR코드로 채운 전면 광고를 발견할 수 있었다. 행인들은 대체 무슨 내용일지 궁금해하며 분주하게 스마트폰으로 QR코드를 스캔했다. 필자도 스캔해보았는데, 백화점에서 진행하는 프로모션과 연결됐다. 중국에서 QR코드가 얼마나 보편적으로 자리 잡았는지 새삼 느낄 수 있는 순간이었다.

이처럼 중국에서 모바일 결제가 폭발적으로 성장한 것은 환경적, 정책적 배경 때문이다. 우선 중국에서는 신용카드 확산이 더딜 수밖에 없었다. 중국인들은 문화적으로 '빚'에 대한 거부감이 있는데다 중국 공산당 산하의 은행은 고압적이기로 악명이 높기 때문이다. 또한 정책적으로 모바일 페이에 대한 법적 규제가 없는 상황이라 기업들도 빠르게 사업을 추진할 수 있었다. 여기에 알리바바와 텐센트가 현금결제 대신 알리페이나 위챗페이 결제 시스템을 독점적으로 사용하는 리테일러들에게 인센티브를 제공하면서 모바일 결제 확산에 한몫을 했다. 소비자들 또한 현금을 대신하면서도 (신용카드같이 금융권에 단기간이라도 빚을 지지 않고) 직불카드처럼 즉시 지불되는 모바일 결제 앱을 선호했다. 알리페이와 위챗페이는 소비자의 은행계좌와 직접 연결되어 있어 결제할 때마다 은행 잔고에서 금액이 빠져나가고, 친구나 가족에게 간편하게 송금도 가능하다.

반면 미국에서는 아마존페이 열풍이 뜨겁다. 온라인 상품 구입을 위해 시작된 아마존페이는 오프라인 매장으로 확대됐다. 현재 아마존은 자사 매장뿐만 아니라 레스토랑, 주유소 등 다양한 오프라인 리테일러들에게로 아마존페이 결제 시스템을 확산시키기 위해 노력하고 있다.[15]

아마존은 QR코드 문화가 정착되지 않은 미국에서 QR코드 분야를 새롭게 개척하고 있다. 2018년에 아마존은 자사 전용 QR코드인 스마일

| 아마존의 커스텀 QR코드 스마일 코드.

코드Smile Code를 개발했다. 아마존의 상징인 웃는 입 모양의 화살표를 본뜬 디자인으로, 아마존 매장, 아마존 택배 박스, 아마존 광고 등에 활용된다. 2018년 겨울에는 연휴용 장난감 카탈로그를 제작해 수백만 명의 고객에게 배송했다. 연휴에 고객들이 장난감을 쉽게 구매할 수 있도록 70쪽 분량의 카탈로그에 페이지마다 스마일 코드를 인쇄해 넣었다. 페이지를 넘기다가 마음에 드는 장난감을 발견하면 QR코드를 스캔해 상품 정보를 바로 확인하고 주문할 수 있다.[16, 17]

그렇다면 캐시리스 사회는 리테일러들에게 어떤 의미가 있을까? 가장 중요한 것은 데이터다. 현금이 통용되던 세상에서는 리테일러가 고객 데이터를 확보하기가 매우 어려웠다. 하지만 모바일 결제가 확산되면서 리테일러들은 온·오프라인에서 고객 데이터를 실시간으로 확보할 수 있게 됐다. 누가, 언제, 어디에서, 어떤 물건을, 얼마나 샀는지에 대한 총체적인 데이터는 리테일러가 효율적으로 사업을 운영해나가는 데 매우 유용한 자산이다. 이를 통해 리테일러들은 상품 확보, 물류, 매장 운영, 판매, 재고 관리, 배송의 전 단계에서 최적화를 이룰 수 있다.

또한 광범위한 고객 데이터가 쌓이면서 고객의 특성을 분석할 수 있게 되었다. 모바일 결제의 주 이용층은 밀레니얼 세대와 Z세대로, 이들은 성장 잠재력이 매우 큰 미래 고객이다. 머천다이저merchandiser(MD)는 이들에 대한 데이터를 바탕으로 서비스를 디자인하고 프로모션을 진행해 고객 경험과 만족도를 높이고, 이는 고객 충성도의 향상으로 이어진다. 고객에게 제공하는 부가 서비스를 다변화할 수도 있다. 예를 들어,

알리페이는 고객의 사용 패턴을 점수화해서 알리페이 금융 대출에도 적용할 예정이다.[18]

한편 텐센트처럼 결제 시스템에서 더 나아가 상거래 플랫폼을 진화시키는 경우도 있다. 텐센트는 자사의 결제 서비스인 위챗페이와 SNS 메신저인 위챗을 결합하여, 사용자가 위챗에서 친구와 메시지를 주고받을 뿐만 아니라 상품을 구매할 수 있도록 쇼핑 기능을 추가했다. 또한 택시 호출, 레스토랑 예약, 비행기표 구매 등 일상의 거의 모든 구매가 가능하도록 서비스를 확대하고 있다.[19] 이렇게 물건뿐만 아니라 생활 전반에 필요한 서비스까지 구매 가능한 상거래 플랫폼을 만들면 고객을 훨씬 넓은 시각으로 이해할 수 있게 된다.

이제는 사람이 결제 수단이다

앞으로 캐시리스 사회는 따로 결제 매체가 필요 없는 방식으로 진화할 것이다. 사람이 곧 결제 수단이기 때문이다. 예를 들어, VR 상점이 보편화된 세계는 이런 식이다. VR 헤드셋을 착용하고 가상의 상점을 둘러보면서 사고 싶은 물건을 고른다. 가상의 키보드를 1.5초 이상 주시하면, 결제 암호가 입력되고, 머리를 끄덕이거나 터치하면 암호가 승인돼 자동 결제된다. 이는 아주 먼 미래의 일 같지만 알리바바가 이미 2016년에 선보인 VR페이 서비스의 골자다.[20]

구글은 음성만으로 결제할 수 있는 시스템을 개발 중이다. 5000여만 명의 미국 장애인들을 위해 개발하는 서비스로 아직은 안드로이드 사용자에게만 한정된 베타 버전이다. 하지만 이 시스템의 개발이 완료되면 장애인뿐만 아니라 전체 미국인에게로 사용자가 확대될 것이다.[21]

안면 인식 결제와 정맥 인식 결제는 이미 리테일 현장에 들어와 있다. 알리바바의 타오카페에서는 사전에 등록한 얼굴로 매장 출입과 결제가 가능하다. 알리바바의 자회사인 얌 차이나Yum China는 KFC와의 협업 하에 웃는 표정으로 결제하는 스마일 투 페이Smile to Pay를 시범 운영했다. 3D 카메라에 얼굴을 스캔하고 전화번호로 본인 인증을 한 뒤에 카메라를 보고 웃으면 결제가 진행된다.

결제 시스템은 단순한 지불 수단에 그치지 않는다. 예를 들어, 리테

| 알리바바의 스마일 투 페이 결제 시스템.

일러는 안면 인식 결제를 통해 표정으로 전달되는 소비자의 감정을 읽을 수 있다. 이는 활발히 연구 중인 분야로 미래의 리테일러는 소비자의 표정만으로 만족도를 측정할 수 있게 될 것이다. 리테일러는 캐시리스 결제에서 수집되는 데이터를 (사생활이 침해되지 않는 범위 내에서) 비즈니스에 효율적으로 접목하는 방안을 선제적으로 고민하고 데이터를 체계적으로 활용해야 할 것이다.

7
―
솔루션을
제공하는 챗봇

"Hi! How can we help you? ― Chat Now."
(안녕하세요. 뭘 도와드릴까요? 지금 바로 말해주세요.)

웹서핑을 하다 보면 이런 팝업창이 뜰 때가 있다. 쇼핑을 하다가 질문이 생기면, 'Contact Us(고객 문의)'를 통해 고객 서비스 담당 직원과 채팅을 하기도 한다. 우리는 누구와 대화하는 것일까? 과거에는 사람이었지만, 점차 챗봇으로 대체되고 있다. 앞으로 온라인 고객 커뮤니케이션에서 챗봇의 비중은 훨씬 더 커질 것이다. 가트너는 2020년까지 일차적인 고객 대응 업무의 25퍼센트가 사람이 관여하지 않는, 챗봇 무인화로 이뤄질 것이라고 예상한다.[1] 여기서 논의할 챗봇은 머신 러닝과 자연어 처리natural language processing(NLP) 기술로 온라인과 모바일 환경에서 고객과 텍스트 기반으로 커뮤니케이션하는 것에 국한한다.[2]

시장조사 회사인 포레스터 리서치Forrester Research는 챗봇에 적용되는 고객 커뮤니케이션을 세 단계로 구분한다.[3] 첫 번째는 아주 단순한 질문에 대해 아주 간단하게 답을 해주는 단계다. 두 번째는 좀 더 진화된 대화가 가능한 단계다. 개인 맞춤화가 가능하고, 쇼핑, 날씨 등 여러 주제를 넘나들며 소통한다. 세 번째는 방대한 데이터에 기반해 어떤 질문에도 막힘없이 답을 하는 단계다. 이렇게 발전한 챗봇을 구현하기 위해서는 엄청난 투자가 필요하기 때문에 아직 적극적으로 도입하는 회사는 많지 않다.

"필요하면 문자 해"

챗봇은 어떤 방식으로 운영되는 것일까? 챗봇의 커뮤니케이션은 의사결정 트리decision tree를 활용해 고객에게 최적화된 솔루션을 제공한다. 예를 들어, 챗봇에게 "지갑을 추천해줘"라고 하면, 챗봇은 몇 가지 지갑 디자인을 보여준다. 소비자가 해당 지갑 모델에 요구 사항을 추가하면, 챗봇은 소비자의 구체적인 요구에 좀 더 부합하는 솔루션을 제시한다.

미국 의류 브랜드 에리Aerie는 킥 메신저Kik Messenger라는 챗봇으로 고

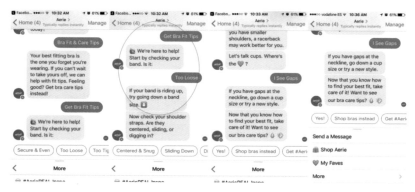

| 에리의 챗봇인 킥 메신저. 'This or That' 방식으로 원하는 속옷의 디자인과 사이즈를 찾아 쇼핑하는 장면.

객 맞춤 서비스를 제공하며, Z세대에게 어필한다.[4] 이 챗봇의 메커니즘은 'This or That'이다. 소비자에게 이것This 아니면 저것That의 두 가지 선택지를 보여주고, 그중에서 선호하는 스타일을 선택하게 하는 것이다. 이런 선택을 몇 번 거치면, 개인이 원하는 스타일과 아이템을 파악하고 고객 맞춤 제안이 가능하다. 에리는 이 챗봇을 적극 활용해 신규 고객을 확보하는 효과를 얻었다.

이베이eBay의 숍봇ShopBot도 마찬가지다. 이베이에서 80달러쯤 하는 여성용 나이키 운동화를 산다고 해보자. 엄청나게 많은 운동화 사이를 헤매는 대신 숍봇에게 문의하면 더 빠르고 정확하게 추천을 받을 수 있다. 숍봇은 고객이 특이한 디자인을 원하는지, 평범한 디자인을 원하는지 개인의 선호를 묻는다. 그 반응을 기반으로 원하는 특성에 부합하는 제품을 추천한다.[5]

월마트는 한 발 더 나아가 챗봇을 퍼스널 쇼퍼로 활용한다. "Need it. Text it. Get it(필요하면 문자하고 가져가)." 이는 월마트가 2018년 론칭한 챗봇 쇼핑 서비스 제트블랙JetBlack의 광고 문구다. 광고 문구 그대로 필요한 물건이 있을 때 문자를 보내면, 퍼스널 쇼퍼가 여러 상품을 보여주며 쇼핑을 돕는다. 뉴욕 맨해튼 지역의 바쁜 주부들을 겨냥한 서비스로 월 50달러의 멤버십 비용을 내면, 월마트, 제트닷컴, 포터리 반Pottery Barn 등 리테일러로부터 원하는 상품을 당일 또는 익일 배송받을 수 있고, 반품 배송도 무료다.

아마존 멤버십이 연간 119달러인 것을 고려하면 월 50달러라는 금액은 상당히 비싼 금액이다. 소비자의 문턱이 높음에도 월마트가 제트블랙 서비스를 론칭한 이유가 무엇일까? 제트블랙은 월마트의 스토어 넘버 8에서 탄생했다. 월마트는 텍스트에 기반한 쇼핑의 가능성을 테스트하고, 텍스트 기반의 커머스에 대한 인사이트를 얻기 위해 서비스를 론

| 월마트의 챗봇 쇼핑 서비스 제트블랙.

칭했을 것이다. 알렉사로 보이스 쇼핑을 하려면 아마존 에코 같은 별도의 디바이스가 필요하다. 이런 환경에서 탈피하기 위해 월마트는 모바일 앱 내에서 텍스트와 음성을 기반으로 쇼핑하는 환경을 구축하려는 것이다. 즉 모바일 내에서도 가능한 보이스 쇼핑 환경에 대한 소비자의 반응을 테스트하기 위해 제트블랙을 론칭한 것이다.

한국의 챗봇 시장도 까다로운 소비자를 타깃 삼아 탄탄하게 성장하고 있다. 얼마 전 지인에게서 인터파크 쇼핑 앱에 대한 이야기를 들었다. 아이를 키우는 지인은 분유나 기저귀 같은 생필품을 인터파크에서 주기적으로 구입한다고 했다. 바로 '톡집사'라는 챗봇 기능 덕분이라고 했다. 고객이 특정 상품에 대해 톡집사에게 물어보면, 상품 정보뿐만 아니라 그 상품의 인터넷 최저가를 검색해주고 그 가격에 인터파크에서 구매할 수 있도록 쿠폰('깎아줘요' 서비스)을 제공한다고 했다. 일종의 최저가 보장인 셈이다. 그런 집사가 있으니 당연히 충성 고객이 될 만했다. 이처럼 챗봇 서비스는 한국 시장에서도 고객이 무엇을 원하는지를 정확하게 이해하고 만족스러운 쇼핑 경험을 제공하며 계속 성장하는 중이다.

챗봇으로 무엇을 얻을 것인가

챗봇을 도입하는 가장 중요한 목적 중 하나는 리테일 조직의 생산성을 높이는 것이다. 간단한 고객 서비스는 챗봇으로 처리하고, 직원은 부가가치가 높은 영역에 집중할 수 있다. 과거에는 챗봇의 자연어 처리 기술에 한계가 있어서 문장 처리가 어색하고 단순한 문장만 처리할 수 있었다. 하지만 최근에는 문자를 인식하는 인공지능 성능이 향상되면서 챗봇의 기술도 더욱 정교해지고 비용은 저렴해졌다. 이에 따라 리테일러는 단순하고 일차적인 고객 커뮤니케이션은 챗봇으로도 능숙하게 처리할 수 있게 됐다.

물론 챗봇이 전화나 이메일 등 일차적 고객 커뮤니케이션을 100퍼센트 대체하지는 못할 것이다. 하지만 앞으로 챗봇의 사용이 더욱 활성화될 것만은 분명하다. 소비자 입장에서 사용 편의성이 매우 높기 때문이다. 챗봇을 통하면 상품에 대한 간단한 질문, 불만 사항 등 고객이 상황별로 느끼는 어려움을 쉽게 해결할 수 있다. 또 새벽 1시에 쇼핑하다가도 궁금한 점이 생기면 바로 묻고 답을 얻을 수 있다.

서비스 기간이 늘수록 챗봇은 방대한 데이터를 쌓을 것이다. 데이터가 쌓일수록 상황별 불만 데이터와 불만 처리 데이터, 개인 성향 데이터 등 데이터는 정교해진다. 이는 다시 고객 증가로 이어지고 더불어 비용 절감, 기술 향상, 더욱 방대한 데이터 축적의 선순환이 일어난다.

데이터 기반의 챗봇은 사람보다 정확하고 일관된 서비스를 가능하게 한다. 고객 서비스 관리에 수반되는 어려움 중 하나는 직원에 따라 고객 대응에 변동성이 크다는 것이다. 매뉴얼을 따른다고 해도 직원의 공감 능력에 따라, 상황별 이슈에 따라 어떤 문제는 융통성 있게 해결되고 어떤 문제는 고객의 불만을 낳는다. 챗봇은 방대한 데이터를 기반으로 알고리즘에 따라 대응하기 때문에 그런 변동성이 줄어든다.

챗봇의 또 다른 가치는 고객 관여도customer engagement의 향상이다. 이베이가 약 9개월간 숍봇 이용도를 측정한 결과, 숍봇을 이용한 소비자가 그렇지 않은 소비자에 비해 질문을 3배 더 많이 하는 등 상품에 대한 관여도가 높게 나타났다.[6]

챗봇이 주는 이점과 함께, 사회 인구 변화도 챗봇 확장에 긍정적이다. 특히 밀레니얼 세대와 Z세대는 전화보다 문자 기반 소통을 선호한다. 문자에 익숙해서 오히려 음성과 대면 소통에 어려움을 겪을 정도다. 필자가 재직 중인 노스캐롤라이나주립대의 한 동료 교수는 요즘 취업을 위한 전화 인터뷰조차 두려워하는 대학생들이 점점 많아지고 있다고 농담 섞인 우려를 표할 정도다. 앞으로 주 소비자로 등장할 젊은 소비자들의 이 같은 특성 때문에 챗봇이 리테일에서 가장 기본적인 고객 커뮤니케이션 수단으로 부상할 가능성이 크다.

업계 최초의 대화 기반 마케팅 플랫폼 회사인 드리프트Drift가 세일즈포스 등과 함께 2018년에 실시한 조사에서는 약 15퍼센트의 조사 참가자가 특정 기업의 챗봇과 소통해본 적이 있다고 답했다.[7] 챗봇이 상용화되기 시작한 시점을 고려하면 짧은 시간 동안 비약적인 증가 추세를 보인 셈이다. 조사 결과, 소비자들이 생각하는 챗봇의 이점과 한계는 옆의 표와 같았다.

챗봇은 텍스트 분석, 머신 러닝, 로보틱스, 이미지 인식, 가상 에이전트 등 복잡한 기술을 기반으로 소비자에게 상품을 추천하고 소비자로

■ 챗봇의 잠재적 이익 ■

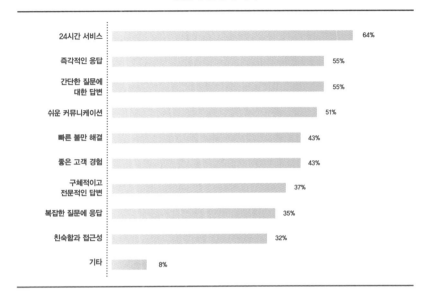

- 24시간 서비스 — 64%
- 즉각적인 응답 — 55%
- 간단한 질문에 대한 답변 — 55%
- 쉬운 커뮤니케이션 — 51%
- 빠른 불만 해결 — 43%
- 좋은 고객 경험 — 43%
- 구체적이고 전문적인 답변 — 37%
- 복잡한 질문에 응답 — 35%
- 친숙함과 접근성 — 32%
- 기타 — 8%

■ 챗봇의 잠재적 한계 ■

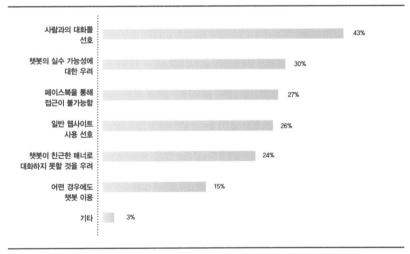

- 사람과의 대화를 선호 — 43%
- 챗봇의 실수 가능성에 대한 우려 — 30%
- 페이스북을 통해 접근이 불가능함 — 27%
- 일반 웹사이트 사용 선호 — 26%
- 챗봇이 친근한 매너로 대화하지 못할 것을 우려 — 24%
- 어떤 경우에도 챗봇 이용 — 15%
- 기타 — 3%

| 출처 : 딜로이트 디지털과 세일즈포스 공동 조사 자료, 2018 |

부터 피드백을 얻을 수도 있다. 하지만 큰돈을 투자해 챗봇을 도입하고도 만족할 만한 효과를 보지 못하는 경우가 많다. 그 이유는 다른 기업들도 다 하니까 트렌드를 좇아 급하게 챗봇을 도입하느라 정작 선행 분석은 미흡했기 때문이다. 챗봇 도입을 통해 소비자에게 어떤 차별적 가치를 줄 것인지, 기업 입장에서는 무엇을 얻고 싶은지에 대한 진지한 고민이 부족했기 때문이다.

챗봇이 일반적으로 통용되게 되면 단순히 챗봇 기능을 제공하는 것만으로는 고객에게 차별적 가치를 주지 못한다. 때문에 챗봇을 도입하려는 기업은 인터파크의 특집사처럼 상품 추천에서 더 나아가 가격 비교와 가격 매치를 통해 고객 만족도를 높이는 등 차별화를 꾀해야 한다. 그래야 투자에 걸맞은 만족할 만한 효과를 얻을 수 있을 것이다.

8
—
경쟁력을 높이는
초저가 자체 브랜드(PB)

비즈니스의 기본은 고객에게 가치value를 제공하는 것이다. 리테일 비즈니스가 고객에게 제공하는 주요 가치는 세 가지다.

1. 최저 가격
2. 가격과 프로모션의 균형
3. 프리미엄 상품과 서비스 경험

2018년 3월 딜로이트 컨설팅은 미국에서 주식 상장된 리테일러public retailer 전체를 '가치제안 연장선value proposition continuum'상에서 초저가 그룹, 균형 그룹, 고급 그룹으로 나누어 최근 5년간의 매출을 분석했다. 그 결과, 리테일의 양극화가 두드러졌다. 가격으로 승부하는 초저가 그룹은 매출이 37퍼센트, 고급 그룹은 81퍼센트 증가한 반면, 제품, 가격, 프로모션, 고객 경험을 조화롭게 제공하는 균형 그룹은 2퍼센트 증가에 그쳤던 것이다. 최근 1년간을 보면, 초저가 그룹과 고급 그룹은 각각 7퍼센트, 8퍼센트씩 매출이 증가한 반면 균형 그룹은 2퍼센트 감소했다. 또한 2015~2017년 초저가 그룹은 263개, 고급 그룹은 109개의 오프라인 매장을 오픈한 반면 균형 그룹은 108개 매장을 폐점했다.[1]

유럽에서도 마찬가지다. 독일의 초저가 리테일러 알디Aldi와 리들Lidl은 유럽을 대표하는 리테일러로 플러스 성장을 지속하고 있다. 2017년 말을 기준으로 알디는 영국 시장의 7.6퍼센트를, 아일랜드 시장의 11.8퍼센트를 점유하는데, 두 나라에서의 통합 매출은 전년에 비해 17퍼센트나 증가한 101억 파운드(약 14조 8400억 원)를 기록했다.[2] 알디의 주 경쟁자인 리들 역시, 2017~2018년 독일에서는 5.2퍼센트, 오스트리아에서는 8.3퍼센트, 체코에서는 14퍼센트, 스웨덴에서는 11.2퍼센트의 매출이 증가했다.[3]

영국과 독일의 백화점 업계 역시 존 루이스John Lewis, 하우스 오브 프레이저House of Fraser 등 프리미어 백화점 브랜드의 성장세가 두드러진 반면, 막스 앤 스펜서Marks & Spencer, 데벤함스Debenhams 등 중저가 백화점은 고전 중이다. 손실을 만회하기 위해 프로모션을 줄일 만큼 말이다.[4]

이러한 현실이 말해주는 것은 무엇일까? 이제 적당한 매력으로는 소비자에게 소구할 수 없다는 것이다. 최저가로 판매하거나, 최고급 제품을 판매하거나 둘 중 하나를 확실하게 제공해야 살아남을 수 있는 시대가 되었다. 앞으로는 최저 가격을 제공할 수 있는 역량이 그 어느 때보다 중요해질 것이다.

사실 유통에서 월마트가 세계 1위의 자리를 공고히 지키고 있는 것은 'EDLP Every Day Low Price' 가격 전략 때문이다. '월마트에 가면 모든 제품을 최저 가격으로 살 수 있다'는 인식을 소비자 마음에 심었기 때문에 소비자가 믿고 월마트로 향하는 것이다. 월마트는 'Save Money, Live Better', 즉 비용을 절약하면서 삶의 질도 높이라는 슬로건으로 '가격+α'의 포지셔닝을 공고히 한다.

아마존도 마찬가지다. 소비자들이 아마존을 주요 온라인 쇼핑 채널로 선택하는 이유는 편리하게 상품을 검색하고 비교할 수 있는 편의성뿐만 아니라 가격이 다른 리테일러보다 낮다는 인식 때문이다. 가격으로 먼저 우위를 선점하고, 프라임 멤버십을 통해 다양한 혜택을 제공하면서 소비자를 붙잡아둔다.

종잇장처럼 얇은 마진을 돌파하다

온라인에서 가격을 비교하며 제품을 사기 시작하면서 소비자는 누가 최저 가격으로 물건을 판매하는지 쉽게 알 수 있게 됐다. 이는 리테일러의 마진을 종잇장처럼 얇게 만든다. 최저가가 아니면 고객이 거들떠보지 않기 때문이다.

초저가 시대에 마진을 확보하기 위한 대안으로 급부상한 것이 자체 브랜드private brand(PB)다. 어느 리테일 매장에서든 살 수 있는 내셔널 브랜드national brand(NB)와 달리 PB는 리테일러가 직접 브랜드와 상품을 개발하여 판매하기 때문에 특정 매장에서만 살 수 있다는 희소성이 있다. 리테일러가 상품 생산, 배송, 물류까지 관장하기 때문에 가격도 내셔널 브랜드보다 30~40퍼센트 저렴하다. 이처럼 리테일러가 PB를 중심으로 상품의 기획, 제조, 브랜딩, 유통, 물류를 통합하는 것을 '수직적 통합vertical integration'이라고 한다. 리테일러가 상품 판매에서 나아가 제조 영역으로까지 진입하는 것이기에 '후방 수직 통합backward vertical integration'이라고 부르기도 한다.

초저가를 추구하는 PB 전략 중에도 멀티티어Multi-tier PB 전략이 리테일러들의 주목을 받으며 확대되고 있다. 멀티티어는 같은 제품군에서 초저가 제품, 일반 제품, 프리미엄 제품 등 제품의 가격과 품질을 차별화하여 제공하는 것이다. 이렇게 되면 내셔널 브랜드보다 저렴하다는 이점을 누리는 동시에 PB 안에서도 다양한 소비자 니즈를 공략할 수 있다.

미국 슈퍼마켓 1위 브랜드인 크로거와 한국의 이마트는 멀티티어 PB 전략을 성공적으로 전개한다. 무려 1만여 종의 PB 상품을 판매하는 크로거는 식품 부문은 유기농 전문 PB인 심플 트루스Simple Truth와 프라이빗 셀렉션Private Selection뿐만 아니라 음식 배달 서비스인 홈 셰프Home Chef로 멀티티어 PB 전략을 펼친다. 다양한 상품군의 PB는 크로거 전체

판매의 26퍼센트(2017년 4분기 기준)를 차지할 정도로 중요하다.[5]

이마트의 경우 초저가 브랜드인 노브랜드No Brand, 일반 브랜드인 e브랜드, 프리미엄 브랜드인 피코크Peacock 등으로 멀티티어 PB 전략을 전개한다. 특히 이마트 노브랜드는 제품의 본질적인 것만 남기고 불필요한 모든 요소를 제거한다. 이마트 노브랜드는 2015년에 기존 경쟁 제품보다 가격이 50퍼센트 이상 저렴한 물티슈, 감자칩 등 아홉 개 제품으로 시작해, 물티슈의 경우 2년 만에 전체 물티슈 매출의 30퍼센트를 차

이마트는 멀티티어 PB 전략을 충실히 전개하고 있다. 특히 프리미엄 브랜드인 피코크는 매출과 소비자 반응 면에서도 좋은 점수를 받고 있다. 고급스러운 PB 패키징으로 IF DESIGN AWARD 2016을 수상하기도 했다.

지하게 되었다.[6] 노브랜드는 3년 만에 1000여 개 이상의 아이템으로 확대됐고 감자칩, 우유, 생수, 쌀밥, 물티슈 등이 효자 상품으로 자리 잡았다. 첫해 230억 원이던 매출이 2017년에는 2900억 원으로 1161퍼센트나 증가해 이마트 실적 향상의 1등 공신이 됐다.[7]

미국의 아마존과 월마트 역시 PB 라인을 적극적으로 확대하고 있다. 두 기업에 대한 신뢰도가 워낙 높다 보니, 소비자들은 그들이 론칭하는 PB도 대체적으로 신뢰하는 편이다. 아마존은 76개 PB를 운영하고 있다. 그중 아마존 베이직스는 2000여 종의 아이템을 판매해 2017년 상반기에만 2억 달러가 넘는 매출을 올렸다. 아기 티슈, 비타민 보조제 등을 판매하는 아마존 엘리먼츠Amazon Elements는 약 950만 달러의 매출을 올렸다. 최근 아마존은 식품, 패션, 가구 등의 영역에서 PB 제품군을 더욱 확대 중이다.[8]

월마트는 식품군에는 그레이트 밸류Great Value, 샘스 초이스Sam's Choice, 샘스 초이스 이탈리아Sam's Choice Italia, 헬스와 뷰티 부문에는 이퀘이트Equate, 홈 부문에는 메인스테이즈Mainstays 등을 PB로 키우고 있다. 2018년 초에는 타임 앤 트루Time and Tru(여성 패션), 테라 앤 스카이Terra & Sky(여성 패션, 플러스 사이즈), 원더 네이션Wonder Nation(아동 의류) 등을 새로 론칭했다. 또한 제트닷컴에서 판매할 유니클리 제이Uniquely J 등의 PB도 출시했다. 유니클리 제이는 스낵, 음료, 유아용품, 청소용품, 제지류 영역의 상품을 판매한다.

아마존과 월마트는 사실 PB를 두고 치열하게 경쟁을 벌이고 있다.

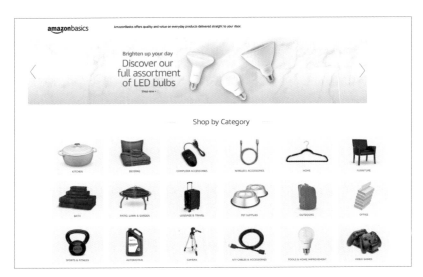

| 아마존의 PB 브랜드 아마존 베이식스. 총 2000여 종의 아이템을 판매하고 있다.

재미있게도 아마존은 월마트에 유일하게 밀리는 의류 부문에서 PB 개발에 박차를 가하고 있고, 월마트도 패션 부문의 PB를 늘리거나 새로 론칭하고 패션 디스플레이를 변화시키는 등 패션 PB를 둘러싼 경쟁이 가열되고 있다.

한편 독일 회사는 실용성을 중시하는 독일인의 국민성에 걸맞게 PB 역량이 더욱 뛰어난 편이다. 1913년에 시작한 알디는 판매 상품의 80~95퍼센트가 PB일 정도로 초저가를 무기로 승부한다. 1976년에 미국에 진출해 35개 주에서 1750개 매장을 운영하고 있다.

일반 슈퍼마켓은 평균 3만여 개의 품목을 취급하는 반면, 알디는

1400~2000개의 품목만 취급할 정도로 매장이 작다. '무無 장식' 전략을 추구하는 알디에는 상품이 박스째 진열되어 있고 카페테리아 같은 시설이 전혀 없다. 매장에서는 비닐봉지나 종이봉투를 제공하지 않기 때문에 소비자가 직접 바구니를 가져와야 한다. 그만큼 알디의 가격 경쟁력은 최상급이다. 일반 마트에서 개당 1.5~2달러인 아보카도를 알리에서는 0.39~0.69달러에 살 수 있다.

PB와 효율적 매장 운영으로 초저가 제공에 집중했던 알디지만 2018년부터 미국에서 50억 달러 규모의 매장 리모델링을 시작했으며, 현재 1800개인 매장을 2022년까지 2500개로 확대한다는 계획이다.[9] 리모델링으로 매장 내외의 사이니지signage(TV·PC·모바일에 이은 제4의 스크린으로, 공공장소나 상업 공간에 설치되는 각종 디스플레이)를 업그레이드했고, 신선식품과 유기농 식품군도 늘렸다. 온라인 식품 배송 스타트업인 인스타카트Instacart와 파트너십을 맺고 식품 배송도 시작했다. 알디는 최저가로 좋은 제품을 살 수 있는 슈퍼마켓으로 인식되면서 매달 방문 고객 수가 4000만 명에 이를 정도로 인기다. 2018년 미국 소비자들이 가장 좋아하는 식품 리테일러 4위에 올랐으며, 8년 연속 미국 식품 분야의 가치 리더America's Grocery Value Leader로 선정됐다.[10] 초저가로 소비자들에게 만족스러운 가치를 제공해온 터라 매장 리뉴얼을 통한 쇼핑 환경 개선까지 더해진다면 알디의 인기는 더 높아질 것으로 예상된다.

미국 서부를 중심으로 인기를 확장한 트레이더 조Trader Joe's는 사실 알디의 자회사다. 트레이더 조의 대표 상품은 '2달러 와인Two-Buck Chuck'

이라 불리는 찰스 쇼Charles Shaw 와인이다. 이 역시 트레이더 조만의 PB
다. 필자와 인터뷰한 트레이더 조의 점장에 따르면, 트레이더 조는 캘리
포니아의 와이너리 한 곳과 독점 계약을 맺고 좋은 품질의 와인을 저렴
한 가격에 제공받는다고 한다. 또한 매장마다 디자인팀을 두고 캘리포
니아를 테마로 매장을 꾸민다고 했다. 신제품이 나오면 시험 판매대에
서 2주일간 판매해보고 반응이 좋은 상품은 더 확장하고, 그렇지 않은
상품은 판매를 중단한다.

| 독일에서 시작한 알디는 2018년부터 미국 내에서 50억 달러 규모의 대대적인 매장 리모델링을 단행 중
이다.

PB 성공을 위한 3가지 전략

이런 사례들을 고려해볼 때 리테일러가 PB를 통한 초저가 전략에 성공하려면, 다음 세 가지 측면에 주의해야 한다.

첫째, PB 상품의 질적 향상이 중요하다. 이마트는 해외 소싱, 중소기업 제품 개발을 통해 노브랜드의 품질을 향상시켰다. 특히 정용진 신세계그룹 부회장이 직접 맛을 확인할 정도로 품질 관리에 철저하다고 한다. 알디의 경우 식품 성분 관리에 적극적이다. 신선식품, 유기농 식품, 글루텐 프리gluten-free 제품으로 품목을 확장하며, 청량음료 첨가물인 아스파탐aspartame, 액상과당 등을 사용하지 않는 PB 상품을 판매한다.[11] 트레이더 조도 유기농 제품, 채식주의자를 위한 비건vegan 제품, 유대교 율법에 적합하다고 인증받은 코셔kosher 제품, 글루텐 프리 제품들을 판매한다.[12]

둘째, PB 브랜딩이 중요하다. PB 브랜딩을 위해 PB 전문 매장을 열수 있다. 홀푸드는 PB 전문 매장 홀푸드365365 by Whole Foods Market를 오픈하여 소비자에게 미래 핵심 영역인 PB의 인지도를 강화한다. 이마트는 노브랜드의 인지도가 높아짐에 따라 노브랜드 제품만 모아놓은 노브랜드 전문점을 론칭했다. 2016년에 론칭한 노브랜드 전문점은 2년만에 전국에 110개 매장을 오픈할 정도로 반응이 좋다. 2018년 11월에는 필리핀 2위 유통 그룹인 로빈슨스 리테일Robinsons Retail과 계약을 맺고 노브랜드 매장과 화장품 전문점 센텐스 매장을 수출하기로 했다.[13]

노브랜드는 사실 브랜드가 없는 것이 아니다. 소비자들은 리테일러의 브랜드를 믿고 사는 것이다. 이마트의 노브랜드는 이마트의 기업 이미지, 홀푸드의 홀푸드365는 홀푸드의 기업 이미지에 기대기 때문에 기업 이미지 자체가 브랜드라고 할 수 있다. 이처럼 리테일러의 이미지가 PB 이미지에 영향을 미치는 것을 스필오버 효과spillover effect라고 한다.

리테일러의 브랜드 자체가 약할 경우에는 타 브랜드와 적극적인 협력을 통해 PB를 효과적으로 브랜딩할 수 있다. 예를 들어 이마트의 프리미엄 PB인 피코크는 세간에 화제가 되었던 홍대 맛집 초마와 컬래버레이션을 통해 8480원짜리 초마짬뽕을 출시하기도 했다.[14] 피코크는 식품 연구 단지인 비밀연구소를 통해 크림 새우, 해물 누룽지 등 국내 여

| 이마트 노브랜드 전문점.

타 PB에서 찾아보기 힘든 실험적인 PB 제품을 선보이기도 한다. 이러한 노력은 품목당 매출을 높일 뿐만 아니라 이마트 PB 상품 전체의 브랜드 이미지 제고에도 큰 도움이 된다.

셋째, 초저가에 초점을 맞췄더라도 오프라인 매장에서 즐거움을 줘야 한다. 알디나 트레이더 조, 리들, 노브랜드 전문점처럼 초저가와 PB 중심의 매장을 운영하더라도 매장을 찾은 고객에게는 새로움, 재미 등을 제공해야 한다. '알디가 찾은 상품들Aldi Finds' 코너에는 초콜릿이 입혀진 피스타치오 같은 특별한 상품들을 선보인다. 트레이더 조의 매장은 캘리포니아 해변을 연상시키는 인테리어로 단장하고 활기 넘치는 직원들이 응대하며 즐거운 쇼핑 경험을 제공한다. 필자는 종종 트레이더 조에서 와인을 구입한다. 한번은 매장 직원에게 혹시나 내가 원하는 맛이 아닐까 걱정된다고 털어놓았더니 직원이 이렇게 말했다. "와인 맛이 마음에 들지 않으시면 걱정 말고 가져오세요. 환불해드릴게요." 수직적 통합으로 상품 선정과 매장 운영에 대한 직원들의 자율성이 높기 때문에 가능한 대답이었다.

9

더 저렴하게 더 빠르게,
스마트 물류

　현재 물류 혁명을 대표하는 단어는 '스마트 물류smart logistics'다. 사물인터넷, 인공지능, 빅데이터, 로보틱스(자동화) 등 첨단 IT 기술을 물류에 접목하여 상품의 주문, 생산, 보관, 판매, 배송 등 전 과정을 실시간으로 관리하는 시스템을 의미한다. 초기 도입 비용은 높지만 운영 효율성이 높기 때문에 장기적으로는 비용이 절감된다. 2017년 KPMG의 조사에 따르면, 글로벌 리테일러의 52퍼센트가 로보틱스에, 35퍼센트가 드론에 투자하거나 이를 활용하고 있으며, 25퍼센트는 향후 2년 안에 드론에 투자할 계획이라고 답했다.[1]

　리테일 물류 관리의 핵심은 데이터와 디지털 전환이다. 중국의 허마

센싱은 제품에 전자가격표electronic shelf label(ESL)를 부착해 가격 변동이 발생하면 모바일, 온라인, 오프라인에서 동시에 적용한다. 채널마다 수작업으로 가격을 수정하는 것보다 훨씬 쉽고 빠르며 오류가 적다. 과거에는 일일이 상품의 바코드를 스캔하고, 수시로 매장 재고를 파악하고, 때마다 가격 변동을 체크해야 했기 때문에 인력이 많이 필요했다. 하지만 전자가격표, RFID 등 매장 시스템의 디지털화가 가속화하면서 실시간으로 제품 수요 확인과 대량의 재고 판독이 가능해졌다. 과거에 비해 효과적인 재고와 물류 관리가 가능해진 것이다. 이 장에서는 스마트 물류의 핵심 영역인 물류센터와 로봇 배송에 관해 살펴본다.

우주에서 로봇이 일하는 스마트 물류센터

스마트 물류센터라는 개념은 물류창고에 로봇이 도입되면서부터 확산되었다. 아마존은 2012년에 물류 작업용 로봇을 만드는 키바 시스템스Kiva Systems를 인수하고, 2014년에는 1만 5000대, 2017년에는 25개 물류창고에 4만 5000대의 키바 로봇을 투입했다.[2,3] 2018년 현재 아마존은 전 세계에 운영 중인 총 175개의 물류센터(미국 내 75개 센터)에 총 10만 대의 키바 로봇을 투입했다.

11만 7000제곱미터가 넘을 정도로 방대한 물류센터에서 키 40센티미터, 무게 145킬로그램의 키바 로봇이 물품 운반을 담당한다. 제품이 물류창고에 들어오면, 직원은 비어 있는 선반에 물건을 나눠 담는다. 고객이 제품을 주문하면, 키바 로봇은 센서로 해당 물건의 위치를 감지하고 선반을 향해 스스로 이동한다. 그다음에 해당 선반을 싣고 포장용 분류를 담당하는 직원에게 간다. 키바 로봇이 등장하기 전에는 직원들이 창고를 돌아다니면서 필요한 물건을 가져왔지만, 이제는 직원이 작업대 앞에 서 있으면 키바가 알아서 물건을 가져다준다. 직원이 선반에서 필요한 물건을 골라 컨베이어 벨트에 올리면 박스 포장은 로봇이 맡는다.

로봇 도입으로 아마존 물류센터에서 90분이 걸리던 주문 처리 시간이 30분으로 줄었다.[4] 이런 효율성은 특히 블랙 프라이데이나 연말 홀리데이 시즌에 그 진가를 발휘했다. 2018년 아마존은 추수감사절부터 사이버 먼데이cyber Monday(블랙 프라이데이 할인행사가 이어지는 미국의 추수감사절 연휴 이후 첫 월요일로, 온라인 쇼핑 업체들이 집중적으로 할인행사를 벌인다)까지 5일 동안 무려 1억 8000만 개의 상품(미국 전체 리테일 매출의 29퍼센트에 해당한다)이 팔리는 '주문 폭탄'에 시달리면서도[5] '2일 배송' 약속을 지켜냈다.

중국의 스마트 물류 시장 규모는 2017년에 590억 위안(약 9조 8570억여

| 아마존 물류센터 내 키바 로봇.

원)을 넘어섰다.[6] 특히 징둥닷컴은 2017년 9월에 '아시아 1호'를 오픈했다. 이 창고에는 자율주행하는 대형 트럭과 로봇이 연계돼 있다. 로봇은 2D/3D 시각 인식 기능이 있어 시간당 무려 4만 개의 상품을 분류할 수 있으며, 정확성은 99.99퍼센트에 이른다. 이 물류창고는 옥상에 설치한 태양전지판으로 에너지를 절약해 환경 보호에도 기여한다. 징둥닷컴은 제2호 물류센터를 같은 해 11월에 상하이에 오픈했다.[7] 더불어 2019년 1월에는 JD 스마트 배송 스테이션을 창샤와 후허하오터에 론칭했다. 자율주행차와 로봇이 결합된 이 스테이션은 30개의 상품을 싣고 반경 5킬로미터 안의 배송을 '무인'으로 처리할 수 있다. 소비자가 스테이션에 안면 인식으로 본인을 인증하고 상품을 픽업하는 시스템이라 편할 뿐 아니라 안전하다. 이처럼 징둥닷컴은 적극적인 R&D를 통해 소비자와 밀착되는 물류와 배송 시스템을 혁신하며 스마트 물류를 리드하고 있다.[8]

징둥닷컴보다 뒤늦게 물류 분야에 진출한 알리바바는 물류 자회사인 차이냐오Cainiao를 통해 중국 내 주문은 24시간 이내, 글로벌 주문은

| 중국 스마트 물류를 이끌고 있는 징둥닷컴의 물류센터 '아시아 1호'와 스마트 배송 스테이션(왼쪽, 가운데). 아마존과 마찬가지로 로봇을 투입한 알리바바의 물류센터 모습(오른쪽).

72시간 이내 처리한다는 목표로 물류 부문을 강화한다.[9] 여기에 발맞춰 2018년 5월에는 2023년까지 1000억 위안(한화 16.8조 원)을 투자해 스마트 물류 네트워크를 강화한다고 발표했다.[10] 알리바바가 일주일에 처리하는 패키지만 무려 10억 개에 달한다. 이들을 드넓은 중국 각지로 배송하려면 효과적인 물류 시스템이 반드시 있어야 한다. 알리바바는 이미 이전부터 로봇을 도입해서 물류의 효율성을 높였다. 2017년 오픈한 물류창고에서는 약 200대의 로봇이 상품 포장과 이동을 맡아, 하루에 100만 건의 주문을 처리할 수 있다. 인력보다 3배 이상 효율적인 셈이다.[11]

또한 2018년 10월에는 중국 최대 쇼핑 기간인 11월 11일 싱글즈 데이Singles Day에 대비하기 위해 700여 대의 로봇을 도입한 물류센터를 오픈했다. 중국 단일 물류센터로는 가장 많은 로봇을 도입한 것이다.[12] 이 로봇들은 사물인터넷을 통해 커뮤니케이션을 하고 상품을 픽업해서 배송 회사가 픽업할 장소로 옮긴다. 덕분에 직원은 배송될 상품을 정리만 하면 된다. 이 로봇은 배터리가 닳으면 자동 충전된다. 충전은 5분 만에 끝나고 4~6시간 동안 사용 가능하다. 중국의 스마트 물류는 이렇게 '자동화'를 중심으로 전개된다.

글로벌 리테일러들은 스마트 물류에서 우위를 선점하기 위해 상상 속에서나 가능할 법한 시스템을 개발하고 특허를 진행 중이다. 아마존은 우주를 창고로 활용하는 데스 스타Death Star, 물에 가라앉지 않는 수면 위의 컨테이너에 상품을 보관하다가 소비자가 주문하면 해당 상품이 풍선에 담겨 수면 위로 떠오르는 수중 창고Aquatic Storage Facilities, 드론

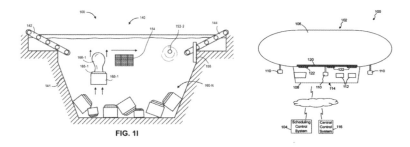

| 아마존의 수중 창고 특허(왼쪽)와 월마트의 물에 뜨는 물류창고의 특허(오른쪽) 설계도.

이 벌처럼 날아서 접근하는 벌집 모양 물류창고 등의 특허를 진행하고 있다.[13] 이에 질세라 경쟁 업체인 월마트도 물에 뜨는 물류창고Floating Warehouse 특허를 신청했다. 이러한 물류 아이디어는 임대료를 대폭 낮춤으로써 비용 효율성을 높이는 방향으로 진행된다. 특히 바다, 하늘, 우주는 공간적 제약이 적기 때문에, 창고 효율을 높이기 위해 컨테이너에 상품을 체계적으로 정리하려는 노력 자체를 줄일 수 있다.

스마트 물류를 차별적인 경쟁력으로 내세운 회사도 생겨나는 추세다. 2014년에 론칭한 제트닷컴은 코스트코 같은 멤버십 클럽 비즈니스를 온라인에 구현했다. 멤버십 비용이 없는 대신, 물류비에 기반해 가격을 차등 적용한다. 한번에 주문하는 양, 상품이 운반되는 거리, 배송에 활용되는 물류센터의 수 등에 따라 가격이 변하는 식이다. 제트닷컴이 소비자에게 인기를 끌자 2016년 월마트가 30억 달러에 인수했다.[14]

로봇 배송으로 '라스트 1마일'을 잡는다

라스트 1마일(1.6킬로미터)은 주문한 제품이 고객 손에 닿기까지 남은 마지막 거리를 의미한다. 리테일러가 고객과의 배송 접점에서 고객을 만족시키기 위해 만들어낸 신조어다. 미래의 물류는 이제 제품의 배송 접점까지 고려하게 됐다. 가장 간단한 서비스 형태로는 온라인 오더의 오프라인 픽업 서비스, 즉 클릭 앤 콜렉트click and collect나 락커 박스(우리로 치자면 편의점 무인 택배함 서비스다) 등이다. 빅데이터, 커넥티드 디바이스, 그리고 인공지능을 포함한 최신 IT 기술을 기반으로 지금 글로벌 리테일러들은 라스트 1마일을 잡기 위한 진일보한 서비스를 시도하는 중이다.

평균적으로 리테일 물류 비용의 40퍼센트 정도가 라스트 1마일에서 발생한다. 따라서 라스트 1마일을 효율화시키는 것이 결과적으로 리테일러의 물류 비용을 줄이는 방법이기도 하다. 글로벌 리테일러들은 로봇 배송, 드론 배송을 포함한 무인 배송을 중심으로 라스트 1마일의 효율화와 섬세한 고객 경험에 경쟁적으로 집중하고 있다.

특히 무게 3킬로그램 미만의 소형 패키지를 배송하는 배송 로봇 시장이 급격히 커지고 있다. 글로벌 컨설팅그룹 프로스트 앤드 설리반Frost & Sullivan에 따르면, 2030년까지 배송 로봇의 시장 규모는 167억 달러(한화 18.7조 원) 이상으로 성장할 것으로 전망된다. 배송 로봇 시장이 성장한 것은 빠른 배송과 실시간 배송 정보를 원하는 소비자의 욕구에도 부합되고 물류 비용 면에서도 효율적이기 때문이다.[15] 배송 로봇

| 아마존이 시범 운영 중인 드론 배송 서비스, 프라임 에어.

을 이용하면 배송 건당 1달러의 비용이 소요된다. 사람이 배송을 담당하는 경우 3~4달러가 드는 것에 비해 훨씬 적은 액수다.[16] 또한 배송 로봇은 반경 3~4.8킬로미터 이내, 배송에 30~40분 정도가 소요되는 배송 지역을 목표로 디자인된다. 현재는 식품을 비롯해 이커머스 관련 리테일러들이 배송 로봇 도입으로 비용을 줄이고 소비자들의 만족도를 높이는데 관심이 많다.

아마존은 2018년 3월 사람의 음성과 행동을 인식할 수 있는 스마트 드론Smart Drone 특허를 신청했다. 예컨대 고객의 음성과 행동에 반응해 드론이 고객에게 다가오거나 멀어지는 것이다. 또한 드론으로 30분 안에 상품을 배송하는 프라임 에어Prime Air 서비스를 시범 운영한다. 2017년에는 낙하산이 내장된 송장에 대해 특허를 신청했다. 배달 위치에 도착하면 드론이 하늘에서 상품 박스를 떨어뜨리고, 낙하산과 송장 사이에 있는 선이 당겨지면서 낙하산이 펴진다. 바람이 불어 박스가 전선이나 나무에 걸릴 듯하면 드론은 낙하산, 압축공기통, 보조 날개 등으로 불시착을 예방한다.[17]

중국에서는 드론 배송이 상용화되는 중이다. 유통 체인인 차오지우중超级物种(Super Species)과 드론 기업 이항Ehang이 협력하여 마트에서 4.5킬로미터 이내에 거주하는 고객이 모바일 앱으로 신선식품을 주문하면 드론으로 배송하는 서비스를 시작했다.[18] 징둥닷컴은 6억 명이 거주하는 중국 장쑤성과 산시성의 마을 100여 곳의 배송을 드론에 맡기고 있다. 덕분에 사람이 차로 배송할 때보다 비용이 70퍼센트 줄어들었다고 한다.[19] 심천전신深圳電信, 화웨이, 이항은 드론으로 커피를 배달하는 서비스를 함께 선보인다. 고객이 커피를 주문하면 커피 가게는 SIM 카드가 장착된 드론에 커피를 실어 날려 보내고, 드론은 화웨이의 4G 네트워크를 바탕으로 정확한 위치에 도착한다.[20] 중국에는 드론의 상업적 이

| 영국 테스코의 무인 배송 로봇(왼쪽)과 징둥닷컴의 드론 배송 서비스(오른쪽).

용에 대한 규제가 없기 때문에 리테일러들이 자유롭게 배송 혁신을 시도할 수 있었고 덕분에 드론 배송이 빠르게 발전했다.

영국의 테스코는 2017년 5월에 로봇 기술 스타트업인 스타십 테크놀로지Starship Technologies와 협업하여 무인 로봇 배송 서비스를 론칭했다. 바퀴가 여섯 개 달린 로봇이 런던 시내 매장에서 4.8킬로미터 안에 있는 고객에게 식료품을 한 시간 안에 배송하는 서비스다. 스타십 테크놀로지는 북유럽의 슈퍼마켓 택배 사업자와 자율 운행 택배 로봇 배송을 추진한다.[21]

신선식품을 더 신선하게

유통기한이 길지 않고 신선할 때 빨리 먹어야 하는 신선식품을 제대로 판매하기 위해서는 예측과 관리가 관건이다. 지역별, 계절별 인기 상품의 수요를 파악하고 많이 팔릴 제품이 무엇인지를 예측한 다음 제때 고객 근처의 물류창고로 이동시켜두어 상품 발송 시간을 줄여야 한다. 리테일 테크가 접목된 스마트 물류는 바로 재고 파악의 가시성을 높이고, 생산 관리의 효율을 높여서 리테일러들의 경쟁력을 강화한다. 특히 신선식품 영역에서의 경쟁력을 강화하기 위해 온라인 리테일러들이 물류에 대한 투자를 늘리고 있다.

온라인 리테일러는 오프라인 리테일러에 비해 신선식품 영역에서 취약하다. 스마트 물류의 발전은 온라인 리테일러가 신선식품 영역을 적극 확대하는 데 도움이 된다.

일례로 영국의 온라인 식품 리테일러인 오카도는 인공지능 알고리즘으로 제품의 수요를 모니터링해서 상품의 저장 상태를 최적화한다. 물류창고에는 플라스틱 우유 상자 형태의 상자가 빼곡하고, 그 안에는 식료품이 보관되어 있다. 4G 네트워크를 기반으로 하는 레일 위를 1000여 대의 로봇이 움직이며 상자를 이동시키고 배송 전까지 신선도를 유지한다. 그리고 2017년 6월부터는 주문받은 상품을 카메라, 센서, GPS의 도움으로 무인 밴 카고팟CargoPod을 통해 배송한다. 각 밴은 고객의 배송 희망 시간, 교통량, 날씨 같은 요인을 고려하여 배달 경로를 최적화한다. 주문 상품이 배송지에 도착하면 고객에게 통보하고, 고객은 카고팟의 보관함을 열어 자신의 장바구니를 꺼낸다.[22, 23]

징둥이 중국 온라인 상거래 부문에서 2위로 발돋움한 비결은 철저한 품질 관리와 차별화한 물류 서비스다. 가짜 상품 판매를 예방하기 위해 징둥은 전체 판매 제품의 80퍼센트 이상을 직접 구매하여 배송한다. 2018년 6월 말 현재 12제곱킬로미터 넓이의 자동화 물류센터 14곳을

| 영국의 온라인 식품 리테일러 오카도의 스마트 물류센터 모습(왼쪽)과 무인 밴 카고팟(오른쪽).

포함해 500여 개의 배송 물류창고를 두고 주문 상품의 90퍼센트 이상을 당일 배송한다.[24] 2017년 징둥은 중국에서 가장 큰 신선식품 물류 업체인 다다达达를 인수하여 신선식품을 빠르게 배송한다.

한편 한국은 새벽 배송, 두 시간 배송 등 빠른 배송을 통한 물류 혁신에 적극적이다. 롯데마트는 고객의 주문과 동시에 배송 과정이 시작되도록 시스템을 개선하고 두 시간 배송을 선보이고 있다. 2019년부터는 주문 후 30분 안에 배송을 완료하는 '30분 배송'에 나서며 배송 경쟁에 돌입한다. 고객이 QR코드를 스캔 또는 온라인으로 주문한 상품을 퀵서비스로 30분 내에 배달하는 서비스를 시범 론칭한다.

이마트는 2018년 5월 신선식품의 매출을 높이기 위해 오후 6시까지 주문된 상품을 익일 오전 10시 이전에 배송하는 '쓱배송 굿모닝'을 론칭했다. 쓱배송은 오프라인 점포 내의 PP Picking & Packing 센터와 첨단 온라

| 2019년, 롯데마트는 기존의 두 시간 당일 배송에서 한 걸음 더 나아가 일부 매장에서 상품의 QR코드를 찍으면 30분 내 배송을 해주는 스마트 스토어 서비스를 시작했다.

인 시스템을 기반으로 고객이 원하는 시간에 상품을 배송하는 서비스다. 물류와 배송에서 강점을 가진 신세계는 2018년 10월 물류 배송 인프라에 1조 원을 투자하겠다고 발표했다.[25] 새로운 온라인 신설 법인에 그룹의 역량을 집중해 온라인 사업의 핵심 경쟁력을 강화하겠다는 계획이다.

신세계가 이와 같이 온라인 영역을 적극적으로 강화하는 데는 온라인 마켓 최강자로 입지를 굳히고 있는 쿠팡의 역할이 컸다. 쿠팡은 전날 밤 12시까지 주문된 상품을 다음 날 배송하는 로켓 배송으로 유명하다. 전국 54개 물류센터와 직매입 시스템, 쿠팡맨을 앞세워 빠른 배송을 제공한다. 더구나 2018년 10월에 선보인 유료 멤버십 서비스 '로켓와우'는 서비스 두 달 만에 가입자가 100만 명을 넘을 만큼 인기를 끌고 있다.[26] 로켓와우는 월 회비 2900원으로 로켓배송 상품의 무료 배송은 물론, 30일 내에 무료 반품까지 가능한 서비스다. 밤 12시 전에 로켓와우가 표시된 신선식품을 주문하는 경우 익일 아침 7시 전에 배송해주는 로켓프레시 서비스까지 로켓와우 서비스에 포함된다.

신선식품 배송으로 한국 내에서 관심을 받고 있는 플랫폼인 마켓컬리 역시 눈여겨볼 만하다. 2016년에 시작된 마켓컬리 역시 특화된 물류와 배송 스타트업으로 지금까지 500억 원 규모의 투자를 유치하고 상장을 계획하는 기업으로 성장했다.[27] 마켓컬리는 수도권에 한정해 전날 주문한 상품을 다음 날 새벽에 배송하는 샛별배송 서비스로 유명하다. 필자도 직접 이용해본 결과 빠른 배송뿐만 아니라 정갈한 포장과 자세한 상품 정보가 만족스러웠다. 마켓컬리의 신선식품 배송의 핵심은 바로 콜드체인cold chain(냉장·냉동의 저온 유통 방식)이다. 배송의 전 과정을 콜드 체인으로 전환하기 위해 마켓컬리는 2017년 12월 '컬리프레시솔루션'을 론칭하고 배송 과정의 혁신을 추구하고 있다. 다만 마켓컬리의 사업 모델 역시 쿠팡의 경우처럼 물류 비용 부담이 높아 자본을 잠식할 정도로 수익률이 낮다는 문제점이 있다. 상품은 고급화되고 주문 규모는 줄어드는 최근 추세에서 점점 늘어가는 물류 비용을 어떻게 해결할지가 관건이다.

반면 식품 영역에서 상대적으로 유리한 입장이던 오프라인은 신선식품의 신선도나 배달력을 강화하기 위한 시스템 투자가 미흡했다. 그러다 온라인 리테일러들이 점차 신선식품 영역을 치고 들어오면서 가파르게 성장세를 보이자 오프라인 리테일러들도 물류에 대한 투자를 늘

| 국내의 대표적인 신선식품 배송 서비스인 쿠팡 로켓와우(왼쪽)와 마켓컬리(오른쪽).

리는 추세다. 반드시 로봇이 개입되지 않더라도 피킹picking·출하·배송 과정을 혁신함으로써 빠른 배송을 만들어가는 중이다.

이처럼 스마트 물류는 온·오프라인 리테일러들의 경쟁력 향상에 핵심 요인이 되고 있다. 그렇다면 궁극적으로 소비자 경험에는 어떤 기여를 하는 것일까? 소비자들의 입장에서 생각해보면, 우리가 온라인 주문을 하고 가장 궁금해하는 것은 바로 '언제' 상품이 배송되는가다. 스마트 물류를 통하면 소비자들이 상품을 주문하는 순간부터 배송 예정 시간은 물론, 상품이 어디쯤 도착했고, 어느 경로로 언제 배달될지를 실시간으로 확인할 수 있다. 소비자가 상품 배송에 관해 질문을 하면 배송자로부터 곧장 피드백도 받을 수 있다. 당연히 소비자 만족도가 높아질 수밖에 없다.

또한 배송 이후 구매자들이 남긴 배송 업체에 대한 평가를 토대로 판매자와 배송 업체가 실시간으로 커뮤니케이션을 하게 된다. 결과적으로 소비자 경험의 차원이 향상되는 것이다. 실제로 이렇게 스마트 물류를 둘러싼 피드백과 모니터링 시스템을 알리바바의 차이냐오가 제공하고 있다. 그들은 중국 전역의 실시간 배송 경로까지 제공한다. 날씨와 도시 환경 등을 분석해서 배송 시간을 예측하고 실시간으로 모니터링하는 것이다. 지금까지의 물류는 리테일의 백엔드 부문에 불과했지만, 앞으로의 물류는 소비자 경험에까지 영향을 미치는 중요한 요소로 자리 잡을 것이다.

10

블록체인을 통한
결제와 공급망 관리

2017~2018년 한국은 물론 전 세계적으로 블록체인blockchain(분산 원장 기술)이 대대적인 붐을 일으켰다. 정보를 실시간으로 기록하는 디지털, 탈중앙, 분산 원장이 핵심인 블록체인은 디지털 기록 저장과 디지털 자산 교환에 관한 계약의 기록과 실행을 한 차원 업그레이드시켰다.[1]

블록체인의 원리는 다음과 같다. 하나의 거래 기록이 완료되면 고유의 값인 해시Hash가 만들어진다. 해시는 블록을 특수 번호로 변환하여 기록하는 것으로 블록을 사진으로 기록하는 것과 같다. 즉 기존의 블록 기록이 조금이라도 변경되면 위조 여부를 확인할 수 있는 기본적 데이터가 된다.[2] 새로운 블록에 거래 기록을 남겨서 해시 데이터를 기록하는 것이 채굴이고, 채굴에는 보상이 따른다. 한정된 공간에 먼저 기록하여 보상을 얻기 위해 채굴 경쟁이 벌어진다. 자물쇠로 잠겨 있는 블록의 비밀 번호를 찾아서 상자를 여는 사람만이 데이터를 기록하고 상금을 받을 수 있는 시스템이다.[3] 이런 식으로 한번 기록되면 되돌릴 수 없고 커뮤니티에 의해 정보 관리가 이루어져서 조작 가능성도 낮다.

딜로이트에 따르면, 지난 3년간 전 세계적으로 블록체인에 투자된 금액은 17억 달러에 이른다. 가트너는 2025년까지 블록체인과 관련된 산업의 규모가 1760억 달러로 늘고, 2030년에는 3.1조 달러를 넘을 것으로 예상한다.[4]

블록체인은 다양한 분야에서 사용된다. 콘텐츠 플랫폼인 스팀잇Steemit은 자사 플랫폼에 글을 쓰고 업보트upvote(일종의 '좋아요')를 받는 콘텐츠 생산자에게 스팀잇에서 사용 가능한 가상통화(스팀, 스팀 달러, 스팀 파워)를 지급한다.[5] 발트 3개국 중 하나인 에스토니아는 블록체인 선도 국가로 2002년에 전 국민의 디지털 아이디e-ID를 도입했다.[6] 심지어 전자영주권e-Residency을 받으면 다른 절차 없이 에스토니아 국민이 될 수 있다. 가칭 에스코인estcoin이라는 국가 코인도 검토 중이다. 금융권에서 블록체인은 비트코인과 이더리움 같은 가상화폐의 바탕 기술로 주목받고 있다.[7]

리테일이 블록체인을 만났을 때

새로운 기술인 블록체인은 리테일 비즈니스에도 적극적으로 도입되는 추세다. 리테일에서 블록체인의 역할은 다음과 같이 세 가지로 기대할 수 있다.

첫째, 블록체인을 통해 공급망을 효과적으로 관리할 수 있다. 블록체인이 상품 관련 메타데이터metadata(다른 데이터를 설명해주는, 데이터에 관한 구조화된 데이터)를 관리하고 모니터링할 수 있기 때문이다.

2018년 미국에서 로메인 상추를 매개로 장출혈성 대장균 이콜라이E. coli가 36개 이상의 주에 퍼지면서 시리얼, 크래커, 달걀 등이 리콜되는 식품 안전사고가 발생했다. 이런 식품 안전사고가 발생하면 소비자들 역시 식품 구입에 대한 불안감이 커지기 마련이다. 이에 월마트와 샘스클럽은 2018년 9월부터 블록체인을 도입해 생산지로부터 마트까지 식재료의 이력을 실시간으로 추적하는 시스템을 론칭했다. 2019년까지 월마트의 모든 공급처가 이 시스템에 포함된다.[8] 예를 들어 로메인 상추의 생산 이력을 기록·추적하는 경우, 다음과 같은 단계별 데이터가 관리된다.

- 농장에서 상추씨를 심고, 상추가 자라면 농부가 수확한다.
- 로메인 상추의 머리 부분을 씻고 잘라서 포장한다.
- 물류센터로 이동하고 분류 작업과 배달 준비 작업을 거쳐 트럭에

| 블록체인을 이용한 상품 생산 이력 추적.

싣는다.

- 마트에 상추가 도착하면 직원이 트럭에서 꺼내서 냉장 센터로 이동한다.
- 상품 매대로 이동한 상추는 소비자에게 픽업된다.
- 소비자가 상추를 조리해서 먹는다.

이는 단순한 예시지만 7만여 개가 넘는 식품 수를 고려하면 상품 이력 추적을 위해 각각의 단계마다 필요한 데이터 양은 방대하다.[9] 블록체인 덕분에 이처럼 방대한 정보를 디지털화하고 실시간으로 추적할 수 있다. 정보 블록이 꼬리에 꼬리를 물고 생성되기 때문에 모든 정보를 투명하고 정확하게 실시간으로 추적할 수 있는 것이다. 마치 기차 차량 간의 연결성이 깨지면 작동이 멈추고 누구라도 알아챌 수 있는 것처럼 데이터의 무결성이 보장된다.

실시간 데이터 추적의 또 다른 이점은 식품 안전사고가 발생했을 경우 공급 사슬망의 어느 단계에서 문제가 발생했는지 원인 규명이 쉽다는 것이다. 다시 말해 리테일러와 정부도 식품 관리에 대해 정책적으로 접근하기가 용이하다.

세계적으로 2017년에 등록된 블록체인 특허는 406개였다. 그중 중국인민은행PBOC이 68개를 신청했고, 알리바바가 43개를 신청했다. 알리바바는 가장 큰 문제로 여겨지는 위조 상품, 공급망 관리, 직원 관리 등을 블록체인 기술을 이용하여 투명하고 효율적으로 관리함으로써 혁신을 추구하고자 한다.[10]

둘째, 리테일 결제 시스템에서 혁신을 만든다. 이는 비트코인, 이더리움 등 암호화폐cryptocurrency를 상품 구입 수단으로 활용하는 것이다. 참고로 암호화폐는 블록체인 기술을 화폐에 적용한 것으로, 그 자체가 블록체인을 의미하지는 않는다.

암호화폐는 미국의 온라인 할인점인 오버스탁닷컴Overstock.com, 여행 전문 웹사이트인 익스피디아Expedia와 칩에어닷컴CheapAir.com, 온라인 쇼핑몰 플랫폼 개발사인 쇼피파이Shopify에서 이미 지불 방식으로 이용되고 있다.

코닥은 2018년 3월부터 사진가를 위한 자체 암호화폐인 코닥 코인Kodak Coin을 발행했다. 코닥 웹사이트인 코닥원KodakONE에서 사진을 구매하고 인화하면, 원작자에게 저작권료가 코닥코인으로 지불되는 방식이다.[11, 12]

한편 스타벅스는 2018년 8월에 마이크로소프트, 인터컨티넨탈 익스체인지ICE와 함께 가상화폐 플랫폼 백트Bakkt를 론칭할 예정이라고 발표

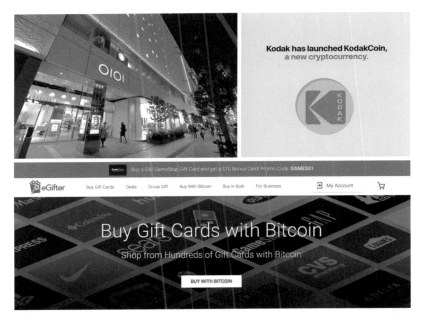

Buy with Bitcoin at eGifter

Find out why eGifter is the best place to buy Gift Cards with Bitcoin

비트코인 결제가 가능해진 일본의 대형 백화점 체인인 마루이 백화점(왼쪽 위)과 자체 암호화폐를 발행한 코닥(오른쪽 위), 비트코인으로 결제 가능한 미국의 온라인 쇼핑몰 이기프터의 웹페이지(아래).

했다. 이 플랫폼에서 비트코인 등 암호화폐를 달러로 전환해 스타벅스에서 음료를 주문할 수 있다.[13]

일본의 유명 잡화 브랜드인 사만다 타바사는 2018년 3월부터 비트코인 결제 서비스를 시작했고, 가전 리테일러인 빅 카메라Bic Camera와 백화점 브랜드인 마루이도 비트코인 결제를 도입했다.[14] 독일은 정부와 금융권이 앞장서서 암호화폐 도입을 정책적으로 장려한다. 2018년 4월에 발표한 암호화폐 관련 과세 안내 지침에 따르면 독일은 암호화폐를 합법적인 지불 수단으로 인정하고, 암호화폐로 구입한 물건과 직접 채굴한 암호화폐를 면세 대상에 포함시켰다.[15] 이러한 움직임을 보면 디지털 자산이 실생활에 이용될 날이 멀지 않았다.

셋째, 블록체인을 통해 '스마트 로열티 프로그램'을 개발해 고객 정보를 투명하고 안전하게 수집, 보관, 관리할 수 있다.[16] 소비자들은 리테일러가 수집하는 개인 정보에 큰 불안을 느낀다. 미국의 경우 2017년 1월

| 2018년 11월, 아마존은 클라우드 서비스로 블록체인 비즈니스를 본격적으로 시작했다. 앤디 재시 아마존 CEO가 서비스 론칭을 발표하는 모습.

부터 2018년 8월까지 무려 16번의 개인 정보 해킹과 유출 사건이 있었다. 포에버21 Forever21, 메이시스 백화점, 아디다스, 시어스 백화점, 베스트바이, 삭스 피프스 애비뉴 Saks Fifth Avenue 등 대형 리테일러에서 쇼핑한 고객의 카드 사용 데이터 등이 유출된 것이다.[17] 2018년 초에 있었던 페이스북의 개인 정보 보호 침해 사건도 아직 논란 속에 있다. 그러나 블록체인 기반의 고객 관리 프로그램이 도입되면, 보다 안전하게 정보 관리가 이루어져 소비자의 불안을 줄일 수 있다. 또한 리테일러, 은행, 서드 파티 third party(하드웨어나 소프트웨어 등의 제조사나 계열 회사 또는 기술 제휴 기업 이외의 기업) 간에 고객 로열티 프로그램(충성 고객을 잡기 위한 고객 관리 프로그램)의 리워드 정보들을 공유하는 경우가 종종 있다. 기존 서비스들은 정보를 공유하는 데 5~7일 정도가 걸린다.[18] 반면 아마존 웹서비스인 아마존 매니지드 블록체인 Amazon Managed Blockchain은 리테일러들끼리 안전한 네트워크를 형성해 빠르고 정확하게 정보를 공유할 수 있게 한다. 즉 블록체인 기술은 효율적인 로열티 프로그램 개발에도 도움을 준다.

한편 상품 이동, 상품 분실, 이용 상황, 거래 기록이 쉽게 추적돼 제품에 이상이 생겼을 경우 제조사뿐만 아니라 리테일러도 상품 리콜을 효율적으로 관리할 수 있다. 사물인터넷과 블록체인이 결합하면, 제품이 고장 났을 때 고객이 서비스 기사를 부르기도 전에 브랜드가 알아서 서비스 기사를 먼저 지원하는 것도 가능하다. 능동적인 고객 관리를 통해 소비자들은 향상된 소비 경험을 할 수 있다. 이처럼 보다 투명하고 효과적인 로열티 프로그램 개발을 통해 결과적으로 리테일러에 대한 고객의 충성도를 향상시킬 수 있다.[19] 실제로 기프트 지니Gift Jeenie나 로엘라Loyela, 키비Qiibee 등의 스타트업들은 블록체인 기술을 적용한 로열티 프로그램을 개발하고 있다.[20]

블록체인이 리테일러를 위협한다?

그런데 아이러니하게도 블록체인은 궁극적으로 리테일러의 역할을 축소시킬 가능성이 크다. 소비자와 생산자 간에 직접적인 연결이 가능해지면 리테일러의 존재 이유가 사라지기 때문이다. 예를 들어 직거래 블록체인 앱인 INS에서는 소비자가 생산자에게 직접 상품을 구매하기 때문에 리테일러를 통할 때보다 가격이 30퍼센트 저렴하다. INS는 미래의 성장성을 인정받아 2017년 12월에 4300만 달러의 펀딩을 유치했다. 유니레버Unilever와 같은 대형 제조사들도 큰 관심을 보였다.

제조사는 리테일러 없이 소비자와 직거래할 경우 매출의 17퍼센트에 해당하는 프로모션 비용을 절감할 수 있다. 특히 최종 소비자에게 개별화되고 타기팅된 프로모션을 진행할 수 있다.[21] 개발 중인 INS 플랫폼이 완성되면 INS 앱으로 상품을 주문하고 암호화폐나 INS 토큰으로 결제하게 될 것이다.[22] 이런 플랫폼들이 늘면 리테일러들의 입지가 줄어들 수밖에 없다.

하지만 아직까지는 블록체인에 기록되는 정보가 얼마나 정확한지 확인하는 데 기술적 한계가 있다. 따라서 전문가들은 사물인터넷 등의 기술을 병행하여 블록체인의 핵심인 데이터 무결성data integrity을 확보해야 한다고 권하기도 한다. 또한 블록체인에 기반한 암호화폐의 안정성에 대해 부정적인 시각도 크다. 버크셔 해서웨이의 CEO인 워런 버핏, 알리바바의 마윈도 블록체인 기술의 잠재력과 힘에는 주목하면서도 암호화폐는 리스크가 크다고 지적한다. 2017~2018년에 전 세계에서 가치가 폭등한 암호화폐는 2018년 말에 연초 대비 10분의 1 정도로 폭락했다. 암호화폐가 결제 수단의 역할을 하기는 어렵다는 것을 보여준다.

필자 역시 데이터의 기록, 보관, 추적과 관련된, 블록체인의 시스템적 가치는 높게 평가하지만 블록체인 기반 암호화폐의 시스템적인 안정성에 대해서는 장기적인 시각으로 조심스럽게 지켜봐야 한다고 생각한다. 하지만 블록체인이 빅데이터, 사물인터넷, 인공지능과 결합해, 보다 파괴적인 혁신을 불러올 가능성 자체를 간과할 수는 없을 것이다.

The Future of Retail Business

Part 3

어떻게 준비할 것인가

2020년 기업과 브랜드의 생존 전략

The Future of Retail Business

The Future of Retail Business

　지금까지 리테일의 현재와 미래를 추동하는 테크 키워드를 살펴보았다. 1부는 현재 오프라인의 위기, 모바일의 부상, 인구 변화 등 사회 변화를 중심으로 '왜why' 리테일에서 변화가 일어나고 있는지를 논의했다. 연이은 2부에서는 리테일의 미래, 즉 '무엇what'이 달라질 것인지 중요한 미래 핵심 키워드 열 가지에 관해 살펴보았다. 이제 마지막 질문은 '어떻게how' 준비할 것인가다.

　앞으로 다가올 리테일 환경에 대응할 전략을 세우기 위해 가장 기본적이고 핵심적인 것은 무엇보다 리테일 비즈니스를 바라보는 관점을 근본적으로 바꿔야 한다는 점이다. 앞서 논의했던 열 가지 리테일 테크를 포함해 리테일 전반에 근본적인 변화가 일어나고 있기 때문이다. 알리바바나 아마존 같은 리테일러들은 ICT을 기반으로 전사적인 고객 빅데이터 축적, 편리한 결제 시스템, 옴니채널에 기초한 입체적인 고객 서비스 등을 하나의 패키지로 제공하면서 리테일 기업에 대한 고객들의 기대 수준을 바꾸어놓았다. 이것이 현재의 새로운 기준이다. 그리고 이모든 변화들의 기저에는 리테일 비즈니스를 기술 기반 플랫폼 비즈니스로 전개해나가는 소위 'RaaS retail-as-a-service' 전략의 확산이 자리한다. 따라서 기존 시각에서 벗어나 리테일 비즈니스에 대한 관점을 재정립하고, 그에 맞는 전략을 세워야 할 필요성이 커졌다.

지금부터 살펴볼 3부에서는 2020년 이후 기업과 브랜드의 생존 전략을 제시한다. 동시에 개인 차원의 변화와 고민들도 짚어낼 것이다.

첫째, 리테일의 4P(상품, 가격, 프로모션, 입지)가 앞서 살펴본 열 가지 변화들에 맞게 어떻게 진화해야 하는지를 알아본다. 둘째, 보이스 쇼핑 중심의 새로운 소비 환경에서 소비자의 브랜드 인식이 구매에 미치는 영향을 논하며, 그 변화 속에서 달라져야 할 브랜딩 전략을 조명한다. 셋째, 기술 혜택의 어두운 이면인 고용 감소 문제를 살펴본다. 넷째, 리테일 비즈니스 성공의 동력이 될 리테일 리더십의 네 가지 핵심 요소를 제시한다. 고객 지향, 민첩성, 데이터, 윤리가 그것이다.

리테일 산업에서도 업태별로 접근법은 다를 수밖에 없다. 하지만 리테일 산업 전반에 걸쳐 당면한 현재를 직시하고 미래를 구체화해봄으로써 전략적으로 미래에 대비할 수 있을 것이다.

1

달라지는 리테일 마케팅,
그리고 4P의 진화

세계적으로 유명한 마케팅 대가인 필립 코틀러Philip Kotler는 마케팅의 목표를 "목표 시장의 충족되지 않은 욕구를 충족시켜 이익을 창출하기 위해 가치를 탐구하고, 창조하고, 전달하는 과학 기술"이라 정의했다.[1] 식별된 시장과 잠재 이익의 규모를 정의, 측정, 정량화하여 최상의 상품과 서비스를 제공하고 그 과정에서 이윤을 창출하는 활동인 것이다. 그는 특히 마케팅이 예술과 과학의 조화로운 작용이라는 점을 강조했다. 타깃 소비자의 니즈와 욕망을 알아내는 것뿐만 아니라 새로운 니즈를 창조할 줄도 알아야 한다는 것이다. 이러한 모든 과정은 틀을 깨는 시각과 접근을 필요로 한다.

필립 코틀러는 리테일과 리테일 마케팅을 따로 구분하지 않았다. 그는 상품과 서비스를 최종 소비자에게 직접적으로 판매하는 것과 관련한 모든 비즈니스 활동을 리테일이라고 정의했다. 한편, 이 책에서는 리테일을 '과학적 요소와 예술적 요소를 창의적으로 결합해 최종 소비자의 필요를 인지하거나 창출하고, 그런 필요를 만족시키는 상품과 서비스의 개발과 구매를 유도하는 일련의 행위'라고 정의한다.

전통적인 마케팅의 4P, 즉 상품product, 가격price, 프로모션promotion, 입지place는 미국 미시간주립대Michigan State University의 제롬 매카시Jerome McCarthy 교수가 1960년에 주창한 것으로, 마케팅에서는 성경처럼 활용되는 개념이다. 기술로 인해 리테일 환경이 바뀌어도 소비가 일어나는 메커니즘은 여전히 4P다. 따라서 기술이 리테일을 근본적으로 변화시킨다는 말을 좀 더 풀어 설명하면, 상품, 가격, 프로모션, 입지와 관련한 디테일한 메커니즘이 달라진다는 것이다.

그렇다면 앞으로의 4P는 어떻게 달라질까? 리테일 테크가 구현하는 쇼핑 메커니즘은 212쪽의 표처럼 바뀔 것이다. 즉 한 사람이 어떤 제품을 만나 테스트하고 구매하고 사용한 다음 사용자 경험을 공유하는 전 과정이 첨단 기술을 만나 새롭게 바뀐다.

예를 들어, A라는 소비자가 길을 가다가 행인이 메고 있는 가방이 마음에 들었다고 하자(상품 접점). 그 제품에 대한 정보를 얻기 위해 스마트폰으로 스캔을 하고, 그 브랜드에서 제공하는 3D 상품 이미지를 얻는다(상품 정보 습득). 몇 가지 기능이 궁금해서 스마트폰으로 챗봇에게 궁금한

상품 접점	지나가다 상품이 보임
⬇	
상품 정보 습득	모바일 스캔 및 3D 이미지로 상품을 살펴봄
⬇	
테스트	챗봇: 궁금증 해소 오프라인 쇼룸 매장: 오프라인 테스트 AR/VR: 버추얼 테스트
⬇	
커스터마이제이션	AI 환경에서 원하는 디자인으로 주문 제작
⬇	
상품 주문과 결제	모바일 및 안면 인식 결제로 상품 주문
⬇	
상품 배송	스마트 물류를 통해 저녁에 로봇으로 배송
⬇	
상품 경험 공유	상품 기록: 상품 생산 과정을 더 자세히 알고 싶거나 AS가 필요할 때는 블록체인에서 상품 생산 기록을 찾아봄 쇼핑 경험: 제품 사용 경험을 SNS로 공유, 마이크로 인플루언서(특히 Z세대)의 역할이 확대, 이미지 검색을 통한 판매 촉진

점을 질문한다. 챗봇은 주위에 오프라인 매장이 있다는 것과 함께 세일 정보도 알려줄 것이다. A는 그 매장에 방문해서 실제로 가방을 메어보고, AR로도 체험한다(테스트). 사기 전에 한두 가지 디테일을 취향에 맞게 맞춤 주문customization(커스터마이제이션)하고, 안면 인식으로 결제한다(상품 주문과 결제). 반나절도 지나지 않아 스마트 물류를 통해 로봇으로 상품이 집에 배송된다(상품 배송). 그런데 택배 상자를 열어 상품을 확인해보니 한쪽에 불량이 있어 AS가 필요한 상황. 이때 제조사에서 먼저 연락이 온다. 제조사에서 블록체인을 통해 상품의 불량을 감지하고 AS를 위해 사람을 보냈다는 것이다. A는 이러한 쇼핑 경험을 인스타그램에 공유하고(상품 경험과 공유), 친구들은 어디에서 샀는지 사용 후기는 어떤지 등을 질문한다. 사용자 경험을 공유함으로써 또 다른 구매가 이뤄진다!

지금까지는 기술이 불러오는 혁신이 리테일 업계의 근본적인 변화를 견인할 것이라고 강조했다. 그런데 이와 함께 소비 패러다임의 전환에 주목해야 한다. 소비자들의 쇼핑 패턴이 어떻게 달라질지를 제대로 이해해야 미래의 리테일에 대비할 효과적인 전략 수립이 가능하기 때문이다.

결론부터 간단히 말하면, 앞으로의 리테일 마케팅은 개인화, 자동화, 실시간이라는 키워드를 중심으로 개인 맞춤형 서비스를 제공하고 잠재 고객을 확보하는 것이 핵심이 될 것이다. 이때 리테일 테크의 혁신적 진화 같은 환경적인 요인, 데이터 확보의 역량 증가, 그리고 이들로 인한 고객 접점의 변화 등이 동인이 될 것이다. 4P를 중심으로 자세히 살펴보자.

진화하는 상품

뉴리테일 시대의 상품은 PB, 맞춤형 제품, 편리한 제품, 고객 경험의 제품화 등을 중심으로 진화한다.

첫 번째로 PB에 대해 알아보자. 지금까지의 리테일에서는 제조사가 공급하는 상품National Brand(이하 NB)이 중심이었다. 알디나 리들 같은 초저가 리테일을 제외하면 리테일에서 PB가 차지하는 비율은 아주 적었다. 하지만 앞서 2부에서 논의한 것처럼 초저가 경쟁이 본격적으로 시작되면서 리테일러의 상품 포트폴리오에서 PB가 훨씬 더 중요한 역할을 차지할 전망이다. 가장 큰 원인은 2000년대 후반 경기 침체 등으로 PB 사용이 늘어나면서 소비자들도 과거에 비해 PB 상품을 긍정적으로 평가하게 되었다는 점이다.

2000년대 초까지만 해도 소비자들이 PB를 선택할 때는 상품을 잘못 선택하더라도 피해가 적은 상품군, 그리고 와인처럼 직접 마셔보기 전에 알기 힘든 경험재experience goods보다는 계절 의류나 인테리어 용품 같은 탐색재search goods 중심으로 PB를 소비했다. 하지만 최근에 소비자들의 PB 경험이 늘어나면서 PB에 대한 부정적인 의견이 많이 줄어들게 되었고, 멀티티어 PB가 소비자의 니즈를 다양하게 만족시킬 수 있게 되면서 소비자들에게 인기를 끌게 되었다.

이렇게 PB도 소비자의 경험을 중시하게 되면서 PB 패키징의 중요성도 함께 커질 것이다. 업계의 한 지인은 자사의 소비자들 가운데 PB, 특히 저가 PB를 고르면 카트 아래에 숨겨두는 사람이 많다는 이야기를 전했다. PB 브랜드는 패키징이 매력적이지 않기 때문이다. 소비자들은 가성비 때문에 PB 제품을 고르지만 저렴해 보이는 물건을 다른 사람들에게 들키고 싶어 하지는 않는다. 이렇게 소비자들이 가성비뿐만 아니라 전반적인 상품 소비 이미지를 고려하게 되자 리테일러도 PB 제품의 패키징 업그레이드에 나섰다.

전체 제품의 85~95퍼센트를 PB로 구성하는 알디는 PB 상품 분야에서 2018년에만 '베스트 PB 상품 어워드' 등 무려 400여 개의 상을 받았다. 2019년 2월에는 2019년 올해의 상품상을 수상했다. 더구나 다른 리테일러들과는 달리 일찍부터 PB 패키징에 투자를 해온 결과 2012년, 2013년, 2014년에 3년 연속으로 디자인상을 받았다. 다양한 PB를 자랑하는 호주 1위 리테일러 울워스Woolworths 역시 최근 들어 PB 패키징을 고급화했다. 예를 들어, 럭셔리 스킨케어 PB인 부Voeu는 짙은 보라색으로 강조한 고급/안티에이징 라인과 옅은 녹색으로 강조한 내추럴 라인으로 구분되었다. 일반 화장품 라인은 심플하게 브랜드 네임을 강조했다. 멀티티어 PB 전략을 성공적으로 펼치고 있는 미국 슈퍼마켓 1위 브랜드 크로거는 2012년에 프리미엄 PB인 심플 트루스를 론칭하면서 자연을 상징하는 녹색과 갈색 그리고 천연 재질을 사용했다.

이들은 이미 가격으로 NB 브랜드와의 경쟁에서 우위를 차지했지만, 패키징을 개선해서 PB 이미지를 높임으로써 더 많은 소비자의 구매를 유도하게 됐다. 이는 결국 PB 로열티와 리테일러 로열티를 늘리는 이점이 있다. PB가 리테일러의 상품 포트폴리오의 핵심 분야로 떠오르면서 앞으로 패키징의 업그레이드는 필수불가결한 선택이 될 것이다.

두 번째, 고객 데이터 기반의 고객 맞춤형 온디맨드 상품도 증가할 것으로 예상된다. 앞서 언급한 아마존의 고객 맞춤 패션 아이템, 나이키의 고객 맞춤형 신발이 대표적이다. 인공지능 덕분에 매스 마켓mass market(대량 판매 시장)에서도 1인을 위한 상품 개발이 더 일반화되고 있는 것이다.

온디맨드 상품과 서비스의 성장은 좀 더 편한 서비스를 원하는 '게으른' 소비자의 증가, 이른바 레이지 이코노미lazy economy에 부합하는 트렌드다. 레이지 이코노미는 편의성이 극대화된 서비스와 상품을 선호하는 트렌드가 커지면서 하나의 경제 규모를 생성함을 일컫는 신조어다.

| 미국 내에서 멀티티어 PB 전략을 성공적으로 펼치고 있는 마트 브랜드 크로거. 심플 트루스는 그들의 프리미엄 PB 브랜드로서 친환경적인 이미지로 성장 중이다.

일상생활에 자주 필요하지만 귀찮은 일들을 쉽게 처리해주는 상품과 서비스들을 의미한다.

예를 들어 캐나다에서 개발된 인스턴트 팟Instant Pot 상품은 슬로 쿠커, 전기 압력찜기, 압력밥솥, 찜기, 요구르트 메이커 기능을 탑재한 멀티쿠커multi-cooker다. 모든 요리, 특히 다른 기기로 네 시간 이상 걸리는 요리도 버튼 하나로 한 시간 안에 조리할 수 있기 때문에 캐나다와 미국에서 엄청난 인기를 끌고 있다. 인스턴트 팟 페이스북 페이지는 무려 1300만 명의 팔로워를 거느리고 있을 정도다. 글로벌 리서치 회사인 NPD에 따르면 인스턴트 팟을 포함한 멀티쿠커는 2015~2017년 사이 1110만 달러에서 3790만 달러의 매출을 기록하며 급성장했다.[2]

또한 게임을 위해 특별히 고안된 게임 의자, 허리를 굽혀 신발을 벗을 필요가 없는 슬립온 신발, 자동 회전되는 고데기, 자동 창문 청소기, 누워서 휴대전화를 볼 수 있게 해주는 휴대전화 거치대, 머리를 감지 않아도 되는 드라이 샴푸, 로봇 청소기, 전동 칫솔, 로봇 배달 등 굳이 사람이 움직이지 않아도 필요가 해소되는 편리한 제품과 서비스들이 출시되고 있다. 음식 배달 서비스의 급속한 성장도 사실 레이지 이코노미의 한 양상이다. 알리바바에 따르면, 2018년 한 해 중국인들이 구매한 레이지 이코노미 관련 상품과 서비스의 규모는 무려 160억 위안(23억 달러)에 이른다. 이는 2017년보다 30퍼센트나 성장한 규모다.[3]

온디맨드 상품 및 서비스와 레이지 이코노미의 성장은 밀레니얼과 Z세대를 비롯한 인구구조 변화와도 관련이 깊다. 모바일로 모든 것이

해결되는 환경에서 자란 이들이 주요 소비자로 등장하면서 앞으로는 점점 더 편의성에 집중한 상품과 서비스의 인기가 높아질 것이다.

세 번째, 소비 경험과 체험은 점점 더 상품화되어 그 자체로 고객 가치를 창출할 것이다. 멀티 브랜드 라이프스타일 컬렉션 매장인 쇼필즈Showfields는 2018년 뉴욕 소호에 오프라인 매장을 열어 브랜드 경험 자체를 상품화했다. 단지 판매용 매장이 아니라 오프라인에서 직접 브랜드 경험을 하게 한다는 점에서 뉴욕 지역 고객들에게 인기다. 특히 힙한 브랜드를 원하는 젊은 소비자를 대상으로 새로운 경험을 제공한다.

맞춤형 헤어케어 브랜드인 펑션 오브 뷰티Function of Beauty, 무게감으로 스트레스를 줄여주는 이불을 판매하는 그래비티Gravity, 어떤 동물 실험도 없이 만들어진 채식주의자를 위한 내추럴 스킨케어 라인 누리

| 여러 브랜드가 숍인숍 개념으로 있는 뉴욕의 쇼필즈 매장. 힙한 브랜드를 다양하게 경험할 수 있게 구성했다.

아Nuria, 커피 스크럽으로 유명한 바디 브랜드 프랭크 바디Frank Body, 독특한 디자인과 기능의 칫솔 브랜드를 테스트해볼 수 있는 구강 케어 브랜드 퀍Quip 등 미로 같은 쇼필즈 매장을 돌아다니며 브랜드를 경험하는 재미가 쏠쏠하다. 쇼필즈 매장은 알찬 상품 전시뿐 아니라 디지털 터치스크린으로 상품에 대해 더 자세한 정보를 알려준다. 물론 브랜드에 따라 제품을 매장에서 살 수 있고, 집으로 배송도 가능하다.

진화하는 가격

가격이란 소비자가 얻을 수 있는 효용에 부여된 가치를 말한다. 앞으로 리테일 내 제품 가격은 초저가와 초고가로 양극화될 것이다. 2018년 12월 이마트는 990원짜리 초저가 PB 제품을 내세우며 본격적으로 초저가 전략에 뛰어들었다. 종잇장처럼 얇아지는 마진을 조금이라도 높이고, 가성비를 따지는 소비자에게 선택받기 위해서다.

게다가 제품을 바라보는 소비자의 시각이 '가격price'에서 '비용cost'으로 바뀌고 있다. 한 제품이 절대적으로 얼마의 가치가 있느냐보다 비용 대비 얼마의 가치가 있는지를 보고 지갑을 연다. 이때 상품, 패키징, 경험 등의 가치를 종합적으로 따져서 '가성비'를 매긴다.

그렇다면 리테일러들은 어떻게 적정 가격을 정해야 소비자들의 비용 대비 가치 개념을 향상시킬 수 있을까? 첫째, 인공지능을 이용한 분석을 가격 설정에 직접 활용하는 전략이다. 우버 같은 차량공유 서비스의 다이나믹 프라이싱dynamic pricing(실시간 수요에 따라 하루에도 몇 번씩 서비스 이용 가격이 변하는 것으로 서지 프라이싱surge pricing 또는 플럭추에이팅 프라이싱fluctuating pricing으로도 불림)처럼, 보다 더 정교한 가격 알고리즘을 이용한 가격 전략을 세우는 것이다.

둘째, 개개인의 상품 구매 이력 등의 정보를 바탕으로 조금씩 다른 가격을 제공하는 고객 맞춤형 가격personalized price 전략을 활용하는 것이다. 머신 러닝을 통해 각 고객의 검색 이력, 소셜 미디어 접점, 상품 구매 정보 등을 종합적으로 분석해 그가 좋아할 만한 상품의 가격을 차별화하거나 가격 할인 혜택을 주는 등의 방법으로 소비자가 느끼는 가성비를 높인다. 2018년 포레스터 리서치가 브라질, 프랑스, 독일, 영국, 미국 소비자들을 조사한 결과, 조사 참가자의 65퍼센트가 자신들의 쇼핑 습관에 맞게 맞춤화된 가격을 환영하는 것으로 나타났고, 62퍼센트는 부과된 가격이 적절하다고 느껴지는 선에서 다이나믹 프라이싱을 긍정적으로 생각하는 것으로 나타났다.[4] 이런 추세에 따라 앞으로는 초저가와 초고가 중심의 리테일러로 양극화되는 한편, 더욱 정교한 알고리즘으로 가격 요소를 고객 맞춤화하는 양상이 뚜렷해질 것이다.

진화하는 프로모션

프로모션의 목적은 구매를 유도하는 것, 즉 판매를 촉진하는 것이다. 즉 프로모션은 광고나 홍보, 인적 판매와 판매 촉진 등의 전략을 통해 매출액을 증가시키려는 활동들을 의미한다. 여러 가지 활동들을 유기적으로 융합한 통합적 마케팅 커뮤니케이션integrated marketing communication(IMC)이 프로모션의 중요한 방법으로 알려져왔다.

여기에 비콘beacon(블루투스 기반의 근거리 무선통신 장치) 기술로 소비 경험을 향상시키고 매장 방문을 구매로 연결시키는 서비스도 고려할 만하다. 비콘으로 매장에 있는 고객에게 스마트 광고를 내보내는 것은 매장 방문 고객의 구매를 촉진하는 데 도움이 된다. 핀란드의 K-슈퍼마켓K-supermarket은 55개 매장에 비콘을 설치했다. 모바일 앱을 다운받은 고객들은 디지털 쇼핑 리스트를 만들 수 있고, 매장 내에서 식재료 관련 요리법, 스마트 광고, 프로모션 등의 정보를 받아볼 수 있다. 스마트 광고를 받아본 고객의 25퍼센트가 실제로 제품을 구매한 것으로 나타났다.[5]

백화점 메이시스 역시 2014년부터 비콘으로 매장 내 고객에게 위치기반 서비스, 프로모션 정보 등을 제공하여 고객의 소비 경험을 향상시켰다. 예를 들어, 디지털 쇼핑 리스트에 시리얼을 담은 고객이 유제품 근처를 지날 때 "우유가 필요하지 않으세요?"라고 알려주는 타깃 메시지는 매장 내의 상품 구매를 높여준다.

그런데 현재의 프로모션은 텍스트와 이미지 중심으로 자체 또는 외주 제작하여 시장에서 실행하기 때문에 기획과 실행 사이에 시간이 소요된다. 앞으로는 IMC도 동영상 중심으로 모바일, 온라인, 오프라인을 넘나드는 가상의 환경에서 커뮤니케이션이 이뤄질 것이다.

또한 고객과의 1차 커뮤니케이션은 챗봇을 포함한 로봇으로 대체되고, 프로모션은 개발되는 즉시 실시간 실행될 것이다. 예를 들어, 알리바바는 2018년 인공지능 기반의 비디오 에디터인 알리우드Aliwood를 선보였다. 알리우드는 상품 관련 텍스트와 이미지로 1분 만에 쇼핑몰에서 이용할 수 있는 20초짜리 상품 소개용 동영상을 제작한다.[6] 인공지능을 활용해 이미지를 실시간으로 바꿀 수 있어서 고객들에게 실시간으로 업데이트된 정보가 제공된다.

이러한 짧은 동영상들은 스낵 컬처snack culture를 즐기는 Z세대과 밀레니얼 세대에게 어필할 수 있다. 특히 Z세대의 절반이 하루에 열 시간이나 온라인으로 연결되어 있고, 13~18세의 청소년들은 하루에 세 시간 이상을 스마트폰으로 비디오, 음악, 게임, SNS 등을 하면서 소비한다.[7] 더구나 트라이펙터 리서치Trifecta Research에 따르면, Z세대가 소비하

알리바바는 2018년 인공지능 기반의 비디오 에디터인 알리우드를 선보였다.

는 비디오 콘텐츠의 59퍼센트가 넷플릭스Netflix나 유튜브 같은 OTTover-the-top 서비스(온라인 동영상 서비스)에 기반한다. 반면 TV방송이 차지하는 비율은 29퍼센트에 불과했다. 즉 Z세대를 포함한 젊은 소비자들의 주된 생활 반경 자체가 온라인인 셈이다. 이들은 길이가 짧은 클립 위주의 콘텐츠를 선호하므로 이들을 대상으로 한 프로모션은 그들의 주요 미디어(비디오)를 그들의 소통 채널(모바일)에 제공하는 방식으로 이루어져야 한다. 이를 통해 프로모션 커뮤니케이션의 개발과 실행 사이의 시간 차가 줄어들고 소비자들의 반응도 실시간으로 취득할 수 있게 될 것이다.

한편 아마존이 최근에 신청한 특허인 '보이스 스니핑 알고리즘Voice Sniffing Algorithm(코를 킁킁대며 뭔가를 찾는 알고리즘)'은 대화에 사용되는 단어를 분석해 개인의 선호를 알아낸다. 대화에서 '좋다', '샀다', '싫다' 등 소비와 관련된 긍정적 또는 부정적 단어가 사용되면, 앞뒤의 단어를 분석해서 대화의 문맥을 파악하여 소비자의 브랜드 선호를 파악한다. 그리고 이를 광고주나 콘텐츠 제작자에게 전달해 타깃 고객의 취향을 더욱 자극할 콘텐츠를 제작하는 데 이용한다. 결과적으로 아마존은 한층 더 고객 맞춤형 상품을 판매하여 구매를 설득하게 될 것이다. 또한 수집된 데이터는 사용자의 친구에게 제공되어 당사자가 좋아하는 선물을 사는 데도 이용될 예정이다.

진화하는 입지

얼마 전 리테일 관련 전문가 모임에서 만난 한 지인이 탄식을 했다. 자신이 유통 업체에 입사한 지 얼마 되지 않았을 때 경력 20년이 넘는 상사가 이런 말을 했다고 한다. "유통은 입지에서 승부가 난다. 어떤 지역, 어느 건물의 1층을 선점하느냐에 매출의 성패가 달려 있다." 그날 이후 자신은 입지의 중요성을 신념처럼 삼아왔는데 지금도 그런지 의문이라는 것이었다.

필자 역시 수업에서 리테일의 전통적인 요소인 입지를 중요하게 언급한다. 하지만 옴니채널, 언택트 리테일처럼 첨단 기술이 리테일의 미래를 견인하는 상황에서 과연 오프라인 입지가 어디인지를 따지고, 온라인과 오프라인 리테일러를 구분하는 것이 과연 과거만큼 의미가 있을까? 그것도 온라인 리테일러는 오프라인으로, 오프라인 리테일러는 온라인으로 전투적으로 넘나드는 상황에서 말이다. 고객 손의 스마트폰이 매장의 매대를 대신하면서 모바일에서 상품이 발견되는 위치가 고객의 시선을 결정하는 장소가 된다. 즉 언제 어디서나 상품이 소비자에게 노출되는 모바일, 온라인, 오프라인, 버추얼 공간이 모두 입지다.

필자는 입지에 대한 개념이 확대되고 구분이 모호해지면서 물리적인 입지의 중요성 자체는 줄어들겠지만, 리테일러가 그 공간에서 소비자들과 어떤 '만남'과 '교감'을 나누는지는 더욱 중요해질 것으로 전망한다. 개인적으로 인상적이었던 사례는 서울 코엑스의 별마당 도서관이

| 서울 코엑스에 생긴 별마당 도서관. 생기를 잃어가던 공간에 책과 감성을 불어넣어 방문객의 발걸음을 향하게 했다.

다. 수년간 책을 사는 소비자가 줄어들면서 많은 서점들이 문을 닫는 추세였다. 게다가 코엑스는 대대적인 리노베이션 이후 오히려 고객 유입이 줄어드는 어려움에 처해 있었다. 그러다 신세계가 위축되던 코엑스를 인수하여 스타필드로 개편하면서 활기가 되살아났다.

가장 큰 공헌을 한 별마당 도서관은 종이책으로 아날로그 감성을 깨우는 공간 디자인 요소로 다양한 볼거리와 얘깃거리를 만들어내며 SNS 상으로도 화제가 되었다. 그리고 특별한 일이 없어도 잠시 들러서 스마트폰을 내려놓고 종이책에 둘러싸여보는 시간을 갖고 싶다는 소비자 욕구를 만들어냈다. 물론 별마당 도서관은 방문객의 발걸음을 자연스

■ 리테일 마케팅 4P의 현재와 미래 ■

	지금까지의 리테일	앞으로의 리테일	주요 동인
상품 (Product)	• NB 중심, 초저가 리테일러들의 PB 중심 • 패키징의 중요성이 적음 • 고객 맞춤형 상품 제공이 한정되어 있음	• PB 포트폴리오의 적극적 확대(PB 전문점, 멀티티어 PB, 브랜드 컬래버레이션 중심의 PB) • 패키징의 중요성 증가 • 고객 맞춤형 온디맨드 상품의 증가 • 경험, 체험, 고객 가치 자체가 상품화	고객 접점 변화, AI를 포함한 리테일 테크의 혁신적 진화로 인한 데이터 확보 영역과 역량 증가
가격 (Price)	• NB에 기반한 가격 정책 • EDLP 같은 저가 이미지 중요 • 초저가 리테일의 중요성은 미미	• 수직적 통합에 기반한 초저가 전략 또는 초고가 전략의 중요성 증가 • 초저가와 초고가로 양극화 • 실시간 가격 알고리즘 증가 • 가격에서 비용으로 변화 • 인공지능을 이용한 개인 맞춤형 가격 전략 증가	
프로모션 (Promotion)	• 오프라인과 온라인이 구분된 환경에서 프로모션은 가격 중심 • 글자, 사진에 한정된 고객 커뮤니케이션 • 프로모션 개발과 실제 진행의 시간 차가 큼	• 온라인, 오프라인, 모바일의 경계가 허물어진 환경에서 고객과의 소통에 기반한 고객 맞춤 프로모션 • 영상 중심의 프로모션, 챗봇을 통한 1차 고객 커뮤니케이션 • 알리우드 같은 로봇이 동영상으로 상품 정보를 실시간 제공	
입지 (Place)	• 제품이 전달되는 매장 위치, 즉 로케이션이 매출 승패를 좌우	• 물리적인 매장 위치의 중요성 감소 • 입지의 의미가 온라인, 오프라인, 버추얼까지 포함하며 융합·확대됨 • 편의성이 핵심 • 디지털 시대에는 물리적 입지 안에서 '만남'과 '교감'이 함께 어우러져야 함	

럽게 유도하는 한편, 숨은 상업공간들을 자연스럽게 노출하는 전략적
위치에 있다.

진화하는 고객 서비스

마케팅 4P의 변화와 함께 리테일 업계의 고객 서비스도 변해야 한다.
편의성과 서비스에 대한 소비자의 기대는 과거에 비해 높아졌고, 앞으
로도 계속 높아질 것이다. 이들을 만족시키기 위해서는 서비스가 훨씬
더 정교해져야 한다. 다양한 접근 방법 가운데 필자는 오직 한 고객을
위한 맞춤형 서비스와 기술적, 감성적 요구를 만족시키는 서비스에 주
목해야 한다고 강조한다.

첫째, 인공지능 등의 첨단 기술로 개별 소비자의 소비 패턴을 분석해
오직 한 고객만을 위한 맞춤형 서비스를 제공해야 한다.

신세계는 신세계백화점 앱의 인공지능 고객 분석 시스템인 'S 마인드'
로 앱에 가입한 고객의 구매 패턴과 선호도 등을 분석해 맞춤 쇼핑 정보
를 제공한다. 고객이 원하는 정보만 제공하기 때문에 앱을 통한 고객 응
답률이 종이 인쇄물보다 12퍼센트 이상 높고 매출 견인 효과도 크다고
한다.[8]

이마트는 한층 더 진화된 휴머노이드 로봇인 페퍼로 고객 서비스의
질을 향상시켰다. 자율주행 기능을 접목해 고객에게 직접 다가갈 수 있
고, 고객의 체류 상태를 인지하는 인공지능 기반의 대화형 챗봇 기능도

| 감성, 테일러링, 디지털이 결합한 미국 뉴욕 맨해튼의 나이키 매장.

탑재했다. 예를 들어, 생소한 상품이 많은 수입식품 코너에서 서성이는
고객에게 다가가 질문을 하고, SSG닷컴에서 인기 있는 상품을 추천하는
방식이다.[9]

　그런데 이러한 맞춤형 서비스에 대한 수요는 패션 쪽에서 두드러진
다. 세계적인 여론조사 기관인 유고브YouGov와 디지털 컨설팅 회사인
프레시릴러번스Freshrelevance가 실시한 조사에 따르면, 조사 참여자의 22
퍼센트가 퍼스널 스타일리스트 등의 서비스를 제공하는 리테일러에 높
은 고객 충성도를 보였다고 한다.[10] 2018년에 오픈한, 나이키의 자칭 '미
래 매장'인 뉴욕 맨해튼 매장은 6층 전체에서 새로운 미래의 소비 경험
을 제안한다. 일대일 엑스퍼트 스튜디오Expert Studio에서는 한 명만을 위

한 컨설팅을 해준다. 또한 신발끈, 로고, 문양 등을 맞춤화하여 나만을 위한 신발을 만들 수도 있다. 일명 나이키 메이커스 익스피리언스Nike Makers' Experience라는 자동화 시스템은 아무런 문양도 없는 나이키 프레스토X 신발에 선택한 그래픽과 색상을 입혀 두 시간 안에 개별 소비자가 원하는 디자인의 신발을 만들어낸다.

2018년 뉴욕에서 론칭한 백화점 노드스트롬 멘즈Nordstrom Men's 역시 퍼스널 스타일리스트와 간단한 컨설팅을 한 뒤 고객의 선호도를 반영한 디지털 '스타일 보드style board'를 만들어준다. 이 백화점에 입점한 사무엘손Samuelsohn 브랜드는 정장 맞춤이 가능한 디지털 화면을 자랑한다. 정장의 착용감과 정교함이 디지털 화면 속의 마네킹에 시연되어, 디지털 화면을 몇 번 클릭하는 것만으로 제품에 대해 섬세하게 파악할 수 있다. 건물의 한쪽에는 리바이스Levi's 진과 협업하여 리바이스가 아닌 어떤 청jeans 제품에라도 고객이 원하는 문양을 새겨주는 청제품 맞춤 숍이 있다.

둘째, 앞으로의 리테일 서비스는 첨단 기술에 감성적 경험까지 고려해야 한다. 지금 우리가 감탄하는 대부분의 기술은 머지않아 상향 평준화될 것이다. 즉 누구나 보편적으로 누리는 기술이 될 것이다. 또한 시선이 닿는 모든 곳에서 원하는 제품을 살 수 있는 멀티 채널화도 심화될 것이다. 그 때문에 리테일러로서 경쟁력을 갖기 위해서는 더욱더 인간의 감성에 소구해야 한다.

그렇다면 감성적인 경험이란 무엇일까? 소비자들과 감성적 연결을 구축하는 방법은 무엇일까? 감성적 경험이 강조되기는 하지만, 감성적

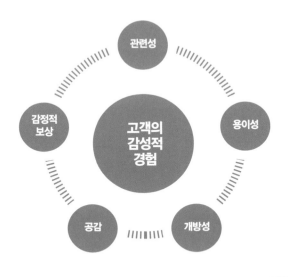

| 출처: C스페이스 |

경험의 실체에 대해서는 잘 알려지지 않았다. 이에 글로벌 컨설팅 회사인 C스페이스C_Space는 9만 5000여 명의 영국과 미국 소비자를 대상으로 고객 경험에서 다섯 가지 감성적 요소를 찾아냈다.[11] 관련성, 용이성, 개방성, 공감, 감정적 보상이 바로 그것이다.

1 | 관련성(relevance)

고객과 관련성을 쌓기 위해 리테일러는 자신이 누군지 알고, 그 가치를 공유하는 소비자에게 집중해야 한다. 그 소비자들의 언어를 말하고, 그들을 위해 존재함을 강조하고, 그들에게 해당 브랜드가 대체 불가능하다고 느끼게 해야 한다. 관련성에 탁월한 브랜드는 벤 앤 제리스Ben & Jerry's, 나이키, 디즈니다. 벤 앤 제리스는 독특한 브랜드 퍼스널리티brand personality를 지닌다. 소를 주제로 한 패키징부터 '아메리콘 드림Americone Dream(아메리카와 콘cone이 결합한 단어)' 같은 재밌는 이름의 제품까지 미국 소비자들에게 '단순, 정직, 재미'로 인식되는 브랜드다. 소비자들은 자신을 벤 앤 제리스 브랜드의 한 부분으로 느끼고 가치를 공유하기 때문에 다른 아이스크림 브랜드보다 가격이 조금 비싸더라도 벤 앤 제리스의 아이스크림을 기꺼이 구입한다.

2 | 용이성(easiness)

소비자들이 리테일러를 방문하여 물건을 사고 서비스를 받는 것이 쉽다고 느껴야 한다. 고객을 알아주고 그들에게 좋은 서비스를 제공해야 한다.

스타벅스는 주문받을 때나 음료를 제공할 때 항상 고객의 이름을 부른다. 필자 역시 자주 가는 스타벅스 매장에 들어서면 "안녕Hi, 지영"이라는 반가운 인사말을 듣는다. 또 "항상 주문하는 것처럼 시럽을 반만 넣은 캐러멜 마키아토 톨사이즈를 드릴까요?"라고도 물어본다. 자신의 이름과 기호까지 기억해주면 소비자는 그 매장에 다시 오고 싶어진다.

3 | 개방성(openness)

개방성은 진실성과 연결되어 있다. 파타고니아Patagonia는 '우리의 집, 지구를 지키기 위해to save our home planet'라는 미션을 내걸고 자신들의 제품을 적게 사라고 권한다. 새 제품을 사는 대신, 기존 파타고니아 옷을 수선해 입도록 서비스도 제공한다. 소비자 리뷰에 등장한 자신들의 잘못과 실수를 적극 받아들이고 개선하기 위해 노력하며 브랜드 자체의 개방성을 높인다. 즉 말을 행동으로 실천함으로써 진정성과 진실성, 브랜드 신뢰도를 높이고 있는 것이다.

4 | 공감(empathy)

공감도가 높은 기업은 고객의 요구와 선호를 이해하고, 그것을 기업의 이익보다 중요하게 생각한다. 또한 실제로 고객의 필요에 공감하고 관심을 가지고 배려한다는 것을 보여준다. 넷플릭스처럼 고객의 입장에서 생각하고, 고객의 관점에서 상품을 향상시키고, 타깃 시장이 원하는 트렌드를 반영해야 한다.

스테이크 전문점인 텍사스 로드하우스Texas Roadhouse는 집처럼 편안한 분위기를 제공할 뿐만 아니라 소비자들이 원하는 스테이크 부위를 직접 보고 선택할 수 있게 한다. 패스트푸드 브랜드 칙필레Chick-Fil-A는 모든 직원이 항상 웃는 얼굴로 고객을 맞고 고객의 작은 필요도 만족시키기 위해 주의를 기울인다. 이처럼 소비자들 입장에서 그들이 원하는 것을 이해하고 배려해야 한다.

5 | 감정적 보상(emotional rewards)

고객에게 좋은 느낌을 줘야 한다. 브랜드 커뮤니티를 형성하여 소비자들이 리테일러를 스마트하게, 좋게, 자랑스럽게 여기고, 더 나아가 존경심과 소속감까지 느끼게 해야 한다. 코스트코처럼 좋은 가격에 좋은 상품을 선보임으로써 거기서 쇼핑하는 고객이 자신을 스마트하다고 느끼게 해야 한다. 덕분에 코스트코는 고객 서비스 또한 경쟁자들보다 월등한 것으로 평가받는다. 코스트코는 마진율을 경쟁자들보다 낮게 책정하여 좋은 가격을 제공하고 고객들을 항상 최우선으로 삼기 때문에 소비자들이 한번 코스트코 회원이 되면 멤버십을 계속 유지하게 된다. 2017년 기준, 전체 코스트코 회원 중에 90퍼센트가 멤버십을 연장했다.

한편 고객에게 감성적인 즐거움을 주기 위해 첨단 기술을 활용하는 기업도 늘고 있다. 대표적인 사례가 DSWDesigner Shoe Warehouse다. DSW는 미국 44개 주에 500여 개의 매장을 거느린 신발 리테일러다. CEO인 로저 롤린스Roger Rawlins는 아마존이 침범할 수 없는 DSW만의 영역이 바로 소비자와의 직접적인 감성적 연결이라고 강조했다. 가장 최근의 혁신을 담은 라스베이거스 DSW 매장에 들어서면 하강 에스컬레이터를 타고 내려가는 동안 비디오 터널을 경험하게 된다. 상영되는 비디오를 통해 도시 위를 날아다니고, 수중에서 수영하고, 사막을 걸어 다니는 듯한 경험을 할 수 있다.

라스베이거스 DSW 매장은 충만한 감성적인 경험을 주는 슈베이

| 신발용 엘리베이터가 주문한 신발을 가져다주는 미국 라스베이거스 DSW의 슈베이터.

터Shoevator도 선보였다.[12] 고객이 앱이나 매장 내의 키오스크로 원하는 신발을 주문하면, 매장 직원이 주문한 신발을 픽업해서 투명한 엘리베이터, 즉 슈베이터에 싣는다. 소비자는 신발이 슈베이터를 타고 내려오는 과정을 즐기며 신발을 픽업한다. 매장에서 히트 볼트 키마스터Heat Vault Keymaster라는 게임을 하고 이기면 신발을 상으로 가져갈 수도 있다. 이처럼 매장에 첨단 기술과 감성적인 재미를 채워 넣음으로써 소비자들이 매장을 찾을 이유를 제시하는 것이다.

2
―
기업의 브랜딩 전략,
어떻게 달라져야 하는가

리테일 환경이 인공지능, 자동화 등으로 디지털화되면서 브랜드 마케팅에 대한 접근도 달라져야 한다. 브랜드는 '불태우다brandr'라는 의미의 노르웨이 고어에서 유래했다. 16세기에 상인들이 무역선에서 상자를 구분하기 위해 회사 이름을 인두로 낙인찍었던 것에서 비롯되어 현재의 의미로 쓰이는 것이다. 그 어원처럼 어떤 브랜드가 소비자에게 특정 이미지로 '낙인'찍히고 나면 이미지를 바꾸기 어렵다.

그렇다면 비즈니스 환경이 변함에 따라 리테일 기업의 브랜딩 전략은 어떻게 달라져야 할까. 필자는 그 핵심 전략을 세우는 데 있어서 스마트 스피커를 통한 보이스 쇼핑voice-activated shopping에 주목해야 함을

| 2019년 CES에서 LG전자가 아마존 알렉사를 탑재한 냉장고를 소개하고 있다(왼쪽). 또한 아마존은 알렉사가 구현되는 전자레인지를 선보였다. PB 브랜드 아마존 베이식스 제품이다(오른쪽).

강조하고 싶다. 앞으로의 쇼핑은 보이스를 중심으로 이뤄질 전망이기 때문이다.

2019년 CES에서 가장 높은 관심을 받은 기술은 단연 5G와 음성비서였다. 음성비서는 TV, 윈도 PC, 천장 조명, 자동차, 창문, 샤워 부스, 식기 세척기, 이어폰, 화장실 등에 도입돼 우리 생활 깊숙이 파고든다. 종잇장처럼 얇아 돌돌 말리는 LG 시그니처 올레드 TV R Signature OLED TV R에는 알렉사가, 삼성 큐레드 TV QLED TV에는 알렉사와 구글 어시스턴트가 탑재될 예정이다.[1] 콜러 KOHLER의 스마트 화장실에서는 구글 어시스턴트가 불빛을 조절하고, 월풀 Whirlpool 스마트 오븐은 오븐에 들어 있는 음식을 알아내 온도와 시간을 조절한다. 델 Dell 컴퓨터에는 MS의 인공지능 코타나가 탑재돼 뉴스와 날씨를 확인해준다.

확장세가 가장 돋보인 스마트 스피커는 역시 알렉사였다. 주방가전 브랜드인 해밀턴비치Hamiton Beach 커피 메이커에 "알렉사, 내 커피 준비 됐어?"라고 말하면 커피가 준비되고, "알렉사, 내 커피 언제 내려졌지?" 라고 물어보면 커피가 내려진 시간을 알 수 있다. 기업은 비즈니스를 위한 알렉사Alexa for Business로 사무 효율성을 높일 수 있게 됐다. "알렉사, 미팅을 시작하자"라는 명령어로 회의 장비를 작동시키고 컨퍼런스콜을 시작한다. 이렇게 알렉사를 기반으로 하는 보다 광범위한 생태계가 구축되고 있다.

2017~2018년, 스마트 스피커를 소유한 가구 수는 미국의 경우 9퍼센트에서 16퍼센트로, 영국의 경우 6퍼센트에서 11퍼센트로, 독일의 경우 4퍼센트에서 8퍼센트로 매년 2배 가까이 성장했다.[2] 2019년 중국은 8550만 가구가, 미국은 7420만 가구가 스마트 스피커를 사용할 것으로 예상된다. 주목할 점은 한 가정이 한 개 이상의 스마트 스피커를 소유할 것이라는 점이다. 거실에, 각 방에, 주방에 스마트 스피커를 두고 언제든 정보를 얻고 음악을 듣고 쇼핑을 할 수 있게 되는 것이다.

보이스 쇼핑 시대: 소비자 결정 과정과 브랜드에 대한 인식 변화

스마트 스피커의 확산은 보이스 쇼핑의 대중화를 의미한다. 이는 결국 삶의 양식 변화로 이어진다. 그런데 흥미로운 점은 보이스 쇼핑 시대에는 소비자 의사결정 단계가 전통적인 그것과 달라진다는 사실이다. 전통적인 소비자 의사결정 모델은 필요 인지, 정보 탐색, 비교 결정, 구

■ 전통적 소비자 의사결정 모델 vs. 보이스 쇼핑 시대의 의사결정 모델 ■

전통적 소비자 의사결정 모델

필요 인지 ▶ 정보 탐색 ▶ 비교 결정 ▶ 구입 ▶ 구입 후 평가

보이스 쇼핑 시대의 의사결정 모델

필요 인지 ▶ 구입 ▶ 구입 후 평가

입, 평가 과정으로 진행된다. 그런데 보이스 쇼핑 시대에는 의사결정 과정이 짧아지면서 몇몇 단계는 생략된다.

예를 들어 필자가 주로 쓰는 제품이 헤드앤숄더Head & Shoulders(P&G에서 만든 두피 케어 전용 샴푸)라고 해보자. 구매를 원하는 상품이 정해져 있고 보이스 쇼핑이 가능하다면 "알렉사, 헤드앤숄더 주문해줘"라고 말하는 것으로 쇼핑이 완성된다. 오프라인이나 온라인 매장에서 정보를 접할 필요도 없고 어떤 프로모션이 있는지 찾아볼 필요도 없이, 나를 도와주는 똑똑한 음성비서 알렉사가 알아서 처리한다.

브랜드 선호도가 없는 상품군이라면, "알렉사, 건조한 두피에 필요한 샴푸를 추천해줘"라고 말하면 된다. 그러면 알렉사는 원하는 기능이 있는 상품을 추천해줄 것이다. 소비자가 직접 정보를 찾아 비교해보지 않아도 몇 가지 브랜드가 추려지고 소비자는 그중 하나를 살 가능성이 크다. 결국 소비자는 개인 정보 탐색, 비교 결정 단계를 생략하고, 필요 인지에서 구입으로 바로 건너뛸 가능성이 크다.

이러한 변화는 무엇을 의미하는 것일까. 이것이 리테일러들에게 시사하는 바는 소비자의 의사결정 과정이 변하면서 브랜드 인식과 브랜드 역할에 결정적 변화가 일어나고 있다는 점이다. 소비자 의사결정 과정의 변화는 브랜드 인식과 브랜드 역할에도 결정적 변화를 만든다. 스마트폰의 등장으로 언제든 정보 검색이 가능해지면서 소비자는 정보를 '대충' 기억해왔다(생각해보라, 당신이 기억하는 전화번호가 몇 개나 되는지). 언제 어디서든 알고 싶은 것이 생기면 즉각 네이버나 구글에 검색하면 되기에 특별히 기억할 필요를 못 느끼는 것이다. 똑같은 이유로 소비자들은 브랜드를 '대충' 기억할 수밖에 없게 된다.

이런 상황에서 보이스 쇼핑 시대에는 어떤 브랜드나 상품을 선택할지에 대한 정보 탐색과 비교 결정을 음성비서가 대신 수행한다. 음성비서가 마치 교통경찰처럼 선택 방향을 제시할 것이다. 과거보다 짧아진 소비 결정 과정에서 음성비서가 결정적 역할을 하게 된다는 의미다.

예컨대, 알렉사에게 배터리를 주문한다고 해보자. 당신은 "알렉사, AA배터리를 주문해줘"라고 말할까, 아니면 "알렉사, 듀라셀 AA 퀀텀 파워Double A Quantum Power 배터리를 주문해줘"라고 말할까? 특별히 원하는 모델이 있는 경우를 제외하면 통상 "알렉사, AA배터리를 주문해줘"라고

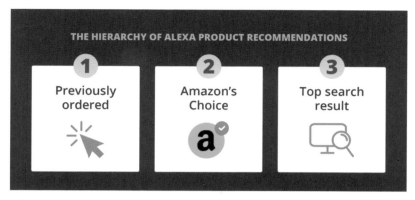

| 아마존 알렉사의 상품 추천 알고리즘. 가장 최근에 주문한 품목, 아마존스 초이스, 최다 빈도 검색 품목 순서로 추천해준다.

만 할 것이다. 보이스 쇼핑에서 특정 브랜드나 구체적 모델명으로 주문 명령을 내리는 비율은 생각보다 높지 않다. 결국 음성비서의 결정 알고리즘이 우리의 소비에 결정적인 역할을 담당하게 된다는 의미다.

그런데 여기에 간과하기 쉬운 중요한 이슈가 숨겨져 있다. 소비자가 특별히 선호하는 브랜드가 없다면, 알렉사가 추천하는 상품은 아마존스 초이스Amazon's Choice(아마존의 선택) 제품이 될 가능성이 높다는 점이다. 아마존스 초이스는 아마존이 추천하는 상품으로 PB뿐만 아니라 일반 브랜드 NB를 포함한다. 그렇지만 아마존은 75개가 넘는 PB 브랜드가 있기 때문에 전략적으로 자사 PB를 우선 추천한다. 아마존스 초이스의 선정은 아마존의 권한이고, 결정 알고리즘이 공개되지도 않는다. 상품평, 가격, 배송 속도 등을 종합적으로 고려하여 선정한다는 정도만 알려져 있다. 아마존스 초이스로 한번 선정되면, 이변이 없는 한, 거의 그 대로 유지되는 편이다.

즉 스마트 스피커의 확산으로 소비자의 브랜드 선호 경향은 약화되고, 음성비서가 쇼핑 관련 의사결정에서 교통경찰의 역할을 해주는 방식으로 진화할 것이다. 아마존 공화국에서 제조사와 도매업자들이 생존하려면 어떤 식으로든 음성비서의 추천 브랜드에 들어가야 한다. 이미 많은 기업이 아마존에서 매출을 높이고 구글 검색 결과의 상위에 노출되기 위해 광고비를 지불하고 있지만, 보이스 쇼핑 환경에서는 쇼핑 플랫폼에 대한 의존도가 훨씬 더 커질 수밖에 없다. 장기적으로 개별 브랜드의 파워는 줄어들고, 고객 충성도를 확보·유지 혹은 증가시키기는 더욱 어려워질 것이다. 또한 아마존스 초이스 배지를 달기 위한 브랜드의 노력과 비용은 더욱 커질 것이다.

대응 전략: 브랜드 카테고리 장악과 인지도 싸움

이러한 변화는 강력한 브랜딩과 마케팅 전략의 필요성을 역설한다. 강력한 브랜딩이 브랜드를 상품 카테고리의 '대명사'로 만들 수 있기 때문이다. 소비자가 해당 상품군을 특정 브랜드 자체로 인식하게 하는 것이 최상의 전략이라는 말이다.

전통적으로 브랜드 메시지 전략은 인지적cognitive, 감성적affective, 행동적conative 전략으로 구분된다. 브랜드명을 상품 카테고리의 대명사로 만드는 것은 인지적인 접근에 속한다. 예컨대 휴지가 필요할 때 "휴지 좀 줄래?"라고 하는 대신, "크리넥스 좀 줄래"라고 말하는 것이나, "방향 제가 필요해"가 아니라 "페브리즈가 필요해"라고 말하는 것이 그런 경우 들이다.

이런 인지적 접근이 중요한 이유는 소비자가 검색 절차 없이 보이스 쇼핑을 할 때, "알렉사, 크리넥스 주문해줘"라고 정확하게 말하지 않고, "알렉사, 휴지 주문해줘"라고 하는 경우, 해당 브랜드 제품에 도달할 확률이 굉장히 낮아지기 때문이다. 알렉사는 대안이 되는 특정 브랜드 몇 개를 추천하는데, 그중에 당신의 브랜드 제품이 포함되지 않을 가능성이 크다. 따라서 브랜드를 상품 카테고리의 대명사로 만들기 위한 노력이 필요하다. 뒤집어 생각하면, 브랜드 로열티가 더욱 중요해질 것이라는 말이기도 하다. 소비자는 점차 매번 쓰는 브랜드를 계속 구매할 것이기 때문이다. 결국 브랜드 인지도가 낮은 상품들은 브랜드 인지도를 전투적으로 높여야 하는 상황에 직면할지 모른다.

리테일의 미래 속에서 브랜드 인지도를 높이고 소비자들에게 기억되는 브랜드를 만들기 위한 브랜딩 전략은 기존의 브랜딩과는 차별화되어야 한다. 특히 필자는 오리지널리티, 제로 웨이스트, 그리고 오감을 자극하는 멀티 체험이라는 세 가지 측면에서 리테일 브랜딩 전략을 설명해보고자 한다.

1 | **오리지널리티**(originality)

오리지널리티를 이용한 브랜딩은 자신만의 독창성을 강조하는 것이다. 경제학자 조지프 슘페터는 독창성을 창조적인 파괴 행위로 정의한다. 새로움을 위해서는 기존 방식에서 벗어나야 하기 때문이다. 오리지널리티는 그 브랜드만의 진본성authenticity과 장인정신craftsmanship을 필수적으로 요구한다. 게다가 밀레니얼과 Z세대는 이전 세대들에 비해 지역적 정체성이 분명한 로컬local 브랜드를 선호하는 경향이 크다. 이 지점에서 오리지널리티가 있는 브랜드는 앞으로의 소비자 세대들에게 어필하기 좋은 요건을 갖추고 있는 셈이다.

오리지널리티를 강조한 스페셜티 커피 브랜드 블루보틀Blue Bottle을 살펴보자. 2002년 캘리포니아 오클랜드 지역에서 론칭한 블루보틀은 무엇보다도 커피 맛에 있어서 '오리진'이 되고자 했다. 그들은 신선함과

| 블루보틀 매장의 전경(왼쪽)과 브랜드 아이덴티티를 유니크하게 구현한 로고 컵(오른쪽).

향기를 최우선으로 생각한다. 유기농, 공정무역으로 생산된 커피 원두만을 골라 소규모로 로스팅하고, 24시간 안에 판매하는 것을 목표로 한다. 커피의 명품인 에티오피아의 예가체프 코케나 브라질 파젠다 세르탕지뉴Fazenda Sertãozinho 등의 커피를 판매하는 것도 오직 커피 맛으로 승부하기 위해서다.

이렇게 커피에 관한 모든 디테일에 정성을 들인 덕분에《포춘》에 의해 최고의 커피에 선정되는 등 커피 맛으로는 그 어떤 브랜드에게도 뒤지지 않는 명성을 얻게 되었다. 그 덕에 2012년 2000만 달러, 2014년 2500만 달러 등 총 1억 2000만 달러의 펀딩을 유치할 만큼 주목을 받았다. 이렇게 독창적인 접근을 통해 블루보틀은 '커피의 제3의 물결third wave of coffee(품질이 높은 커피를 단순히 소모품으로 보지 않고 장인정신이 깃든 음식으로 보는 시각)'을 대표하는 커피 브랜드가 되었다. 갈색 바탕에 파란 병이 찍힌 브랜드 로고는 어디서든 쉽게 눈에 띈다. 2017년 9월 그 가치를 알아본 네슬레가 68퍼센트의 경영권을 인수했고, 2018년에는 일본에, 2019년에는 한국에까지 진출하는 글로벌 브랜드가 되었다.[3]

지역성을 강조하는 것도 브랜드의 오리지널리티를 강화하는 한 가지 전략이다. 2011년 미국 디트로이트에서 시작된 수공예 명품 브랜드 시놀라Shinola가 좋은 예다. 디트로이트는 역사적으로 미국 자동차 산업의 근간이 되는 상징적인 지역이다. 그런데 최근 들어 미국의 자동차 산업이 기울고 디트로이트 지역은 슬럼화되었다. 시놀라는 이런 상황을 역으로 뒤집어 디트로이트에 공장을 두고 '로컬' 이미지를 강조한 브랜딩을 펼쳤다. "미국의 상품이 만들어지는 곳Where American is Made"라는 슬로건으로 말이다. 미국인들의 마음속 깊숙이에 간직되어 있는 디트로이트의 영광을 강조하는 한편, 중국이나 아시아가 아닌 미국의 지역, 즉 로컬 이미지를 강조한 것이다.

상품군은 다소 의외의 라인으로 구성되어 있다. 가죽 시계, 자전거, 그리고 가죽 다이어리를 비롯한 패션 제품들이다. 슬로건처럼 대부분의 상품이 디트로이트 지역의 장인들에 의해 제작된다. 시계는 명품 시계로 알려진 스위스의 론다 AGRonda AG와 파트너십을 맺고 제작된다. 시놀라는 최근 미시간주에 첫 브랜드 호텔 시놀라를 오픈했다. 호텔은 디트로이트와 미시간주의 영감을 가득 담은 인테리어로 꾸며져 있다. '메이드 인 USA'의 정체성을 콘셉트로 삼은 확장이라 볼 수 있다.

이처럼 오리지널리티가 브랜드에 자연스레 녹아든 경우, 소비자의 기억에 각인되기 쉬워진다. 오리지널리티로 승부를 본다는 것 자체가

| 미국 디트로이트에서 시작한 수공예 명품 브랜드 시놀라. 최근 그들의 첫 브랜드 호텔 시놀라가 오픈했다(왼쪽).

소비자에게는 해당 카테고리의 '1등'으로 기억되기 쉬운 구조가 되기 때문이다. 소비자가 스페셜티 커피를 생각할 때 곧장 블루보틀이 떠오른다면, 가장 '미국적'인 브랜드를 생각할 때 시놀라가 떠오른다면 이미 보이스 쇼핑 경쟁에서 우위에 설 발판을 마련한 셈이다. 물론 이와 같은 브랜드 이미지와 어울리는 구체적인 상품 기획과 서비스는 선결 조건이다.

2 | 제로 웨이스트(zero-waste)

친환경은 리테일러들에게 필수적인 요소로 점차 자리 잡아가고 있다. 그런 친환경, 특히 쓰레기를 줄이는 친환경 움직임인 제로 웨이스트(무낭비)를 리테일러의 핵심 가치로 브랜딩할 수도 있다. 친환경 중심의 브랜딩은 단순히 친환경 상품을 판매하는 것을 넘어서 그것을 브랜드의 핵심 가치로 삼는 것을 의미한다. 앞서 언급한 것처럼 Z세대들은 환경 문제에도 관심이 높다. 따라서 이타성이 깃든 브랜드에 더 친화적으로 반응하는 것으로 알려져 있다. 이미 친환경 중심의 브랜딩은 사회적으로도, 또한 미래의 주요 소비자들에게도 어필하는 좋은 전략이다.

뉴욕 브루클린에 위치한 로드숍 패키지 프리Package Free는 제로 웨이스트를 추구하는 브랜드다. 창업자 로렌 싱어Lauren Singer는 2012년부터 개인적으로 제로 웨이스트 라이프스타일을 영위하다가 본격적으로 친환경, 제로 웨이스트에 초점을 맞춘 매장을 오픈했다. 여기서 제로 웨이스트는 쓰레기를 줄인다는 의미라기보다는 분해되지 않는 잔해를 최소

| 제로 웨이스트를 강조한 패키지 프리 매장.

화한다는 의미다.

패키지 프리의 문을 열면 매장으로 이어지는 계단이 나타난다. 이 계단에 놓인 다섯 개의 박스는 매장을 방문하는 고객이 전자제품, 각종 필터나 청소용품, 뷰티와 헬스 상품 등을 재활용하도록 권장하기 위한 것이다. 이곳에서 판매하는 상품들은 모두 환경 친화적이며 재활용이 가능하다. 화장솜 역시 재활용이 가능한 제품이다. 다른 브랜드와 컬래버레이션을 진행하면서 상품 구성 역시 다변화한다. 필자가 방문했을 때는 브랜드 클린 캔틴Klean Kanteen과 협업으로 PF × Klean Kanteen 물병을 판매하고 있었다. 이 매장은 상품 가격이 적힌 상품 가격표도 특이하다. 일반적인 플라스틱표가 아닌 누런 재생지에 가격을 손글씨로 적어놓았다.

패키지 프리는 100퍼센트 재활용이 가능한 재질과 아이디어로 제로 웨이스트를 실천한다. 상품 배송에 재활용 박스를 이용하고, 깨지는 제품을 배송할 때에는 100퍼센트 생분해되고 재활용이 가능한 종이로 박스 안을 채운다. 배송 박스에 사용하는 테이프도 100퍼센트 생분해되는 친환경 소재다. 로렌 싱어에 따르면, 2016년 매장 오픈 이후 400만 개의 플라스틱 빨대, 300만 개의 비닐봉지, 140만 개의 재활용이 불가능한 병과 컵을 줄였다.[4]

또한 리테일러와 제조사가 협력해서 패키징을 이용한 친환경 브랜딩을 진행할 수도 있다. 아마존은 얼마 전 친환경 타이드 에코박스Tide Eco-Box를 론칭했다. 기존의 병 모양 패키징을 완전한 사각형으로 변화시켜

| 타이드의 기존 패키징(왼쪽), 아마존과 타이드가 함께한 친환경 패키징(오른쪽).

서 패키지 그대로 배송될 수 있을 뿐만 아니라 패키지 자체가 세탁 세제를 덜어 쓸 수 있는 디스펜서 역할을 한다. 이 패키징은 기존 패키징보다 플라스틱 사용량은 60퍼센트, 물 사용량은 30퍼센트 줄였다. 또한 무게도 기존 패키징보다 1.8킬로그램이나 가벼워, 제품 배송에 들어가는 탄소 배출량도 줄었다. 또한 이 박스는 재활용이 가능하다. 아마존에 따르면, 타이드 에코박스 패키징 덕분에 25만 7000톤의 쓰레기와 10억 개의 포장 박스를 줄였다고 한다.

이마트 역시 친환경 캠페인을 통해 환경을 생각하는 브랜딩을 진행한다. '같이 가 장바구니'가 그것인데, 온라인 쇼핑에서 발생하는 과잉 포장 폐기물을 이마트 장바구니로 교환해주는 캠페인이다. 교환되는 장바구니는 재활용이 가능한, 환경 친화적인 고밀도 폴리에틸렌 소재인 타이벡Tybek 재질로 만들어졌다. 장바구니 문화를 정착시켜 친환경 쇼핑 문화를 조성하기 위해서다. 이마트의 친환경 마케팅 역시 소비자 층과 주부들이 환경 보호 이슈를 중요하게 생각한다는 점을 고려한 브랜딩 전략으로 볼 수 있다.[5]

3 | 오감을 자극하는 멀티 체험

마지막으로 제안하고 싶은 브랜드 전략은 오프라인 공간을 시각적 요소(사이니지, 패키징)와 청각적 요소(음악, 음성 로고) 등을 포함한 복합감각적 장소로 만들라는 것이다. 이 전략은 오프라인 리테일러들은 물론, 온라인 브랜드의 O2OOnline to Offline 브랜딩을 도와준다.

예를 들어 뷰티 로드숍 브랜드 이니스프리는 명동 플래그십 매장에 공간 브랜딩을 진행하여 4층 건물, 약 200평의 공간에서 제주를 오감으로 느낄 수 있게 했다. 우선 입구에 들어서면 디지털 파사드가 제주의 풍경을 영상으로 재생한다. 1층에 있는 자연주의 콘셉트의 브랜드 숍은 제주를 상징하는 현무암 바닥과 여러 식물들로 장식되어 제주의 느낌을 자아낸다.

2층과 3층에는 브랜드 상품, 음료와 브런치 세트를 판매하는 그린 카페가 있다. 이니스프리표 착즙 주스부터 제주산 그린티 타르트와 자몽 유채꿀 타르트까지 다양한 디저트류를 판매한다. 한편에는 브랜드 VR을 경험할 수 있는 VR 체험 공간이 마련되어 있다. 숲속의 정원 같은 느낌을 주는 수직 정원을 인테리어에 적용하는 한편, 3층에는 미니 연못

| 명동 이니스프리 플래그십 매장 2층의 카페(왼쪽)와 VR 체험 공간(오른쪽)의 모습.

까지 마련되어 있다. 이렇게 제주의 자연을 소재로 한 화장품, 유기농 음료와 음식뿐만 아니라 VR을 포함한 색다른 경험도 제공함으로써 이니스프리는 라이프스타일 속의 자연주의를 강조한 공간 브랜딩에 성공했다.

이런 성공에 힘입어 2019년 3월에는 언택트 매장을 열었다. 뷰티 브랜드 특성상 직원의 눈치를 보지 않고 제품을 체험해보고 싶어 하는 소비자의 니즈에 맞춰 무인매장 '셀프 스토어'를 도입한 것이다.[6] 이 매장에는 제품을 추천해주는 직원이 없는 대신 피부 타입을 측정한 후에 제품을 추천해주는 뷰티톡 미러, 피부에 맞는 시트팩을 추천해주는 시트팩 벤딩 머신 등을 비치했다. 소비자에게 다채로운 경험을 선사하려는 시도다.

이상과 같이 브랜딩을 위해 소비자를 유혹하는 오감 요소들을 꼼꼼히 살펴야 한다. 브랜드 인지도를 향상시키기 위해 감각적인 패키징과 로고를 활용할 수도 있다. 이마트 노브랜드의 노란 색감, 영국 아스다Asda PB의 검은색과 금색은 리테일러의 PB 브랜드 인지도를 높여주었다.

한편 AI, AR, VR 등 디지털 테크가 리테일의 중심을 차지하면서 고객과의 소통 채널이 다양해졌다. 브랜드는 이제 어떤 채널을 통해 집중적으로 고객 경험을 제공할 것인지 결정해야 한다. 이를 위해 각 채널의 강점을 분석하고, 브랜드 스토리텔링을 어떻게 전개할 것인지를 치열하게 고민해야 한다. SNS와 오프라인 커뮤니케이션의 옴니미디어omni-media화의 중요성이 더욱 커질 것이다. 더불어 비주얼 언어(색상, 폰트, 아이콘, 디자인, 사진)와 소통 채널에서의 일관된 메시지가 앞으로도 중요할 것이다. 다만 차이라면 이 모든 것을 이전보다 훨씬 더 복잡하고 정교하게 설계해야 한다는 점이다.

3
—
리테일 고용의
미래

　뉴욕 맨해튼의 대표적인 백화점인 삭스 피프스 애비뉴에서 해고된 27세의 여성 힐다Hilda Awuor는 2017년 《뉴욕타임스》와의 인터뷰에서 "리테일 업계에서 더 이상 고생하고 싶지 않다. 이제 다른 분야로 직장을 알아볼 것"이라고 말했다.[1] 시간당 16달러를 받으며 고객에게 다양한 패션 스타일을 제시해주는 일은 좋았지만, 이제 더는 고용 안정성이 보장되지 않기 때문에 리테일 업계를 떠날 수밖에 없다는 것이었다. 오프라인 리테일 브랜드가 파산하면서 수많은 일자리가 사라지는 현실을 적나라하게 보여주는 장면이었다.

　자동화 등 기술을 바탕으로 소비 환경은 훨씬 더 편리하게 변하고 있지만, 동시에 노동하는 인간의 자리는 점차 줄어들고 있다. 리테일 테크가 더욱 심화할 미래에는 리테일 업계의 고용 양상이 더욱 심하게 변화할 것이다. 글로벌 컨설팅 회사인 PwCPricewaterhouse Coopers의 2017년 보고서를 보면, 영국에서 자동화로 일자리가 가장 많이 사라질 영역은 홀세일(도매)과 리테일이라고 한다. 또한 2030년 초까지 미국은 전체 일자리의 38퍼센트, 독일은 35퍼센트, 영국은 30퍼센트, 일본은 21퍼센트가 자동화로 인해 사라질 것이라고 한다.[2]

어떤 일자리가 사라지는가

리테일 비즈니스 내의 고용 위기와 변화는 '프런트엔드'와 '백엔드'의 두 차원에서 동시에 찾아오는 중이다. 프런트엔드에서는 '대체 가능성' 때문에, 백엔드에서는 '효율성' 때문에 고용 위기와 변화가 진행된다. 이에 대해 자세히 살펴보자.

첫째, 프런트엔드 측면에서는 자동화와 무인화로 고용이 축소된다. 2018년에 미국 라스베이거스의 '요리사와 바텐더 유니온Culinary and Bartenders Unions'이 지역 내 카지노와 호텔의 자동화에 반대하며 대대적인 파업을 벌였다.[3] 그들은 로봇이 그들을 대체할 수 없다고 외쳤다. 로봇이 칵테일을 만드는 등 무인화가 확산함에 따라 카지노 리조트인 MGM 리조트 인터내셔널MGM Resorts International이 2018년 6월 1일, 3만 8000여 명에 이르는 바텐더, 매장 종업원, 요리사 등 직원과의 계약을 종료했던 것이다.

앞에서 소개했던 미국의 로봇 샐러드 레스토랑인 스파이스에는 단 세 명의 직원이 일한다. 두 명은 로봇이 만든 샐러드 도시락 뚜껑에 고객의 이름이 적힌 스티커를 붙여서 고객에게 전한다. 나머지 한 명은 간단히 매장을 정리하고 현금 계산을 원하는 소비자를 돕는다. 로봇을 도입한 허마셩셩 레스토랑 2호점이나 징둥닷컴의 X미래레스토랑 같은 경우도 서빙뿐 아니라 접시를 치우는 등의 업무까지 로봇이 대체한다. 아직은 매장에 무인화가 정착되지 않았지만, 리테일 인력이 기계로 대체되는 속도가 가속화되면 일자리가 사라지는 속도도 빨라질 것이다.

온라인에서는 챗봇이 일차 고객 커뮤니케이션을 담당하면서 관련 직업이 사라지고 있다. 리테일러 웹사이트에 소비자가 질문하는 경우는 결제, 치수, 스타일, 사양 등 제품 정보에 대한 궁금증이 대부분이다. 온라인상에서 상품을 고르기 막막해서 상품 추천이나 최저가 등의 정보가 필요할 때는 챗봇이 유용한 정보원이 된다. 이런 단순 반복적인 질문은 매뉴얼을 작성해 챗봇으로 응대할 수 있기 때문에 기업의 입장에서는 사람 대신 비용이 적은 챗봇의 도입을 환영한다. 소비자 역시 실제 사람과 상담할 필요가 줄어든다. 카카오뱅크의 경우 2017년 6월 인공지능이 적용된 상담 챗봇을 도입한 이후 기존 콜센터에서 처리하는 문의가 절반 정도나 줄어들었다.[4]

둘째, 백엔드 측면에서는 인간보다 기계의 효율성이 높기에 인간이 기계에 대체된다. 특히 물류의 로봇화와 자동화는 비용을 절감해줄 뿐만 아니라 작업 정확도도 높여준다. 중국 징둥의 물류 로봇에는 2D와 3D 시각 인식 기능이 있어 시간당 무려 4만 개의 상품을 99.99퍼센트의 정확도로 분류한다.

상품 머천다이징 인력이 인공지능으로 대체되는 이유 역시 효율성 때문이다. 필자가 상품 기획을 했던 2000년대 초반을 생각해보면(지금도 크게 다르지 않다) 상품 기획은 전년도와 현재의 판매 데이터를 가지고 다음 시즌의 상품 디자인과 물량을 기획하는 방식이었다. 그런데 기술 발전과 함께 소비자 데이터가 방대하게 늘어났기 때문에 인간이 모든 데이터를 이해하고 상품 머천다이징에 최적의 결정을 하기는 쉽지 않다.

반면 인공지능은 딥 러닝으로 머천다이징 큐레이션을 할 수 있으며, 개인의 취향 맞춤 머천다이징까지 할 수 있다. 잘 알려진 스티치 픽스Stitch Fix, 트렁크 클럽Trunk Club 등 서브스크립션(구독) 기반의 서비스들이 그런 경우다. 이런 서비스는 고객에게 여러 스타일을 질문하고, 그에 대한 답변을 바탕으로 개인의 취향을 분석하여 제품을 제안한다. 회사는 고객에게 취향에 맞는 몇 가지 아이템을 보내주고, 고객은 그중 마음에 드는 제품을 모바일 앱에서 살 수 있다. 원하지 않는 것은 그냥 되돌려 보내면 된다. 스티치 픽스의 경우 구독료는 없는 대신 스타일리스트의 스타일링 요금 20달러가 부과된다. 스티치 픽스는 데이터 사이언스를 토대로 퍼스널 스타일리스트와 머신 러닝을 결합함으로써 개인 맞춤 머천다이징을 구현했다. 덕분에 2017년 기준 7300만 달러의 매출을 올렸다.

경험과 직관보다 데이터가 상품의 선택, 큐레이션, 물류에 중요한 역할을 하게 되면서 전문성을 가진 장인도 고용의 위기로부터 자유롭지 못하게 됐다. 일례로, 2017년 일본의 기린맥주는 인공지능을 상품 개발에 도입하겠다고 발표했다.[5] 맥주는 제조 과정에서 온도, 습도 등 환경 변화에 민감하게 반응하기 때문에 오랜 경험과 직관이 있는 장인이 맥주 제조에서 중요한 역할을 했다. 하지만 20년치의 데이터만 있으면 인공지능 기술로 최적의 맥주 제조 방법을 찾아낼 수 있을 거라는 확신이 인공지능 도입의 이유가 되었다.

이제 인공지능 덕분에 엄청나게 빠른 속도로 상황을 분석하고 환경 변화에 대처할 수 있게 됐다. 이로 인해 불행하게도 인간이 설 자리가 좁아지는 것이다. 결국 앞으로는 리테일 업계의 많은 공정에 인공지능, 물류 로봇, 챗봇이 도입되어 인력을 대체할 것이다. 단순 작업을 하는 직종이 사라지며 해고 바람이 불어닥칠 것이다. 이로 인한 일자리 양극화와 소득 불평등을 거스르기란 쉽지 않아 보인다.

어떻게 대비할 것인가

그럼 우리는 어떻게 대비할 것인가. 가트너에 따르면 인공지능이 고용 시장에 부정적인 변화만 가져오는 것은 아니다. 가트너는 2020년까지 인공지능으로 180만 개의 일자리가 사라지는 대신 230만 개의 일자리가 새로 생길 것으로 예측했다.[6] 즉 단순 작업은 자동화되어 줄어들지만, 생산성이 혁신적으로 향상되는 새로운 분야에서는 일자리가 창출되는 긍정적인 결과가 나타나는 것이다. 실제로 인공지능으로 기차 바퀴를 점검해본 결과 점검 횟수를 늘려야 하는 것으로 나타났고, 이로 인해 인력이 더욱 필요해졌다는 것이다. 하지만 필자는 이런 경우는 일부에 불과하다고 생각한다. 리테일 업계 전체에 고용 위기가 올 거라는 사실은 부정하기 어렵다. 그러므로 개인의 관점에서 앞으로 다가올 고용 위기에 대비하려면 다음과 같은 점에 주목해야 한다.

첫째, 미래형 일자리를 파악해야 한다. 가트너는 은행, 보험처럼 행정적인 일은 IT와 자동화로 인해 변하거나 사라질 것으로 예상했다.[7] 더불어 미래형 일자리의 유형을 '센토 인텔리전스Centaur intelligence'라고 표현했다. 센토는 그리스 신화에 나오는 반인반마의 괴물인 켄타우로스를 의미한다. 비즈니스 영역에서 센토 인텔리전스는 인간과 로봇 그리고 인공지능이 결합된 지능을 의미한다. 예를 들어 소프트웨어 프로그램 등의 영역은 인공지능과 인간이 공생하여 생산성 향상을 꾀할 수 있는 센토 인텔리전스다. 인간의 한계와 인공지능의 한계를 서로 보완할 수 있는 직업이 미래형 일자리인 셈이다.

이제 어디에서 일하는지를 의미하는 '직장'이 아니라 어떤 일을 할 수 있는지를 의미하는 '직업'이 더 중요하다. 인공지능에 대체될 직업을 예측해보면, 기자와 작가 같은 창조력이 필요한 직업도 있다. 이밖에 인공지능 시대에도 수요에 비해 공급이 부족하여 안전한 직업군으로 경영, 데이터 분석, 도시 공학자 등이 있다.

아래 표[8]가 보여주듯이, 리테일 프런트엔드와 백엔드에서 자동화·무인화로 비용이 감소하거나 효율성이 높아지는 직군들은 필연적으로 직업·고용 안정성이 낮을 수밖에 없다. 반면 기업 입장에서 방대한 빅데이터 분석력이 필요하게 되었으나 그만큼의 공급이 따르지 않는 데이터 분석가와 같은 직종은 리테일 업계뿐 아니라 비즈니스 영역 전반에서 높은 고용 안정성을 누릴 것이다. 어느 통계에 따르면 2017년 미국에서 빅데이터 분석가는 평균 13만 5000~19만 6000달러(약 1억 5000만 ~1억 9000만 원)의 연봉을 받았다.[9] 고도의 경영 관리와 매니징 직무에는

■ 인공지능으로 대체될 리테일 업계의 직업들 ■

직업	주요 대체 요인
트럭 운전사	구글 알파벳의 웨이모 트럭
택시, 승차 공유, 배달 운전사	자율주행차
고객 서비스, 오피스직	구글 듀플렉스 등 AI봇과 AI 기반 음성비서
헬스케어직(질병 진단)	진단 AI
물류창고직	아마존 키봇, 영국 오카도 등 물류 로봇
조립 라인 공정직	공장 내 조립 라인의 자동화
리테일/고객 소통 관련 직종	키오스크, 아마존 고 등 자동화
기자	기사 작성 AI
군인과 파일럿	자동화 무기, 로봇

| 출처: 골드만삭스, 맥킨지 보고서, 펜실베니아대학교 등의 자료 종합 |

지식뿐 아니라 상황에 대한 유연한 대처 능력이 필요하다. 따라서 이러한 직업도 인공지능으로 대체될 가능성이 낮다.

앞으로는 기술 발전으로 새로운 직업들이 생겨나면서 가상 세계와 우주에서 일자리를 얻게 될 것이라는 전망도 속속 등장하고 있다. 2016년 미국 마이크로소프트 연구팀이 영국 컨설팅 회사 미래연구소The Future Laboratory와 함께 2025년에 주목해야 할 직업을 제시했다.[10] 그중 리테일 영역과 관련 있는 직업들을 꼽아보면 가상공간 디자이너, 디지털 문화 해설가, 사물인터넷 데이터 분석가, 퍼스널 콘텐츠 큐레이터 등이 있다. 또한 로보틱 엔지니어 등 로봇 관련 직업이 늘어나는 한편, 인간과 로봇의 관계를 중재해줄 수 있는 윤리 기술 변호사의 역할이 중요해질 것으로 전망했다.

종합해보면 기술이 보다 발달하면서 소통과 라이프스타일 플랫폼을 중심으로 인간의 분석력과 통찰력이 필요한 직업군들이 주목받을 것이다. 결국 미래의 일자리를 정의할 때는 단순히 인간 대 기계의 대결이라는 시각에서 벗어나 개인의 강점이 핵심 역량이 되는 분야인지를 봐야 한다. 개인의 능력에 더해 창의성, 공감력, 감정, 통찰력 같은 '나만의 특성'이 중요한 이유다.

그런데 간과하지 말아야 할 점은 미래형 일자리를 파악하려면 트렌드를 무시해서는 안 된다는 것이다. 데이터 분석가 같은 직업들이 리테일 업계에서 각광받게 된 것은 기술적, 시대적 트렌드의 변화 때문이다. 빅데이터 축적이 불가능했다면 데이터 분석가의 몸값이 지금처럼 높을 수는 없었을 것이다. 다시 말해 아무리 나만의 강점을 가진다고 해도 시대적 트렌드와 동떨어져 있다면 미래형 일자리와도 가까워질 수 없다.

둘째, 미래형 일자리를 파악했으면, 미래형 일자리에 대비해야 한다. 먼저 직업적 기술을 습득하는 것은 기본이다. 여기에 더해 인문학을 바탕으로 감성지수를 높여야 한다. 예컨대 데이터를 이해해 마케팅에 적용하고 소비자에게 소구할 수 있게 디자인하는 것은 문화·예술적인 감수성이 더해져야 가능하다. 도서관에서 자격증시험과 입사시험을 준비하는 것이 단기간의 준비라면, 장기적으로는 감성지수를 높이는 데도 관심을 가져야 한다.

경험 역시 중요하다. 앞에서 논의한 것처럼 온·오프라인·모바일을 넘나드는 리테일 환경에서 자신만의 차별적인 역량을 쌓으려면 입체적 경험이 필요하다. 필자도 상품 기획 담당자로 일하던 시절, 매장에서 고객에게 직접 의류를 입혀 보고 피드백을 듣는 등 오프라인에서의 경험이 MD로서의 역량을 키우는 데 도움이 됐다. 특히 앞으로 온라인과 모바일 비즈니스 운영 경험이 중요해질 것이다. 플랫폼의 운영 원리, 고객 리뷰 등의 데이터 활용 방식을 이해하는 경험이 어떤 유형의 리테일에 종사하든지 꼭 필요한 역량으로 자리잡았다. 반대로 온라인 플랫폼에서 일하는 리테일 종사자들은 고객 경험을 극대화하는 매력적인 오프라인 매장 경험을 해보는 것 역시 필요하다. 직접 경험이 불가능한 상황에서는 책이나 주위 네트워크를 통해 간접적 경험을 늘릴 것을 권한다. 이 모든 경험들이 결과적으로 어떤 한 분야를 공략하는 데 튼튼한 밑거

름이 될 수 있다. 더불어 앞으로의 구직·이직에는 링크드인LinkedIn이 유용한 플랫폼이 될 수 있다. 링크드인으로 이직한 사례가 늘고 있기에, 경력을 업데이트하고 강점을 어필할 수 있는 프로필을 만드는 것이 중요하다.

한편, 기업도 인공지능의 도입과 고용 문제에 현명하게 대처해야 한다. 인공지능의 시대가 왔다고 해도 기존 직원을 기계로 대체하는 일에는 신중을 기해야 한다. 인공지능과 자동화가 항상 인간보다 더 큰 가치와 효용을 제공한다는 보장은 없기 때문이다. 아직은 배달 로봇으로 피자를 배달하는 것보다 직원이 스쿠터를 타고 배달하는 것이 더 빠르고 더 효율적이다. 소비자로서는 로봇이 만드는 맥주보다 장인 정신이 깃든 맥주가 더욱 가치 있게 느껴질 수 있다.

또한 첨단 기술에 대한 맹목적 믿음을 경계해야 한다. 기계가 사람의 직무를 대체할 수 있다거나, 모든 면에서 능력이 뛰어나다고 생각하는 오류를 피해야 한다. 현재의 직원을 다면 평가해보고, 적재적소에 배치하는 접근이 필요하다. 대안으로 인공지능과 인간의 능력을 겸비한 하이브리드 인력hybrid worker을 양성하는 것이 앞으로 인력 시장에서 중요한 주제가 될 것이다.[11]

기업은 무인화를 받아들일 최종 소비자의 입장에서도 생각해야 한다. 이미 소비자들은 슈퍼마켓과 은행에서의 셀프 체크아웃, 공항의 자동 출입국 심사 등 무인화 업무 처리에 익숙해지고 있다. 그러나 프런트엔드에서 로봇이 직원을 대신하는 상황에 대해 신기함을 느끼는 단계를 넘어서서, 소비자들이 과연 편리하고 효율적이라고만 받아들일 것인지에 대한 신중한 접근이 필요하다. 매장 어디선가 "여기 직원은 없나요?"라고 연신 외치는 소비자, 모바일이나 로봇 화면에 익숙하지 않은 노년층 소비자에게 로봇은 무엇을 제공할 수 있는지, 무엇보다 '사람의 온도'를 원하는 소비자들에게 기업은 어떻게 서비스할 것인지 신중히 고민해야 한다.

4
—
비즈니스 생태계 속의
리테일 리더십

리테일 기업이 변화하는 리테일의 미래에 대응하기 위해 필연적으로 요구되는 것은 무엇일까? 기업이 비즈니스를 바라보는 시각과 조직 문화의 변화일 것이다. 즉 미래의 리테일 환경을 이해하고 적절히 대비하기 위해서는 기업의 시각과 조직 문화를 포함한 기업의 리더십 스타일부터 변해야 한다. 새로운 문화를 정착시키는 근본 동력이 리더십이기 때문이다.

여기서 리더십은 리테일 기업의 마켓 리더십일 수도 있고, 리테일러의 리더인 CEO의 리더십일 수도 있다. 예컨대 2019년 현재 기업 가치 1위이자 미래 가치 1위인 아마존은 리테일 마켓을 이끄는 마켓 리더십을 가진다. 또한 아마존의 창업자 겸 CEO인 제프 베저스는 공격적 리더십으로 대표된다. 중국 리테일 업계의 혁신 아이콘은 알리바바의 마윈이다. 한국에서는 신세계그룹 정용진 부회장이 소통 리더십을 대표한다. 이들은 각자의 국내 시장뿐만 아니라 글로벌 마켓에서 영향력을 발휘한다. 즉 기업가 정신에 기초한 혁신을 통해 리테일 마켓에서 리더십을 발휘한다. 월마트나 알디 같은 리테일러들은 CEO의 영향력이 상대적으로 작지만 시장을 지배한다. 반면 미국 시어스 백화점의 파산은 CEO인 램퍼트Edward Lampert의 운영 실책에 기인한다는 시각이 많다. 더욱 첨예한 파괴적 혁신이 벌어질 미래에는 마켓 리더십, CEO 리더십이 더욱 중요해질 것이다. 무엇이 리테일 리더십을 결정짓는 것일까?

리테일 리더십의 요건

필자는 급변하는 리테일의 미래에서 리더십을 결정짓는 요소로 고객 지향, 민첩성, 데이터, 윤리에 주목한다.

1 | 고객 지향 : 모든 것은 고객에서 시작하고 고객으로 귀결해야 한다.

리테일에서 고객은 존재 이유이고 제품의 최종 목적지다. 하지만 앞으로는 이런 시각에서 더 나아가야 한다. 단편적인 정보 습득의 차원이 아니라 타깃 고객의 라이프스타일 분석 차원에서 고객의 구매 행동을 바라봐야 한다. 즉 고객의 라이프스타일을 시작점, 구매 행동을 결과로

보아야 한다. 그러기 위해서는 고객 중심의 생태계 구축이 필수적이다.

아마존은 '고객 집착'이라고 불릴 정도로 고객의 라이프스타일을 알아내기 위해 모바일, 온라인, 오프라인 등 모든 수단을 동원한다. 아마존의 비즈니스 전략은 아마존 태블릿인 파이어Fire, 바코드/음성 인식기인 대시Dash, 스마트 스피커인 에코, 전자책인 킨들Kindle, 가정용 로봇인 베스타까지 모든 디바이스를 고객과의 커뮤니케이션 채널로 삼는 것이다. 2019년 2월 아마존은 물리적 대시버튼 판매를 중단하는 대신 스크린을 탑재한 에코 쇼Echo Show에 가상 대시 화면을 제공하겠다고 발표했다.[1] 소비자들이 알렉사를 통해 손쉽게 쇼핑하는 경험을 선호하게 되었기 때문이다. 이처럼 고객의 생활 방식과 대화를 데이터화하여 더욱 정교하게 고객 맞춤 상품과 프로모션을 제안한다.

아마존은 연간 119달러를 내면 무료로 배송해주는 프라임 멤버십을 운영한다. 멤버십에 가입하면 무료로 아마존이 직접 제작한 스트리밍 콘텐츠를 시청할 수 있는 멤버십 이코노미Membership Economy 혜택으로 멤버십을 더욱 확장한다. 다양한 디바이스로 수집되는 소비자의 행동과 생각을 빅데이터로 구축하고 이를 기반 삼아 한층 정교한 마케팅을 한다. 이미 온라인 세계 1위인 아마존은 이러한 고객 중심의 빅데이터 전략을 바탕으로 아마존 4-스타와 홀푸드마켓을 고객 접점 포인트 삼아 오프라인 리더십도 더욱 강화할 것으로 보인다.

콘텐츠 형성에서 고객의 참여와 감성의 연결을 높이는 접근도 고객에서 시작해 고객으로 귀결되어야 한다. 이마트는 2018년에 6개월간 활동하는 서포터즈 프로그램 '이마터즈'를 시작했다. 이마트 디지털 콘텐츠 담당자에 따르면, 1기는 52명, 2기는 60명이 활동 중이라고 한다. 소속감을 주기 위해 선발 과정부터 남다르다. SNS 활용 역량과 이마트에 대한 애정을 시험하기 위해 '이마터즈 능력시험'을 치르는 것이다. 선발된 '이마터즈'의 주 역할은 자신의 안목으로 사거나 경험한 상품이나 서비스를 추천하는 것이다. 이들이 선택한 상품 가운데 대여섯 개는 전국 매장에 해당 서포터의 이름과 얼굴, 상품 선정 이유를 기재한 매장 내의 홍보 광고물과 함께 '이마터즈픽'이라는 이름으로 전시된다. 선정 기준은 왜 좋았는지에 대한 설득력 여부다. 이 콘텐츠는 페이스북 등 이마트 채널에도 게시된다. 소비자는 같은 소비자의 상품 리뷰를 더 신뢰하기 때문에 바이럴 효과가 높았고 매출도 상승했다.[2]

그런데 고객을 이해할 때는 인구 변화를 포함한 사회적 변화도 변수로 고려해야 한다. 인구 감소 등의 인구 변화가 초래하는 소비 절벽에 대비하려면 밀레니얼과 Z세대에 집중해야 한다는 점을 이미 1부에서 언급했다. 미래의 소비자인 Z세대의 라이프스타일 변화는 리테일 전략에 직접적인 영향을 미친다. 1인 가구 증가, 편리함, 간편식, 가성비 등이 젊은 소비자의 라이프스타일에 중요한 가치로 부상하면서 이런 가치를 제공하는 PB가 성장한 것이다. PB는 단지 저가 제품에만 머물지 않고 고급화와 다양화로 나아간다. PB의 전성기는 마진율을 높여야 하는 리테일러의 필요와 밀레니얼 및 Z세대 소비자의 라이프스타일 변화가 맞물린 결과다.

결국 앞으로의 리테일 리더십은 고객에 대한 이해를 바탕으로 특별한 경험을 제공하는 전략을 필수적으로 수반한다. 이 책의 앞부분에서 고객 맞춤, 온디맨드 상품, 고객 서비스의 변화에 대해 이야기했었다. 그 모든 고객 관련 인사이트들이 미래의 리더십을 위한 기본 지식이 되어야 한다. 더구나 AI가 리테일 속으로 점점 파고들면서 어떤 면에서는 AI가 제공할 수 있는 서비스는 데이터를 기반으로 하는 '평준화'로 진행될 가능성이 높다. 그런 환경에서 고객을 중심에 놓고, 고객과의 공감, 관련성, 용이성 등(앞서 논의된 고객의 감성적 경험의 다섯 가지 요소)을 높여 감성

| 이마트 서포터즈 프로그램 이마터즈의 광고 프로모션.

적 경험을 제공한다면 고객에게 감동을 주어 리테일러를 다시 찾게 만드는 원동력이 될 것이다.

2 | 민첩성 : 혁신은 빠르게 실행해야 한다.

고객의 생각과 행동을 이해했다면, 고객의 니즈 변화에 기민하게 대응해야 한다. 고객의 니즈가 빠르게 변화하는 시대에 기존의 장기 계획 모델은 비효율적이다. 다각도로 고객 데이터를 수집해 효과를 분석한 다음 효과적이지 않다면 빨리 버리고 새로운 방법을 고안해야 한다. 이런 접근 방식을 애자일agile 방법론이라고 한다. IT 업계에서 시작했지만 리테일 업계로도 점차 확대돼 마케팅, 제품 개발 등에서 업무 수행 방식을 빠르게 바꾸고 있다.

애자일의 사전적인 정의는 협력과 피드백을 자주, 일찍, 더 잘하는 것이다. 개발은 대개 고객 요구 분석 → 설계 → 개발 → 테스트 → 적용의 순서를 따른다. 그런데 이런 개발 방법을 따를 경우 고객이 테스트 결과를 선호하지 않으면 설계부터 다시 해야 한다. 더 나은 제품을 내놓기 위해서는 반복 개발이 필수적인데, 애자일은 빠른 커뮤니케이션과 피드백으로 반복 과정의 속도와 유연함을 높여준다.

애자일 방법론을 잘 실천하는 리테일러로는 아마존과 알리바바가 있다. 이 둘의 공통점은 온라인 리테일러로 시작했으나 기술 중심의 테크놀로지 기업으로 성장해, 고객의 니즈와 미래의 비전을 위한 다양한 실행을 빠르게 실천한다는 점이다. 다양한 리테일 테크를 신속하게 도입하고 마이크로 서비스micro-service 수준에서 빠르게 테스트한 뒤, 기대만큼 소비자 반응이나 효과가 없으면 버리거나 수정한다. 빠르게 실행하여 고객과 시장에서 오는 새로운 아이디어를 학습하고 개선이 필요한 부분은 수정한다. 그런데 이 과정에서 반복되는 실패를 필수적인 과정으로서 긍정적으로 바라본다.

예를 들어, 아마존은 2015년 4월에 데스티네이션스Destinations라는 여행 관련 서비스를 론칭했다. 각종 호텔의 특별 프로모션을 판매하는 서비스였는데 생각보다 성공적이지 않아 6개월 만에 중단했다.[3] 아마존은 월릿Wallet, 로컬 레지스터Local Register 서비스도 1년 만에 중단했다. 음악을 다운받아 온라인 라이브러리를 만드는 뮤직 임포터Music Importer 서비스도 1년 만에 중단했다. 대신 이 서비스는 이후 스트리밍 서비스인 프라임 뮤직으로 진화해 지금까지도 소비자를 유입시킨다.

만약 어느 기업이 어떤 서비스를 1년 동안 준비해서 야심차게 론칭하는데, 조직 내 커뮤니케이션과 소비자의 피드백이 개발 과정에서 누락되어 있다면 어떨까? 소비자가 원하는 것과 기업이 내놓은 서비스 간의 간격이 크고, 소비자의 반응도 부정적일 가능성이 높다. 당연히 피해도 클 것이다. 커뮤니케이션을 빠르게 실행하면서 소비자의 피드백을 수용하고 이에 맞게 서비스를 개선해야 최종 결과물에 대한 소비자 만족이 높다.

애자일 전략을 실행할 때 가장 중요한 것은 조직 내의 의사소통이다. 애자일이 성공하려면 다양한 사람들이 활발하게 의사소통을 해야 한다. 그런데 자유롭게 소통하는 기업 문화가 형성되어 있지 않으면 애자일의 장점인 빠른 실행과 솔직한 피드백이 이뤄질 수 없다. 즉 새로운 아이디어를 민첩하게 실행하려면 조직 내의 활발한 소통 문화가 선결 조건인 것이다.

3 | 데이터 : '활용'을 먼저 생각하고 데이터를 구축해야 한다.

이미 2부에서 데이터의 중요성 등에 대해 심도 있게 논의했다. 그만큼 데이터는 고객을 이해하기 위해 아주 중요한 정보다. 그런데 한 가지를 간과하면 속 빈 강정이 되어버린다. 바로 '데이터를 어디에 쓸 것인가' 하는 점이다. 데이터를 구축하여 어디에 쓸지 활용 목적을 먼저 정하고 그에 따른 데이터를 구축해야 목적에 맞게 활용할 수 있다. 즉 리테일에서 데이터 수집의 궁극적인 목적은 '소비자의 라이프스타일 이해'이고, 그 이해를 바탕으로 소비자의 라이프스타일을 리드해나갈 수 있어야 한다. 그것이 리테일 리더십에서 또 하나의 핵심 축이다. 무작정 데이터를 쌓기 위한 시스템을 만드는 것이 아니라 소비자의 라이프스타일을 이해하고 활용하기 위해 그에 맞는 시스템을 구축하고 데이터를 축적해야 하는 것이다.

중국 항저우의 알리바바 본사 직원과 대화하다가 "알리바바는 소비자에 관한 모든 것을 데이터화하고 있다"는 말을 들었다. 굉장히 인상적이었다. 그는 알리바바가 추구하는 목표가 중국 소비자의 라이프스타일을 디지털 기반으로 전환하는 것과 그들을 알리바바의 생태계에 모으는 것이라고 했다. 이를 위해 타오바오와 허마셴성 앱으로 고객을 유도하고, QR코드 스캔 하나하나의 행동을 데이터로 만든다. 그리고 축적된 데이터를 기반으로 알리바바 소비자의 소비 패턴을 분석한다. 허마셴성이나 알리바바 매장에서 제공하는 무료 프로모션에서 무료 상품을 얻으려면 QR코드로 스캔해야 한다. 이런 스캔 하나하나로 누가 언제 어떤 프로모션에 반응하는지 저렴하게 정보를 얻는다. 그리고 이렇게 모인 데이터는 알리바바가 지향하는 방향으로 소비자의 라이프스타일을 변화시키겠다는 목적에 활용된다. 이렇게 목적과 수단이 일치하는 데이터를 문맥 데이터contextual data라고 부른다.[4]

목적에 맞는 데이터를 구축하여 활용하려면, 전사적인 데이터 통합이 필요하다. 얼마 전에 대기업 임원으로부터 무려 80만 개의 데이터를 쌓아놓고도 여러 계열사에 데이터가 흩어져 있어서 고객을 입체적으로 이해하기는 역부족이라는 한탄을 들었다. 각각의 계열사에 저마다의 사정이 있어서 데이터 통합이 어렵다는 것이었다. 결국 온라인은 온라인대로, 오프라인은 오프라인대로 데이터가 별도로 존재한다는 것이었다. 모바일, 온라인, 오프라인 등을 통합한 옴니채널의 소비자 인사이트를 가지기 어려울 수밖에 없다. 장기적으로 리테일 리더십을 갖기 위해서는 데이터의 효과적인 구축과 함께 전사적인 데이터 통합이 필요하다.

데이터 활용 인력을 구할 때는 데이터에 대한 기술적인 이해뿐만 아니라 마케팅 마인드의 함양도 필요하다. 데이터는 그 데이터를 읽어내는 힘에 따라 엄청난 가치를 가질 수도 있고, 꿰어지지 않은 의미 없는 구슬에 머물 수도 있다. 마케팅 마인드가 있는 데이터 과학자를 영입하거나 내부에서 역량 있는 인재풀을 양성하는 것은 기업의 경쟁력 향상에 큰 도움이 된다.

4 | 윤리: 어떻게 사회에 긍정적으로 기여할 것인가.

리테일러는 미래 비즈니스에서 리더십을 가지기 위해 큰 그림을 그리고 비전을 수립해야 한다. 사회 구성원으로서 리테일러는 어떻게 사회에 긍정적으로 기여할지, 어떻게 기업 간의 경쟁을 상생으로 풀어낼지에 대한 전략을 세워야 한다.

첫째, 기업의 사회적 책임corporate social responsibility(CSR)은 이미 전 세계 모든 기업의 당연한 책임이자 의무로 자리 잡았다. 그런데 리테일 테크 시대의 CSR은 개인의 정보를 지키고 사이버 안전을 확보하며 궁극적으로는 인공지능으로 사회를 보다 긍정적으로 만들어갈 수 있느냐의 문제로 집중된다. 그것은 기존 기업의 생존에 중요한 역할을 할 것이다.

인공지능이 사생활을 침해할 수도 있다는 것은 이미 몇 차례의 사건을 통해 알려졌다. 2018년 4월 아마존 에코 스피커에 탑재된 알렉사가 한 가정의 사적 대화를 듣고 남편의 직장 동료에게 전송한 사건이 있었다.[5] 이 사건으로 알렉사가 사적인 대화를 엿들을 가능성이 확인되면서 아마존이 사생활을 침해한다는 우려가 증폭되었고, 에코를 보이콧하려는 움직임도 나타났다.

알렉사가 탑재된 아마존의 홈 로봇이 우리 삶의 편의성을 높일 수는 있지만, 우리 삶의 모든 부분이 은연중에 공개되고 데이터화되어 기업에 이용될지 모른다는 우려가 높아지자 아예 데이터를 수집당할 위험이 없는 스마트 스피커가 출시되었다. 2019년에 CES에서 선보인 마이크로프트 마크2Mycroft Mark II가 그것이다. 마이크로프트 AI가 개발한 인공지능 음성비서로 오픈소스를 지원한다.[6]

둘째, 너무도 사람 같은 수준으로 발전하는 인공지능에 대한 두려움이 커지고 있다. 앞서 언급한 구글의 AI인 듀플렉스는 시연에서 상황과 문맥에 맞게 '아하'와 '흠' 같은 추임새를 넣으며 사람처럼 자연스럽게 전화 통화를 했다. 구글 듀플렉스 같은 인공지능이 우리 대신 미팅에 참여할 날이 머지않았다고 예견하는 전문가도 있다.[7] 이런 경우 인공지능이 우리 대신 내린 결정이 과연 누구의 결정인지 법적인 책임 소재에 문제

| 2019년 CES에서 선보인 마이크로프트 마크 2.

가 생길 수도 있다. 더구나 인공지능이 사람과 구별되지 않을 정도로 정교해서 상대방이 기계인지 몰랐다면, 스마트폰에 탑재된, 나를 대신하는 음성비서가 법적 책임을 져야 하는지, 아니면 내가 법적 책임을 져야 하는지 문제가 복잡해진다. 그런 경우 상대방도 통화 대상이 음성비서인 것을 알았을 때와 몰랐을 때의 상황에 대한 인식과 대처가 다를 것이다.

앞서 언급했던 고용의 문제도 결국 리테일러의 윤리와 직결된다. 자

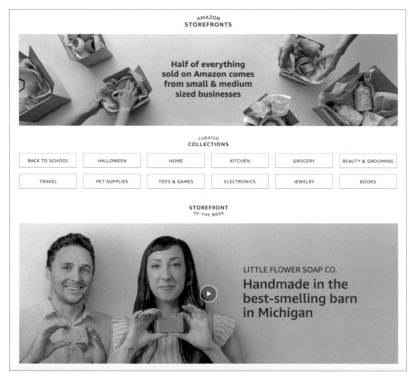

| 2018년 9월 아마존이 론칭한 아마존 스토어프런츠의 메인 화면.

동화·로봇화가 피할 수 없는 시대의 흐름이지만, 그 속에서 기존 직원들에게 역량 강화와 재교육의 기회를 주는 등 조화로운 기업 문화를 정립하는 것 역시 필요하다.

마지막으로 리테일 테크 시대의 기업 윤리에서도 기업 간의 상생을 통한 공존이 여전히 중요할 것이다. 대기업은 중소기업과의 동반 성장의 방법에 대해 더 많이 고민해야 한다. 애초부터 기업 문화와 비즈니스 윤리 측면에서 부정적인 평가를 받아온 아마존은 2018년 새로운 상생 프로젝트를 론칭했다. 아마존은 중소기업 제품 판매 등을 통해 약 90만 개의 일자리를 만들어냈지만, 압도적인 기술과 낮은 가격으로 수많은 중소기업을 무너뜨린 장본인이기도 하다. 이런 오명을 벗기 위해 아마존은 2018년 9월 아마존 스토어프런츠Amazon Storefronts를 론칭하고 2만여 개의 소상공인 상품을 입점시켰다. 그리고 '선택된 컬렉션Curated Collection', '금주의 첫 페이지 소개Storefronts of the Week', '회사 대표 만나기Meet the Business Owner'라는 세 가지 프로모션을 진행 중이다.[8] 이를 통해 아마존 웹사이트를 방문한 소비자가 자연스레 중소기업의 다양한 상품을 경험하고 구매할 수 있게 했다.

새로운 리테일 시대를 맞이하며

이제 우리는 리테일의 위기와 기회를 동시에 맞이하게 됐다. 지금까지 논의한 리테일 비즈니스 영역에서의 인공지능 쇼핑 비서, 캐시리스 리테일, AR과 VR, 옴니채널, 언택트, 초저가 PB, 스마트 물류, 블록체인 등은 미래의 기회를 잡기 위한 핵심적인 카테고리가 될 것이다. 그리고 분명한 것은 인류의 역사가 한결같이 증명해왔듯이, 기존의 관습적인 대응에서 벗어나지 못하는 리테일러들은 도태되고, 빠른 대응과 실행으로 변화에 적극적으로 맞서는 리테일러들은 기대 이상의 기회를 잡을 것이라는 점이다.

다만 필자가 이 책을 읽는 리테일러들에게 마지막으로 당부하고 싶은 것은, 인공지능 등의 첨단 기술을 만병통치약으로 여기지 말라는 것이다. 기술 진화는 홍수처럼 지속될 것이다. 단기적인 목적으로, 또는 트렌드라고 무작정 비즈니스에 최신 기술을 도입하는 것은 경쟁자들과 차별화를 꾀할 수도 없고, 투자 대비 효과를 가지기도 어려운, 무모한 투자가 되기 십상이다. 결국 기술은 비즈니스의 전반적인 효율성을 높이기 위한 하나의 도구일 뿐이라는 사실을 기억하기 바란다.

마케팅은 결국 소비자의 마음을 얻기 위한 일이다. 우리는 이러한 혁신적 기술을 활용해 소비자를 이해하고 마음을 움직여야 한다. 기술은 그 과정의 효율성을 높여, 소비자의 니즈에 민첩하게 대응하게 하고, 최고의 고객 경험을 제공할 것이다. 이것이 위기의 시대에 기회를 잡기 위한 보편의 원칙이다. 이 책이 그러한 전략적 방향을 설정하는 데 조금이나마 도움이 되기를 바란다.

그렇다면 리테일의 또 다른 축인 소비자들은 이토록 급변하는 리테일 시대를 어떻게 맞이해야 할까. 이미 우리는 일상에 침투한 스마트폰과 인공지능 비서가 제공하는 편리한 생활에 익숙해졌다. 앞으로는 원하든 원하지 않든 말로 쇼핑하는 삶이 일상화될 것이고, 마트나 집에서 로봇과 함께 살아가게 될 것이다. 로봇이 만들고 배달하는 음식을 먹고, 로봇에게 생활 예절을 배우는 아이들을 만나게 될 것이다. 다만 이렇게 편하게 변화할 리테일 환경이 결국 동전의 양면처럼 우리의 일과 노동에 긍정적인 영향과 부정적인 영향을 동시에 미칠 것이라는 점도 잊지 말아야 한다.

끝으로 소비자로서 의식적인 소비 활동에 더 관심을 가지기를 당부한다. 특히 윤리적 소비에 관심을 가지기를 소망한다. 소비자가 윤리적인 가치 판단을 기준으로 상품 또는 서비스를 구매하는 것을 윤리적 소비라고 한다. 이러한 소비 윤리는 소비에 대한 인식이 변화하면서 하나의 트렌드로 자리 잡았다. 조금 더 가격이 비싸더라도 환경을 고려하는 기업의 제품을, 동물 실험을 하지 않는 화장품을, 제3세계와 상생하는 공정무역 제품을 구입하는 것은 작은 범위에서 윤리에 기반한 소비 활동을 실천하는 행동들이다. 반대로 '갑질'을 자행한 기업이나, 직원들 또는 동물들에게 비윤리적인 처우를 하는 기업들을 보이콧하는 것도 윤리적 소비 활동에 해당한다.

기업은 결국 소비자의 선택에 운명이 달려 있다. 어떤 기업과 브랜드의 상품을 선택하는 것, 즉 소비자의 구매 결정은 투표권을 행사하는 것과 같다. 모두가 전 세계적인 환경 문제, 노동과 인권 문제, 사생활 침해 문제, 제3세계와 동물권 문제에 관심을 갖고, 지속 가능한 지구의 생존을 고민하는 기업에 매 순간 소중한 한 표를 던지면 좋겠다. 윤리적 기업의 상품을 구매하고, 그렇지 않은 기업의 상품을 선택하지 않는다면 결국 기업도 변화할 것이다.

소비자들의 윤리적 소비는 앞으로도 더욱 중요해질 것이다. 소비자들의 선한 구매 행위는 기업이 윤리적 이슈들을 더욱 중시하게 함으로써 결국 소비자들에게 보다 나은 환경, 보다 좋은 상품과 서비스를 제공하게 하는 선순환을 이끌어내기 때문이다. 그러니 이 책을 읽는 독자 여러분도 자신이 사용하는 물건들이 환경에 어떤 영향을 끼칠 것인지, 그리고 결국 부메랑처럼 우리 삶에 어떤 결과로 돌아올 것인지에 대해 생각해보기 바란다. 결국 우리가 마주할 미래이기 때문이다.

감사의 말

어렵사리 첫 책을 마무리했다. 책 한 권을 만드는 데 이렇게 많은 사람의 노고가 필요하다는 것을 처음 알게 됐다. 먼저 원고를 쓰는 과정에서 이 책의 방향성을 지지해주고, 집필 단계마다 현명한 조언과 도움을 준 인플루엔셜 출판사 김예원 팀장님께 감사의 말을 전한다. 각 단계마다 최고의 파트너가 되어주었다. 또한 이 책을 열정적으로 지지해준 인플루엔셜 출판사 대표님과 이하 직원 여러분들께도 감사의 말을 전한다.

필자가 근무하는 노스캐롤라이나주립대의 뱅크스 학장Dean Banks, 브라운 부학장Associate Dean Brown, 양 학과장Dr. Yang, 웰시 교수Dr. Welsh, 그리피스 교수Dr. Griffiths, 메밀리 교수Dr. Memili, 매코스키 교수Dr. Mackowski는 나에게 항상 영감을 주고 든든한 지원을 아끼지 않는 고마운 이들이다. 이렇게 서로 응원하고 지지하는 동료들을 만나게 되어서 고마울 따름이다.

2018년 중국 출장에 도움을 주신 한양대학교 이연희 교수님과 중국에 계신 문영옥 교수님, 그리고 텐센트의 이은지 님에게도 감사한 마음을 전한다. 홍성태 한양대 교수님께도 진심으로 감사하다는 말씀을 전한다. 사람의 인연이 얼마나 귀하고 소중한 것인지를 다시금 생각하게 해준 고마운 분들이다.

이 지면을 빌려 업계 관계자들에게도 감사드린다. 샤넬코리아의 박종한 상무님, 롯데백화점의 임종욱 팀장님, 백승호 책임님, 이마트의 김성준 부장님,

알리바바의 카이朱凱, CJE&M의 한유선 부장님, 제이텍코리아의 오원현 대표님, 롯데마트의 송자용 팀장님, CJ프레쉬의 백경민 팀장님, 바텍코리아의 김영태 팀장님, 정혜은 님 등의 도움으로 이 자리에 올 수 있었다.

무려 12년 넘게 글을 연재할 수 있게 해주신 한국체인스토어협회의 허영재 부회장님, 설도원 고문님, 윤은영 편집장님, 정성욱 차장님, 한지협 팀장님에게도 진심으로 감사드린다. 《리테일 매거진》과의 인연으로 항상 리테일 환경에 끊임없는 관심을 가질 수 있었다.

끝으로 미국에 있는 필자를 한국에서 끊임없이 지지해준 어머니와 홍준 오빠, 경희, 순경, 현숙 언니들에게도 함께해주어서 고맙다는 말을 전하고 싶다. 항상 느끼는 것이지만 가족만큼 소중한 사람들이 없다. 내가 미국으로 유학의 첫발을 떼지 못했다면 오늘의 나와 이 책은 존재하지 않았을 것이다. 여기에 일일이 언급하지는 못했지만 항상 응원을 아끼지 않는 나의 모든 지인들에게, 오랫동안 함께 웃고 울어준 모든 이들에게 감사의 말을 전한다.

주

✦ 프롤로그 ✦

1 "How Alibaba's 'new retail' is changing the future of retail in China and the world", *Technode*, 2018.2.14.

2 "Toys 'R' Us files for bankruptcy", *The Economist*, 2017.9.23.

3 Lauren Thomas and Christina Cheddar Berk, "Sears names dozens of the 72 stores it plans to close in the near future", *CNBC*, 2018.5.31.

4 Kate Taylor, "Here are the 18 biggest bankruptcies of the 'retail apocalypse' of 2017", *Business Insider*, 2017.12.20.

5 Hayley Peterson, "These 15 retailers could be the next to declare bankruptcy", *Business Insider*, 2017.12.19.

6 진상현, "알리바바의 신유통 자신감 '허마셴성이 냉장고 없앨 것'", 《머니투데이》, 2018.11.19.

7 Triana Alonso, "Zara bets on innovation for new Paris store", *Fashion Network*, 2018.12.13.

8 "Zara has opened the store of the future with its Westfield Stratford flagship", *Evening Standard*, 2018.5.18.

9 "Gartner Says 25 Percent of Customer Service Operations Will Use Virtual Customer Assistants by 2020", *Gartner*, 2018.2.19.

✦ Part 1 ✦

1

1 "A Timeline of the Internet and E-Retailing: Milestones of Influence and Concurrent

Events", Kelley School of Business Homepage.

2   "Retailing in the US. Country Report", *Euromonitor International*(p.1), 2018. 3.

3   Chris Isidore, "Retail's toughest year: A record for store closings", *CNN Money*,
     2017.12.26.

4   Lauren Thomas and Christina Cheddar Berk, "Sears names dozens of the 72 stores
     it plans to close in the near future", *CNBC*, 2018.5.31.

5   시어스는 2019년 1월, 가까스로 회장인 에드워드 램퍼트가 매각 입찰에서 재입찰받으며
     청산 위기를 넘겼다.

6   Sarah Butler, "6,000 shops close in tough year for UK's high streets", *Guardian*,
     2018.4.11.

7   Nik Martin, "As US, UK 'retail apocalypse' deepens, EU chains grow nervous",
     Deutsche Welle, 2018.6.18.

8   Olivia Heath, "BHS.com launches closing down sale as company reveal website is
     to close", *House Beautiful*, 2018.6.1.

9   Nik Martin, 위의 기사.

10   유윤정, "美 유통혁신 ③-1 롯데·현대·신세계는 아직도 수수료 장사만", 《조선비즈》,
     2018.11.7.

11   박민지, "'유통 빅3', 3분기 희비 교차⋯롯데·현대 '맑음' vs 이마트 '흐림'", 《FETV》,
     2018.11.12.

12   김재은, "'마켓인'쿠팡에 밀리는 이마트·롯데쇼핑 어쩌나", 《이데일리》, 2019.2.16.

13   다행히 2분기에 중국 사업을 정리한 롯데마트는 3분기 매출액은 1조 7070억 원, 영업이
     익은 320억 원을 기록하며 호조세로 전환했다. 롯데의 경우는 중국 사업 문제를 해결한
     점이 주효했다. 롯데는 2018년 5월 중국 우메이(物美)홀딩스와 리췬(利群)그룹에 74개
     매장을 총 30억 8500만 위안(약 4975억 원)에 매각했다. 남은 12개 잔여 매장은 폐점을
     진행 중이다. 롯데마트는 중국 철수를 완료하면, 매각 대금을 기반으로 동남아시아 시장
     공략에 힘을 실을 계획이다.

14   김재은, 위의 기사.

15   박견혜, "위기의 대형마트, 성장 둔화 계속된다", 《시사저널》, 2018.8.10.

16   윤병효, "위기의 대형마트, 3분기 연속 매출 하락", 《EBN》, 2018.9.28.

17   이승주, "작년 유통 업계 매출 6.8% 증가⋯대형마트만 감소", 《조선비즈》, 2019.1.30.

쿠팡의 경우 2017년 2조 6846억 원, 2018년 5조 원의 매출을 올릴 것으로 전망되었지만, 배송 서비스를 확대하면서 2015~2017년 1조 7000억 원에 이르는 적자를 기록했다. 2018년 11월 소프트뱅크로부터 2조 2500억 원 규모의 추가 투자를 유치함으로써 새로운 변환기를 맞을 것으로 보인다.

18 "Retailing Global Industry Overview", *Euromonitor International*, 2019.1.

19 이 책에서는 쇼핑몰과 쇼핑센터를 같은 의미로 통용해서 사용한다.

20 Leanna Garfield, "25 incredible photos revealing the history of America's first modern shopping mall", *Business Insider*, 2017.8.2.

21 Ashley Lutz, "American malls are dying faster than you think — and it's about to get even worse", *Business Insider*, 2016.8.31.

22 지역 몰은 약 132만~264만 제곱미터 넓이의 실내형 몰이다. 십자가 형태인 몰의 각 끝에는 메이시스 같은 백화점이 고객을 유입시키는 앵커(anchor)로 자리하고, 이들을 기점으로 40~80개의 의류, 화장품, 액세서리 전문점 등이 있다.

23 업스케일 매장과 다양한 레스토랑 및 극장 같은 엔터테인먼트 시설들이 야외에 구성되어 있는 쇼핑 공간을 말한다.

24 월마트, 홈디포, 코스트코 등 카테고리 킬러(상품 분야별 전문 매장)와 빅 박스 리테일러(대형 할인점)를 중심으로 한 826만~198만 제곱미터 넓이의 쇼핑 지역을 의미한다.

25 "What Retail Apocalypse? Reviewing Trends in US Brick-and-Mortar Retail", International Council of Shopping Centers(ICSC) 발표 자료, *CORESIGHT Reserch*, 2018.1.24.

26 Nik Martin, "As US, UK 'retail apocalypse' deepens, EU chains grow nervous", *Deutsche Welle*, 2018.6.18.

27 Krista Garcia, "Offline Retail is Rebalancing", *eMarketer*, 2018.9.5.

28 ICSC 국가 리포트와 A.T.커니의 분석 내용을 통합함. Matt Lubelczyk and Michael Brown, "The Future of Shopping Centers", *A.T.Kearney*, 2018.

29 Jasmine Glasheen, "Is excess space behind retail's shrink and customer experience problems?", *RetailWire*, 2018.5.24.

30 Patti Domm, "Amazon's victims: These stocks have lost $70 billion so far this year", *CNBC*, 2017.7.11.

31 Anousha Sakoui, Nabila Ahmed, and Spencer Soper, "Amazon in Running to

Acquire Landmark Movie Chain", *Bloomberg*, 2018.8.15.

32 "Amazon, Otto and Zalando dominate ecommerce in Germany", *Ecommerce News*, 2017.9.12.

33 Bruce Brown, "Amazon Prime members number more than 100 million in the U.S., survey says", *Digital Trends*, 2019.1.18.

34 "Most popular retail websites in the United States as of December 2017, ranked by visitors", *Statista.*, 2018.

35 "Share of population who bought something online via phone in the past month as of 3rd quarter 2017, by country", *Statista.*, 2018.

36 "U.S. mobile retail commerce sales as percentage of retail e-commerce sales from 2017 to 2021", *Statista.*, 2017.

37 "U.S. mobile retail commerce sales as percentage of retail e-commerce sales from 2017 to 2021", *Statista.*, 2017.

38 "Number of mobile buyers in the United States from 2014 to 2020", *Statista.*, 2017.

39 Simon Kemp, "Digital in 2018: World's internet users pass the 4 billion mark", *WeAreSocial*, 2018.1.30.

40 "Mobile Apps versus Mobile Websites Statistics", *JMango360.*, 2017.

41 위의 기사.

42 김유신, "위챗 경제 파급력 막강…한 해 소비창출 55조 원", 《매일경제》, 2018.6.19.

43 이진철, "지난해 모바일 쇼핑 매출액 '사상 첫 10조 원 넘어'", 《이데일리》, 2015.3.23.

44 "2018년 12월 온라인 쇼핑 동향 및 4/4분기 온라인 해외 직접 판매 및 구매 동향", 통계청, 2019.2.1.

45 유윤정, "'경쟁자 없다'…잘나가는 롯데하이마트", 《조선비즈》, 2018.6.1.

2 ∙∙

1 Matthew Michaels, "The price of a 30-second Super Bowl ad has exploded — but it may be worth it for companies", *Business Insider*, 2018.1.25.

2 "Smart speaker installed base to hit 100 million by end of 2018", *Canalys*, 2018.7.7.

3 "Smart Speaker Market—Global Outlook and Forecast 2018-2023", *MarketWatch*,

2018.12.3.

4   "Amazon Echo Dominates Smart Speaker Market in the UK", *eMarketer*, 2018.12.18.

5   John Koetsier, "Massive Reversal: Google Home Sales Explode 483% To Beat Amazon Echo For Smart Speaker Crown", *Forbes*, 2018.5.25.

6   Greg Sterling, "Analyst: Amazon Echo owns 75 percent of global smart speaker market", *Marketing Land*, 2018.11.16.

7   John Koetsier, 위의 기사.

8   "Google beats Amazon to first place in smart speaker market", *Canalys*, 2018.5.23.

9   "Smart speaker installed base to hit 100 million by end of 2018", *Canalys*, 2018.7.7.

10   Martin Armstrong, "Alexa, buy me something pretty", *Statista*, 2018.1.5.

11   "Domino's Launches 'Zero Click' Ordering App, Corners Millennial Market", *QuickTapSurvey.*, 2016.

12   Ryan MacInnis, "The History of Dom: The Virtual Assistant Powering Domino's Pizza", *Voysis*, 2018.8.22.

13   Simon Kemp, "Digital in 2018: World's internet users pass the 4 billion mark", *WeAreSocial*, 2018.1.30.

14   Andrew Arnold, "Are We Entering the Era of Social Shopping?", *Forbes*, 2018.4.4.

15   Andrew Arnold, 위의 기사.

16   Kyle Stock, "Running a $500,000 Retail Empire by iPhone", *Bloomberg*, 2018.6.4.

17   Kyle Stock, 위의 기사.

18   Andrew Arnold, 위의 기사.

19   Molly Fleming, "Instagram launches shoppable posts as it looks to play a bigger role in ecommerce", *Marketing Week*, 2018.3.20.

20   Josh Constine, "Snapchat lets you take a photo of an object to buy it on Amazon", *TechCrunch*, 2018.10.

3 ●

1   미국 세대 전문가인 닐 하우(Neil Howe)와 윌리엄 스트라우스(William Strauss)가 1991년 펴낸 책 《세대들: 미국 미래의 역사(Generations: The History of America's Future)》

에서 처음 언급했다. 2018년 3월 미국 조사 기관인 퓨리서치센터(Pew Research Center)는 10여 년간의 연구 끝에 1981~1996년에 태어난 인구를 밀레니얼 세대로 정의했다고 발표했다. 퓨리서치센터는 사일런트 세대(~1945년생), 베이비부머 세대(1946~1964년생), X세대(1965~1980년생), 밀레니얼 세대(1981~1996년생), Z세대(1997년생~)로 각 세대를 구분한다. 통상적으로 베이비부머 세대의 자식 세대가 밀레니얼 세대, X세대의 자식 세대가 Z세대다.

2 　 Richard Fry, "Millennials projected to overtake Baby Boomers as America's largest generation", *Pew Research Center*, 2018.3.1.

3 　 John Gapper, "How millennials became the world's most powerful consumers", *Financial Times*, London, 2018.6.6.

4 　 Kahn, Barbara E., The *Shopping Revolution: How Successful Retails Win Customers in an Era of Endless Disruption*(xiv), Wharton Digital Press, 2018.

5 　 John Gapper, 위의 기사.

6 　 Richard Fry, Ruth Igielnik and Eileen Patten, "How Millennials today compare with their grandparents 50 years ago", *Pew Research Center*, 2018.3.16.

7 　 Joel Stein, "Whole Foods Is Getting Killed by Aldi. Is a Millennial Grocery Chain the Fix?", *Bloomberg*, 2016.6.20.

8 　 John Gapper, 위의 기사.

9 　 Joel Stein, "Millennials: The Me Me Me Generation", *Time*, 2013.5.21.

10 　 Jingjing Jiang, "Millennials stand out for their technology use, but older generations also embrace digital life", *Pew Research Center*, 2018.5.2.

11 　 Marc Prensky, "Digital Natives, Digital Immigrants", *On the Horizon*(Vol. 9 No. 5), MCB University Press, 2001.10.

12 　 "Primary household shoppers who prefer to shop mainly via mobile, online or in-store in the Unites states as of February 2017, by age group", *Statista*, 2017.

13 　 Sangeeth Ram, "Meeting millennials where they shop: Shaping the future of shopping malls", *Mckinsey & Company*, 2017.1.

14 　 임홍택, 《90년생이 온다》, 웨일북, 2018.

15 　 Rachel Premack, "Millennials love their brands, Gen Zs are terrified of college debt, and 6 other ways Gen Zs and millennials are totally different", *Business Iinsider*,

2018.7.12.

16   "Beyond Millennials: The Next Generation of Learners", *Global Reserach & Insights*, *Pearson*, 2018.8.

17   Barbara E. Kahn, *The Shopping Revolution : How Sucessful Retails Win Customers in an Era of Endless Disruption*(xiv), Wharton Digital Press, 2018.

18   Robyn Turk, "New study shows that Gen Z will strengthen sustainability trend", *Fashionunited*, 2018.9.21.

19   Rachel Premack, 위의 기사.

20   Rachel Premack, 위의 기사.

21   "K-pop hits all the right notes for US post-millennial generation at KCON New York", *SCMP*, 2018.6.26.

22   "Gen Z Music Consumption & Spending Report", *Sweety High*, 2018.

23   "K-pop hits all the right notes for US post-millennial generation at KCON New York".

24   강채린, "미국 진출을 위해 Z세대를 공략하라", 《Kotra 해외시장뉴스》 2018.3.6.

25   우상욱, "바링허우'가 사상 가장 저주받은 세대?', 《SBS》, 2015.12.7.

26   손해용, "가난 모르고 자란 주링허우 세대, 거침없이 지갑 연다", 《중앙일보》, 2017.11.28.

27   Christine Lee, "Wise Up: The Big Mistakes Luxury Brands Are Making With China's Gen Z", *Jing Daily*, 2018.5.28.

28   Christine Lee, 위의 기사.

29   "Gen Z and Millennials Leaving Older Shoppers and Many Retailers in Their Digital Dust", *Accenture*, 2017.

30   임홍택, 앞의 책.

31   "Uniquely Generation Z", *IBM*, 2017.

32   Barbara E. Kahn, 위의 책, xv.

✦ Part 2 ✦

1   "No normal is the new normal", *KPMG*, 2018.8.20.

2 "유통 4.0 시대, 리테일 패러다임의 전환",《Samjong INSIGHT》54호, 삼정KPMG 경제 연구원, 2017.

1 ···

1 "Google's AI Assistant Can Now Make Real Phone Calls", YouTube, 2018.

2 Yaniv Leviathan, "Google Duplex: An AI System for Accomplishing Real-World Tasks Over the Phone", Google AI Blog, 2018.5.8.

3 "Artificial Intelligence(AI) in Real Life Seminar Series", Stanford University, 2018.

4 www.merriam-webster.com/dictionary.

5 백봉삼, "'머신 러닝-딥 러닝' 뭐가 다를까",《ZDnet》, 2017.8.7.

6 "Consumer Experience in the Retail Renaissance", *Deloitte Digital & Salesforce*, 2018.

7 Sarah Perez, "Amazon launches Scout, a machine learning-powered visual shopping tool", *TechCrunch*, 2018.9.19.

8 구변경, "신동빈의 신(新) AI '샬롯' 연내 결실",《EBN》, 2018.12.14.

9 Alexandra Whyte, "Amazon rolls out new Alexa kids features", *Kidscreen*, 2018.9.21.

10 이설영, "아마존, AI '알렉사' 내세워 '키즈' 시장 넘본다",《파이낸셜뉴스》, 2018.5.11.

11 "320만 원 몸값 반려봇 '아이보', 미국 시장 진출",《Bloter》, 2018.8.26.

2 ···

1 가트너의 빅데이터 정의를 참고함.

2 손경호, "아마존, 패션 판도 AI로 뒤집는다",《ZDnet》, 2017.8.29.

3 "Manufacturing-as-a-Service? Amazon Puts Fast Fashion in the Crosshairs with New Patent", *CBinsights*, 2017.10.12.

4 Megan Ray Nichols, "Amazon Wants to Use Predictive Analytics to Offer Anticipatory Shipping", *Smart Data Collective*, 2018.1.16.

5 Josh Althuser, "5 Applications of Predictive Analytics", *Smart Data Collective*,

2017.9.2.

6 한승희, "중국 신유통 트렌드를 주도하는 힘, '빅데이터'", 《Platum》, 2018.8.13.

---

3 •

1 곽예지, "신(新)유통에 꽂힌 중(中)…옴니채널 물류·인공지능 매장 설치 줄이어", 《아주 경제》, 2018.3.8.

2 "Are unmanned stores the future of offline shopping in China?", *Daxue Consulting*, 2018.8.10.

3 "Alibaba Tests Smile-and-Pay Facial Recognition Shopping", *Brandchannel*, 2018.4.23.

4 Inti Tam, "Alibaba unveils staff-less Tao Cafe and smart speaker to revolutionise offline retail", *Marketing Interactive*, 2017.10.7.

5 "New Meaning to Grab and Go: Alibaba Unveils its Unmanned Store", *Hackernoon*, 2018.11.7.

6 Fan Feifei, "JD opens unmanned Indonesia store", *China Daily*, 2018.8.4.

7 Melissa Lin, "No staff, no cash payments at Cheers' high-tech outlet", *Straitstimes*, 2017.7.29.

8 전효점, "세븐일레븐, AI로봇 '브니'로 최저임금 인상 가맹점 지원", 《더벨》, 2018.8.28.

9 "RFID Based Walk-through Checkout Solution for Future Retail", *Panasonic*, 2018.2.21.

10 "Sam's Club Now—Reimagining the Future of Retail", Sam's Club 공식 블로그, 2018.10.29.

11 한승희, "온·오프라인의 경계를 넘나드는 중국 신유통에 주목하다", 《Platum》, 2017.8.4.

12 "Are unmanned stores the future of offline shopping in China?", *Daxue Consulting*, 2018.8.10.

13 Spencer Soper, "Amazon Will Consider Opening Up to 3,000 Cashierless Stores by 2021", *Bloomberg*, 2018.9.20.

14 Julie Verhage and Spencer Soper, "Amazon Could Spend $3 Billion on 'Go' Stores, Analyst Says", *Bloomberg*, 2018.9.21.

15 "Analysts: Amazon Go Stores Bring in 50% More Revenue Than Typical C-stores", *CSNews*, 2019.1.7.

16 임예리, "빙고박스 사례로 보는 '무인매장'의 숙제 '그럼에도 무인화'", 《CLO》, 2018.2.17.

4 •••

1 "Global Powers of Retailing 2018—Transformative change, reinvigorated commerce", *Deloitte*, 2018.

2 Deborah Weinswig, "Leveraging Geospatial Analytics to Bridge Online And Offline Shopping", *Forbes*, 2018.9.5.

3 Vala Afshar, "Retailers Use AI to Improve the Connected Shopper Experience", *Huffington Post*, 2017.11.19.

4 한승희, "빠르게 변화하는 중국의 유통 혁명, 중국 신유통(新零售) 현황", 《Platum》, 2017.8.3.

5 한승희, "중국 소비자의 마음을 꿰뚫는 파란 하마 '허마(盒马)'", 《Platum》, 2018.10.25.

6 "A Look Inside a Tmall Pop-up Smart Store", Alizila 제공 영상.

7 손요한, "로봇이 조리하고, AI가 관리한다", 《Platum》, 2018.11.26.

8 Charisse Jones and Zlati Meyer, "Amazon is planning to open new grocery chain, report says", *USA TODAY*, 2019.3.1.

9 Man-Chung Cheung, "Exclusivity, Omnichannel Strategy Key to Alibaba's Luxury Ambitions", *eMarketer*, 2018.10.1.

10 Man-Chung Cheung, 위의 기사.

11 "Beauty And Brains: L'Occitane en Provence Is Latest Brand To Tap AI", *PYMNTS*, 2018.6.28.

12 "On the Path to Purchase, 'Showrooming' is a New Way to Shop", *Nielsen*, 2018.1.22.

5 •••

1 Molly St. Louis, "How Brands Like Audi and Pez Are Winning the AR Game",

Adweek, 2018.3.7.

2   Jeremy Horwitz, "IDC: VR headset market grew 8.2% in Q3 2018, led by Sony PSVR and Oculus", *Venturebeat*, 2018.12.4.

3   Kathleen Chaykowski, "Inside Facebook's Bet On An Augmented Reality Future", *Forbes*, 2018.3.8.

4   정동훈, "가상현실, 증강현실, 혼합현실 그리고 360도 동영상의 이해", 《신문과 방송》, 2016년 3월.

5   Jacqueline Renfrow, "Wayfair unleashes mixed-reality shopping", *Retail Dive*, 2018.8.9.

6   Gwen Ng, "How Luxury Brands Tap into VR, AR and MR", *Keyyes*, 2018.10.9.

7   Sasha Lekach, "Snapchat will soon let you shop for products on Amazon with its camera", *Mashable*, 2018.9.24.

8   Harrison Jacobs, "See inside the world's largest Starbucks, where 'coffee is theater' and the line is always down the block", *Business Insider*, 2018.4.22.

9   Anthony Soohoo, "Walmart.com to Introduce New Home Shopping Features: 3D Virtual Shopping Tour and 'Buy The Room'", Walmart, 2018.6.27.

10   Dan O'Shea, "Walmart patent filings hint at VR shopping experience", *Retail Dive*, 2018.8.20.

11   A. Poushneh and A. Z. Vazquez-Parraga, "Discernible impact of augmented reality on retail customer's experience, satisfaction and willingness to buy", *Journal of Retailing and Consumer Services*, 34: pp. 229-234, 2017.

12   Javornik, A., "'It's an illusion, but it looks real!' Consumer affective, cognitive and behavioral responses to augmented reality applications", *Journal of Marketing Management*, 2016.

13   Bonetti, Francesca, Gary Warnaby, and Lee Quinn, "Augmented reality and virtual reality in physical and online retailing: a review, synthesis and research agenda," *Augmented Reality and Virtual Reality*, pp. 119-132, Springer, Cham, 2018.

14   Gwen Ng, 위의 기사.

15   "Future Shop: 10 Innovations in the Retail Store of the Future", *Eleks*, 2018.4.11.

6 ···

1   "Discover the world's payments", *WorldPay*, 2018.

2   "Global Mobile Payment Market Expected to Reach $4,574 Billion by 2023—Allied Market Research", *PR Newswire*, 2018.2.22.

3   Harrison Jacobs, "One photo shows that China is already in a cashless future", *Business Insider*, 2018.3.29.

4   "China's mobile payment volume surges in 2017 to $16.7 trillion by October", *The Straits Times*, 2018.2.19.

5   Alyssa Abkowitz, "The Cashless Society Has Arrived—Only It's In China", *Wall Street Journal*, 2018.1.4.

6   길재식, "중국, 모바일 결제 침투율 1위 등극…중국인 77%가 모바일 결제",《전자신문》, 2018.7.12.

7   Olga Kharif and Lulu Yilun Chen, "My Phone Is My Wallet", *Bloomberg*, 2018.10.19.

8   "Forrester Data: Mobile Payments Forecast", *Forrester*, 2017.2.6.

9   김강한, "연(年) 60%씩 성장하는 유럽 모바일 결제 시장…글로벌 업체 경쟁 치열",《조선일보》, 2017.8.16.

10 김강한, 위의 기사.

11 Olga Kharif and Lulu Yilun Chen, 위의 기사.

12 "국내 모바일 간편결제서비스 시장 현황과 시사점",《KIAT 산업경제》, 2018.11.

13 하선영, "토스, 1조 클럽 유니콘 됐다",《중앙일보》, 2018.12.11.

14 Kyle Stock, "Running a $500,000 Retail Empire by iPhone", *Bloomberg*, 2018.6.4.

15 Paige Leskin, "Amazon is reportedly plotting to take on Apple with its own mobile payments within stores", *Business Insider*, 2018.11.21.

16 "A Holiday of Play"—Amazon's Ultimate Wish List for Kids, Amazon, 2018.

17 Eugene Kim, "Amazon is mailing a printed holiday toy catalog to millions of customers", *CNBC*, 2018.11.6.

18 "스마트폰 하나로 착! 모바일 결제 시장으로 보는 고객 경험의 미래", Adobe Korea, 2018.5.9.

19 임경업, "알리페이, 15조 원 투자 유치… 중(中), 세계 핀테크 시장 점령'",《조선일보》, 2018.6.21.

20 "유통 4.0 시대, 리테일 패러다임의 전환",《Samjong INSIGHT》54호, 삼정KPMG 경제연구원, 2017.

21 Trevor Mogg, "Google's Voice Access app gives Android users total hands-free control", *Digital Trends*, 2018.10.2.

7 ●●●

1 Susan Moore, "Gartner Says 25 Percent of Customer Service Operations Will Use Virtual Customer Assistants by 2020", *Gartner*, 2018.2.19.

2 Erik Devaney, "The 2018 State of Chatbots Report: How Chatbots Are Reshaping Online Experiences", *Drift*, 2018.1.23.

3 "6 Tips for Creating Business Efficiency Through Chatbots", *CIO*, 2018.5.29.

4 Rae Steinbach, "Examples of Successful E-Commerce and Shopping Chatbots", *Snaps*, 2018.5.24.

5 Rachel Arthur, "The Permanent Future Of Conversational Commerce: eBay's RJ Pittman On AI And Chatbots", *Forbes*, 2017.7.19.

6 Rachel Arthur, 위의 기사.

7 Erik Devaney, 위의 기사.

8 ●●●

1 "The great retail bifurcation—Why the retail 'apocalypse' is really a renaissance", *Deloitte Insights*, 2018.

2 Peter Hamilton, "Aldi revenue in UK and Ireland exceeds—10bn", *The Irish Times*, 2018.11.15.

3 Milos Ryba, "Lidl and Kaufland 2017 financial results", *IGD*, 2018.5.4.

4 "European Department Stores Update: Reviewing Trends and Performance", *Fung Global Retail & Technology*, 2016.8.31.

5 Elaine Watson, "Nielsen on private label: We've seen a complete reversal in growth trajectory compared to manufacturer branded items", *Food Navigator*, 2018.4.5.

6   이유진, "이마트 '노브랜드' 대박 비결, 브랜드 거품 뺀 단순함의 힘", 《매일경제》, 2018.1.29.

7   이윤정, "가격 거품 뺐다, 단순함을 더했다", 《이코노미조선》 245호, 2018.4.9.

8   Connie Chen, "Amazon now sells 76 of its own private-label brands—from clothes to baby wipes", *Business Insider* 2018.7.2.

9   "ALDI New Store Growth and Remodels Fuel Fresh Product Expansion", ALDI, 2018.8.9.

10   "ALDI Named America's Grocery Value Leader for the Eighth Consecutive Year" ALDI, 2018.6.20.

11   Elaine Watson, "SPECIAL FEATURE: Who shops at ALDI? You, me, anyone who eats food…", *Food Navigator*, 2018.2.22.

12   "Amazon grabs headlines, but Aldi, Lidl still the grocers to watch", *Indianapolis Business Journal*, 2018.1.3.

13   정현영, "이마트 노브랜드, 첫 해외 진출…필리핀서 문 연다", 《한국경제》, 2018.11.19.

14   강승태, "이마트 피코크와 노브랜드, 가격보다 품질 우선…외부자원 적극 활용", 《매일경제》, 2017.2.27.

9 ●●

1   "유통 4.0 시대, 리테일 패러다임의 전환", 《삼정INSIGHT》 54호, 삼정KPMG 경제연구원, 2017.9.

2   Ángel González, "Amazon's robots: job destroyers or dance partners?", *Seattle Times*, 2017.8.11.

3   Sam Shead, "Amazon now has 45,000 robots in its warehouses", *Business Insider*, 2017.1.3.

4   "15,000 amazon kiva robots drive eighth generation fulfillment center", *designboom*, 2014.12.2.

5   Lauren Feiner, "Amazon says it had its biggest shopping day ever on Cyber Monday", *CNBC*, 2018.11.27.

6   Allison, "Who can benefit from smart warehouses in China?", *Daxue Consulting*,

2018.10.8.

7　Allison, 위의 기사.

8　"JD Delivery Stations Get Smart Ahead Of CES Debut", JD.com Corperate, 2019.1.6.

9　이홍표, "글로벌 기업 물류센터는 이미 로봇이 점령", 《한국경제매거진》 1163호, 2018.3.14.

10　Eileen Yu, "Alibaba wants to build logistics network that can handle 1 billion packages a day", *ZDNet*, 2018.5.31.

11　Celia Chen and Sarah Dai, "Alibaba lets AI, robots and drones do the heavy lifting on Singles' Day", *South China Morning Post*, 2018.7.20.

12　Arjun Kharpal, "Firm linked to Alibaba opens China's biggest robot warehouse to help deal with Singles Day demand", *CNBC*, 2018.10.29.

13　Caroline Cakebread, "Amazon dreams of underwater warehouses", *Business Insider*, 2017.7.26.

14　"Walmart Agrees to Acquire Jet.com, One of the Fastest Growing e-Commerce Companies in the U.S.", Walmart, 2016.8.8.

15　"The Future of Last-mile Delivery Bots", *Frost & Sullivan*, 2018.4.16.

16　위의 글.

17　Nat Levy, "Amazon patents shipping label with built-in parachute for dropping packages from drones", *GeekWire*, 2017.5.30.

18　노승욱, "신선식품 새벽배송 전쟁―반복·정기 구매 많아 '마지막 블루오션', 잘하면 '유통업 포털'", 《매일경제》, 2018.6.29.

19　하선영, "중국 징둥닷컴 드론 배달 2만 건…기존 배송보다 비용 30% 덜 들어", 《중앙일보》, 2018.6.11.

20　"드론으로 커피 배달하는 중국", 《차이나커넥터》, 2018.6.6.

21　Ekin Karasin, "Tesco delivers groceries in under an hour by ROBOT: Supermarket giant plans to send shopping out on driverless six-wheeled buggies after successful trial", *Daily Mail*, 2017. 5. 31.

22　조인혜, "온라인 식료품 소매점 '오카도'의 로봇 및 자동화 전략", 《로봇신문》, 2017.1.6.

23　"유통 4.0 시대, 리테일 패러다임의 전환", 《삼정INSIGHT》 54호, 삼정KPMG 경제연구원, 2017.9.

24 성홍기, "거래액 220조…중국 전자상거래 신흥 강자 '징둥닷컴'을 가다", 《농민신문》, 2018.7.16.

25 이예슬, "신세계, 온라인에 1조 투자…물류·배송 인프라 확대에 올인", 《뉴시스》, 2018.10.31.

26 안희정, "쿠팡 유료 멤버십 '로켓와우', 가입자 100만 돌파", 《ZDNet》, 2018.12.24.

27 엄지용, "쿠팡과 마켓컬리는 닮았지만 다르다", 《CLO》, 2018.8.6.

10 ··

1   "New tech on the block: Planning for blokchain in the Retail and Consumer Packaged Goods Industries", *Deloitte*, 2018.

2   Maryanne Murray, "Blockchain explained", *Reuters*, 2018.6.15.

3   "쉽게 설명하는 블록체인: 블록체인의 원리―채굴, 해시 그리고 작업증명", banksalad, 2018.3.22.

4   "New tech on the block: Planning for blokchain in the Retail and Consumer Packaged Goods Industries".

5   송학주, "'좋아요' 받으면 돈 버는 블록체인 신(新)세상", 《머니투데이》, 2018.2.2.

6   고광본, "['디지털 최강국' 에스토니아 가보니] 블록체인·빅데이터가 국가운영 OS…'e-ID 하나로 다(多)돼요.'", 《서울경제》, 2018.6.27.

7   "New tech on the block: Planning for blokchain in the Retail and Consumer Packaged Goods Industries".

8   Matt Smith, "In Wake of Romaine E. coli Scare, Walmart Deploys Blockchain to Track Leafy Greens", Walmart, 2018.9.24.

9   위의 글.

10 Andreas Kaplan, "How Alibaba is championing the application of blockchain technology in China and beyond", *Smartereum*, 2019.2.27.

11 송학주, 위의 기사.

12 "KODAK and WENN Digital Partner to Launch Major Blockchain Initiative and Cryptocurrency", Kodak, 2018.1.9.

13 Sarah Whitten and Kate Rooney, "New Starbucks partnership with Microsoft allows

customers to pay for Frappuccinos with bitcoin", *CNBC*, 2018.8.3.

14 박정연, "'일본의 샤넬' 비트코인으로 산다…일(日) 줄지어 암호화폐 결제 서비스 도입",
《서울경제》, 2018.3.22.

15 윤태진, "독일 '블록체인 은행' 이어 '수수료 무료 암호화폐 거래 앱'도 등장", 《포쓰저널》,
2018.5.21.

16 "New tech on the block: Planning for blokchain in the Retail and Consumer
Packaged Goods Industries".

17 Dennis Green and Mary Hanbury, "If you shopped at these 16 stores in the last
year, your data might have been stolen", *Business Insider*, 2018.8.22.

18 Amazon AWS 홈페이지 내 "Amazon Managed Blockchain" 설명.

19 "유통 4.0 시대, 리테일 패러다임의 전환", 《삼정INSIGHT》 54호, 삼정KPMG 경제연구
원, 2017.9.

20 Sallie Burnett, "Can Blockchain Reinvigorate Loyalty Programs?", *Forbes*,
2018.12.11.

21 Mo Marshall, "Can blockchain replace supermarkets? INS says yes, raises $43
million to prove it", *VB*, 2017.12.25.

22 "New tech on the block: Planning for blokchain in the Retail and Consumer
Packaged Goods Industries".

✦ Part 3 ✦

1

1 "Dr. Philip Kotler Answers Your Questions on Marketing", Kotler Marketing Group
Homepage.

2 "US sales of multicookers more than doubled in 2017", *The Atlas*, 2018.

3 Christine Chou, "'Lazy Economy' Takes off on Taobao", *Alizila*, 2019.1.14.

4 Krista Garcia, "Shoppers Are Open to Dynamic Pricing", *eMarketer*, 2018.3.31.

5 "SmartCart: Retailer uses beacons for better in-store conversion rates", SmartCart,
Kontakt.io

6   Christine Chou, "Alibaba Releases New AI Video Editor 'Aliwood'", *Alizila*, 2018.4.26.

7   Nelson Granados, "Gen Z Media Consumption: It's A Lifestyle, Not Just Entertainment", *Forbes*, 2017.1.20.

8   신미진, "'S마인드' 신세계백화점 앱, 100만 회원 돌파", 《한국금융》, 2017.12.6.

9   임현지, "4차산업혁명 '어떤 요리 원하세요?'…이마트, 휴머노이드 로봇 '페퍼' 재등장", 《일간투데이》, 2018.8.27.

10 Barbara Thau, "As Shoppers Reach 'Peak Stuff,' DSW Vegas Store Pushes Dazzle, Like A Giant Shoe Vending Machine", *Forbes*, 2018.8.10.

11 "Customer, Experienced", *C_Space*, 2018.10.

12 Barbara Thau, 위의 기사.

2 ●

1   Kyle Wiggers, "AI Top 10 products at CES 2019 that work with Alexa or Google Assistant", *Venturebeat*, 2019.1.13.

2   "Amazon and Google battle for smart speaker dominance at CES 2019", *CNBC*, 2019.1.9.

3   Andrew Nusca, "Some People Are Freaking out about the Nestle-Blue Bottle Deal", *Fortune*, 2017.9.15.

4   packagefreeshop.com

5   민지혜, "어? 종업원이 없네…이니스프리 동대문DDP 무인매장", 《한국경제》, 2019.3.4.

3 ●

1   Michael Corkery, "Is American Retail at a Historic Tipping Point?", *The New York Times*, 2017.4.15.

2   "Will robots steal our jobs?", *UK Economic Outlook*, PwC, 2017.3.

3   Dan Hernandez, "Las Vegas casino workers prep for strike over automation: 'Robots can't beat us'", *The Guardian*, 2018.6.3.

4 강현창, "[금융권 챗봇 열풍] ③ 일자리 위협할까", 《비즈니스워치》, 2018.9.10.

5 "Japan's Kirin taps AI for beer making", *Nikkei Asian Review*, 2017.8.17.

6 "Predicts 2019: AI and the Future of Work", *Gartner*, 2018.12.18.

7 위의 글.

8 Chris Neiger, "9 Jobs That Are Being Taken Over by Robots", *The Motley Fool*, 2018.9.20.

9 Kristin Burnham, "The Top 10 Highest-Paying Big Data Careers", Northeastern University Graduate Program page, 2017.7.27.

10 "Future proof yourself tomorrows jobs", *The Future Laboratory*, Microsoft, 2017.

11 "Predicts 2019: AI and the Future of Work", *Gartner*, 2018.12.18.

4 ･･

1 Meera Jagannathan, "Amazon's Dash buttons may be gone, but it's getting even easier to spend your money", *Marketwatch*, 2019.3.1.

2 Awards for New Digital의 WINNER THE & AWARD 2018 소셜 미디어 부문에 이마터즈가 선정됐다.

3 Rebecca Borison, "Here Are 10 of Amazon's Biggest Failures", *The Street*, 2015.11.13.

4 Justin Grossman, "What story does your data tell?", *Forbes*, 2018.12.21.

5 "Amazon: Alexa Echo sent recorded conversation in 'unlikely' string of events", *CBSNEWS*, 2018.5.24.

6 "Mycroft Mark II", *CNET*, 2019.1.15.

7 "Google's 'Duplex' Could Be Your New Personal Assistant", NPR, 2018.12.24.

8 Matt D'Angelo, "What is Amazon Storefronts?", *Business News Daily*, 2018. 9.18.

Andriole, Stephen J., "Five myths about digital transformation", *MIT Sloan Management Review 58, no. 3* (2017).

Babar, Zia, and Eric Yu, "Enterprise architecture in the age of digital transformation", In *International Conference on Advanced Information Systems Engineering*, pp. 438-443, Springer, Cham, 2015.

Badrinarayanan, Vishag, and Enrique P. Becerra, "Shoppers' attachment with retail stores: Antecedents and impact on patronage intentions", *Journal of Retailing and Consumer Services* (2018).

Bonetti, Francesca, Gary Warnaby, and Lee Quinn, "Augmented reality and virtual reality in physical and online retailing: A review, synthesis and research agenda", In *Augmented reality and virtual reality*, pp. 119-132., Springer, Cham, 2018.

Cheung, Ming. "the e-commerce revolution: ensuring trust and consumer rights in China.", *Handbook of Cultural and Creative Industries in China* (2016): 412.

Clark, Duncan, *Alibaba: the house that Jack Ma built.*, HarperCollins Publishers, 2018. 〔던컨 클라크, 《알리바바: 영국인 투자금융가가 만난 마윈, 중국, 그리고 미래》, 이영래 역(지식의날개, 2018)〕

Coe, Neil M., and Neil Wrigley., "Towards new economic geographies of retail globalization", *The new Oxford handbook of economic geography* (2017): 427-446.

Cui, Ruomeng, Dennis J. Zhang, and Achal Bassamboo, "Learning from inventory availability information: Evidence from field experiments on amazon", *Management Science* (2018).

Daiker, Megan, Thilini Ariyachandra, and Mark Frolick, "THE INFLUENCE OF AUGMENTED REALITY ON RETAIL PRICING," *Issues in Information Systems* 18, no. 4 (2017).

Dolata, Ulrich, "Apple, Amazon, Google, Facebook, Microsoft: Market concentration – competition – innovation strategies", *SOI Discussion Paper, No. 2017-01*, Universität Stuttgart, Stuttgart.

Farah, Maya F., and Zahy B. Ramadan., "Disruptions versus more disruptions: How the Amazon dash button is altering consumer buying patterns." *Journal of Retailing and Consumer Services 39* (2017): 54-61.

Fonseca, Diana, and Martin Kraus., "A comparison of head-mounted and hand-held displays for 360 videos with focus on attitude and behavior change", In *Proceedings of the 20th International Academic Mindtrek Conference*, pp. 287-296, ACM, 2016.

Freeman, R. Edward, and Bidhan Parmar., "Which Rules Are Worth Breaking?", MIT Sloan Management Review 59, no. 3 (2018): 1-4.

Galloway, Scott, *The four: the hidden DNA of Amazon, Apple, Facebook and Google*, Random

House, 2017. 〔스콧 갤러웨이, 《플랫폼 제국의 미래: 구글, 아마존, 페이스북, 애플, 그리고 새로운 승자》, 이경식 역(비즈니스북스, 2008)〕

Garner, Blake A., "Amazon in the Global Market", *Journal of Marketing and Management 9*, no. 2 (2018): 63-73.

Grant, Adam, *Originals: how non-conformists move the world*, Penguin, 2016. 〔아담 그랜트, 《오리지널스: 어떻게 순응하지 않는 사람들이 세상을 움직이는가》, 홍지수 역(한국경제신문사, 2016)〕

Hänninen, Mikko, and Anssi Smedlund, "The new rules of retail: how marketplaces help retail to shift from a customer engagement to supplier engagement mind-set", *Strategy & Leadership* (2018).

Hansen, Rina, and Siew Kien Sia, "Hummel's Digital Transformation Toward Omnichannel Retailing: Key Lessons Learned", *MIS Quarterly Executive 14*, no. 2 (2015).

Javornik, Ana. "'It's an illusion, but it looks real!' Consumer affective, cognitive and behavioral responses to augmented reality applications." *Journal of Marketing Management 32*, no. 9-10 (2016): 987-1011.

─────. "Augmented reality: Research agenda for studying the impact of its media characteristics on consumer behavior", *Journal of Retailing and Consumer Services 30* (2016): 252-261.

Jia, Kai, Martin Kenney, Juri Mattila, and Timo Seppala, "The Application of Artificial Intelligence at Chinese Digital Platform Giants: Baidu, Alibaba and Tencent." (2018), SSRN.

Kahn, Barbara E., *The Shopping Revolution: How Successful Retailers Win Customers in an Era of Endless Disruption*, Wharton Digital Press, 2018.

Kervenoael, Ronan de, Domen Bajde, and Alexandre Schwob, "Liquid retail: cultural perspectives on marketplace transformation", (2018): 417-422.

Kwak, Sonya S., Jun San Kim, and Jung Ju Choi, "The Effects of Organism-Versus Object-Based Robot Design Approaches on the Consumer Acceptance of Domestic Robots", *International Journal of Social Robotics 9*, no. 3 (2017): 359-377.

Lau, Kung Wong, and Pui Yuen Lee, "The role of stereoscopic 3D virtual reality in fashion advertising and consumer learning", In *Advances in Advertising Research* (Vol. VI), pp. 75-83, Springer Gabler, Wiesbaden, 2016.

Moagar-Poladian, Simona, George-Cornel Dumitrescu, and Ion Alexandru Tanase, "Retail e-Commerce (E-tail)-evolution, characteristics and perspectives in China, the USA and Europe", *Global Economic Observer 5*, no. 1 (2017): 167.

Murphy, Jamie, Ulrike Gretzel, and Juho Pesonen, "Marketing robot services in hospitality and tourism: the role of anthropomorphism", *Journal of Travel & Tourism Marketing* (2019): 1-12.

Niemelä, Marketta, Päivi Heikkilä, and Hanna Lammi, "A social service robot in a shopping mall: expectations of the management, retailers and consumers", In *Proceedings of the Companion of the 2017 ACM/IEEE International Conference on Human-Robot Interaction*, pp. 227-228, ACM, 2017.

Parker, Geoffrey G., Marshall Van Alstyne, Sangeet Paul Choudary, and James Foster. *Platform revolution: How networked markets are transforming the economy and how to make them work for you*, New York: WW Norton, 2016. 〔마셜 밴 앨스타인, 상지트 폴 초더리, 제프리 파커, 《플랫폼 레볼루션: 4차 산업혁명 시대를 지배할 플랫폼 비즈니스의 모든 것》, 이현경 역(부키, 2017)〕

Perkin, Neil, and Peter Abraham, *Building the agile business through digital transformation*, Kogan Page Publishers, 2017.

Pinto, Giuseppe Leonardo, Claudio Dell'Era, Roberto Verganti, and Emilio Bellini, "Innovation strategies in retail services: solutions, experiences and meanings". *European Journal of Innovation Management* 20, no. 2 (2017): 190-209.

Polacco, Alex, and Kayla Backes, "The amazon go concept: Implications, applications, and sustainability", *Journal of Business & Management 24*, no. 1 (2018).

Poushneh, Atieh, and Arturo Z. Vasquez-Parraga, "Discernible impact of augmented reality on retail customer's experience, satisfaction and willingness to buy", *Journal of Retailing and Consumer Services 34* (2017): 229-234.

Reinartz, Werner, Nico Wiegand, and Monika Imschloss. "The impact of digital transformation on the retailing value chain", *International Journal of Research in Marketing* (2019).

Reinartz, Werner, "In the Future of Retail, We're Never Not Shopping", *Harvard Business Review* 3 (2016).

Rossman, John, *The Amazon Way on IoT: 10 Principles for Every Leader from the World's Leading Internet of Things Strategies*, Vol. 2, Clyde Hill Publishing, 2016. 〔존 로스만, 《아마존 웨이 사물인터넷과 플랫폼 전략: 4차 산업혁명 시대를 주도하는 아마존 IoT 전략의 모든 것》, 김정혜 역(와이즈맵, 2018)〕

──────, *The Amazon way: 14 leadership principles behind the world's most disruptive company*, Vol. 1, Clyde Hill Publishing, 2016. 〔존 로스만, 《아마존 웨이: 세계에서 가장 파괴적인 기업 아마존의 모든 것》, 김정혜 역(와이즈맵, 2017)〕

Scholz, Joachim, and Andrew N. Smith, "Augmented reality: Designing immersive experiences that maximize consumer engagement", *Business Horizons 59*, no. 2 (2016): 149-161.

Shaked, Israel, and Brad Orelowitz. "Understanding retail bankruptcy", *American Bankruptcy Institute Journal 36*, no. 11 (2017): 20-73.

Shi, Yuying, Jeremy M. Lim, Barton A. Weitz, and Stephen L. France, "The impact of retail format diversification on retailers' financial performance", *Journal of the Academy of Marketing Science 46*, no. 1 (2018): 147-167.

Singh, Anna, and Thomas Hess, "How Chief Digital Officers Promote the Digital Transformation of their Companies", *MIS Quarterly Executive 16*, no. 1 (2017).

Sit, Jason Kokho, Anna Hoang, and Alessandro Inversini, "Showrooming and retail opportunities: A qualitative investigation via a consumer-experience lens", *Journal of Retailing and Consumer Services 40* (2018): 163-174.

Stephens, Doug, *Reengineering retail*, Figure 1 Publishing, 2017.

Tse, Edward. *China's disruptors: How Alibaba, Xiaomi, Tencent, and other companies are changing the rules of business*, Penguin, 2015. 〔에드워드 체, 《중국은 어떻게 세계를 흔들고 있는가: 한국인이 절대 알 수 없는 중국 기업의 허와 실》, 방영호 역(알키, 2018)〕

Ustundag, Alp, and Emre Cevikcan. *Industry 4.0: managing the digital transformation*. Springer, 2017.

Wu, Xinyi, and Gary Gereffi, "Amazon and Alibaba: Internet Governance, Business Models, and Internationalization Strategies", In *International Business in the Information and Digital Age*, pp. 327-356, Emerald Publishing Limited, 2018.

Yaoyuneyong, Gallayanee, Jamye Foster, Erik Johnson, and David Johnson, "Augmented reality marketing: Consumer preferences and attitudes toward hypermedia print ads", *Journal of Interactive Advertising 16*, no. 1 (2016): 16-30.

Zhang, Yanhao, Pan Pan, Yun Zheng, Kang Zhao, Yingya Zhang, Xiaofeng Ren, and Rong Jin, "Visual search at alibaba", In *Proceedings of the 24th ACM SIGKDD International Conference on Knowledge Discovery & Data Mining*, pp. 993-1001, ACM, 2018.

Zysman, John, and Martin Kenney, "The next phase in the digital revolution: intelligent tools, platforms, growth, employment", *Communications of the ACM 61*, no. 2 (2018): 54-63.

김난도, 전미영, 김서영, 《트렌드 차이나: 중국 소비 DNA와 소비트렌드 집중해부》, 오우아, 2013.

다나카 미치아키, 《아마존 미래전략 2022》, 류두진 역, 반니, 2018.

롤랜드 버거, 《4차 산업혁명: 이미 와 있는 미래(The Fourth Industrial Revolution)》, 김정희, 조원영 역, 다산3.0, 2017.

리처드 돕스, 제임스 매니카, 조나단 워첼, 《미래의 속도(No Ordinary Disruption: The Four Global Forces Breaking All The Trends)》, 고영태 역, 청림출판, 2016.

마이클 바스카, 《큐레이션: 과감히 덜어내는 힘(Curation: the power of selection in a world of excess)》, 최윤영 역, 예문아카이브, 2016.

석혜탁, 《쇼핑은 어떻게 최고의 엔터테인먼트가 되었나》, 미래의창, 2018.

선대인, 《일의 미래, 무엇이 바뀌고 무엇이 오는가》, 인플루엔셜, 2017.

심태호, 김세호, 조형진, 안태희, 권영대, 김창욱, 강정구, 《글로벌 리테일 인사이트》, 한국체인스토어협회출판부, 2013.

조광수, 《연결지배성: 연결을 지배하는 자가 세상을 지배한다》, 클라우드나인, 2017.

커넥팅랩(편석준, 진현호, 정영호, 임정선), 《사물인터넷》, 미래의창, 2014.

함유근, 채승병, 《빅데이터, 경영을 바꾸다》, 삼성경제연구소, 2012.

이 미 지 출 처

7 Shutterstock, 8 ComputerworldHK, 26 Shutterstock, 31 황지영, 38 Shutterstock, 46 YouTube, 68 Shutterstock, Billboard News 영상, 86 CNBC, 92 YouTube(좌), 100 황지영, Shutterstock(우상단), 110 Neo.life_Buck Squibb, 112 Shutterstock, 115 황지영(위), 118 Sam's Club Homepage, 120 Shutterstock, Moby Mart Homepage(아래), 123 이마트, 129, Shutterstock, 황지영, 130, 134 Alibaba Group Homepage, 136 황지영, 139 tvN, 141 Wayfair 영상, 143 LVMH, 144 Starbucks Blog, 150 Shutterstock, 154 황지영, 155 techspot.com, 158 Alibaba Group, 175 Amazon.com, 177 황지영, 179 이마트, 184 JD.com Blog, cainiao(우), 186 Inverse.com, 189 JD.com Blog(우), 191 newfoodeconomy.org, 192 롯데마트, 199 Shutterstock, 201 Shutterstock, Kodak Web, 202 YouTube, 218 Showfields, 222 Aliwood 영상, 225 신세계그룹, 228 황지영, 234 DSW, 236 AP(좌), 243 blue bottle Facebook(좌), Shutterstock, 245 Nicole-Franzen(좌), 247 황지영, 251 황지영, 276 Amazon.com

※ 일부 저작권 확인이 되지 못한 이미지에 대해서는 저작권을 확인하는 대로 통상의 비용을 지불하도록 하겠습니다.

리테일의 미래

초판 1쇄 발행 2019년 4월 12일

지은이 황지영

발행인 문태진
본부장 서금선
책임편집 김예원 **편집2팀** 김예원 임지선 정다이
디자인 디박스 **교정** 윤정숙 **정리** 김현정

기획편집팀 김혜연 이정아 박은영 전은정 **저작권팀** 박지영
마케팅팀 양근모 김자연 김은숙 이주형 **디자인팀** 윤지예 이현주
경영지원팀 노강희 윤현성 이보람 유상희
강연팀 장진항 조은빛 강유정 신유리
오디오북기획팀 이화진 이석원 이희산 박진아

펴낸곳 ㈜인플루엔셜
출판신고 2012년 5월 18일 제300-2012-1043호
주소 (06040) 서울특별시 강남구 도산대로 156 제이콘텐트리빌딩 7층
전화 02)720-1034(기획편집) 02)720-1024(마케팅) 02)720-1042(강연섭외)
팩스 02)720-1043 **전자우편** books@influential.co.kr
홈페이지 www.influential.co.kr

ⓒ 황지영, 2019

ISBN 979-11-89995-03-4 (03320)

이 도서의 국립중앙도서관 출판예정도서목록(CIP)은 서지정보유통지원시스템 홈페이지(http://seoji.nl.go.kr)와 국가자료공동목록시스템(http://www.nl.go.kr/kolisnet)에서 이용하실 수 있습니다.(CIP제어번호: CIP2019012059)